高职高专公共基础课系列教材

U0660806

新时代大学生劳动教育

◎ 主　编　周敏娟　宋建威　李　蔓

◎ 副主编　王付顺　盖小丽　李　璞　李俊征

◎ 参　编　刘会杰　张　维　蔚芷吟　李学坤

　　　　　　李　彤　杨　烨　任　妍

西安电子科技大学出版社

内 容 简 介

本书旨在引导当代大学生树立正确的劳动观念，培养良好的劳动习惯，提升综合素质与实践能力。全书共十章，分别为新时代劳动教育的内涵、树立新时代劳动精神、弘扬新时代劳模精神、培育新时代工匠精神、日常生活劳动、生产性劳动、服务性劳动、职业意识和职业精神、劳动者法律权益保护、创新创业中实现劳动价值。

本书可作为高职院校大学生劳动教育必修课程的教材，也可供劳动工作者学习参考。

图书在版编目 (CIP) 数据

新时代大学生劳动教育 / 周敏娟，宋建威，李蔓主编 . -- 西安：西安电子科技大学出版社，2024. 8 (2025. 8重印). -- ISBN 978-7-5606-7370-7

Ⅰ. G40-015

中国国家版本馆 CIP 数据核字第 20243BT721 号

策　　划　李鹏飞　杨航斌
责任编辑　李鹏飞
出版发行　西安电子科技大学出版社（西安市太白南路 2 号）
电　　话　(029) 88202421　88201467　　　邮　编　710071
网　　址　www.xduph.com　　　　　　　电子邮箱　xdupfxb001@163.com
经　　销　新华书店
印刷单位　西安创维印务有限公司
版　　次　2024 年 8 月第 1 版　2025 年 8 月第 2 次印刷
开　　本　787 毫米 ×1092 毫米　1/16　　　印 张 13.5
字　　数　277 千字
定　　价　45.00 元
ISBN 978-7-5606-7370-7
XDUP 7671001–2

*** 如有印装问题可调换 ***

　　党的十九大以来，习近平总书记多次发表有关劳动教育的重要论述，强调把劳动素养和劳动观念、劳动精神、劳动能力和劳动态度与品质培养放在重要位置，多次围绕中国梦、劳动者、劳模精神等内容进行深刻阐述，为实现中华民族伟大复兴的中国梦提供了强大的思想引领和精神支撑。党的二十大报告指出，要"坚持尊重劳动""在全社会弘扬劳动精神"。

　　劳动是创造物质财富和精神财富的过程，是人类特有的基本社会实践活动。劳动教育是国民教育体系的重要内容，是学生成长的必要途径，具有树德、增智、强体、育美的综合育人价值。学校应"紧密结合经济社会发展变化和学生生活实际，积极探索具有中国特色的劳动教育模式，创新体制机制，注重教育实效，实现知行合一，促进学生形成正确的世界观、人生观、价值观"，让学生"在系统的文化知识学习之外，有目的、有计划地参加日常生活劳动、生产劳动和服务性劳动""培养学生正确劳动价值观和良好劳动品质"。

　　本书依据《中共中央　国务院关于全面加强新时代大中小学劳动教育的意见》和教育部发布的《大中小学劳动教育指导纲要（试行）》，以习近平新时代中国特色社会主义思想为指导，紧密贴合高等教育改革发展实际，紧紧围绕高校劳动教育教学的课程特点和现实需求，集科学性、专业性、理论性与实践性于一体，由长期在教学一线的老师精心编写。本书是教育部高校思想政治工作队伍培训研修中心（河北师范大学）2022年度专项课题研究项目"'四种精神'融入高职文化素质教育"（课题编号：2022HYY012）的重要成果之一。

本书内容遵循教育规律，符合学生的年龄特点；通过生动案例，让学生易于理解相关概念；通过展现校园劳动实践、家庭劳动实践、社会劳动实践和志愿者服务实践，让学生亲历劳动过程，引导学生树立正确的劳动观，培养学生勤俭、奋斗、创新、奉献的劳动精神，进而指引学生争做有理想、敢担当、能吃苦、肯奋斗的新时代好青年，让青春在全面建设社会主义现代化国家的火热实践中绽放绚丽之花。

本书在编写过程中，听取了国内劳动教育领域众多专业人士的意见，参考了其他作者的研究成果及相关资料，在此对他们表示衷心的感谢。

由于编者水平所限，书中难免存在疏漏与不足，敬请各位读者批评指正。

编　者

2024 年 3 月

CONTENTS 目 录

第一章　新时代劳动教育的内涵

学习目标

1. 了解劳动的概念、特征和分类。
2. 树立马克思主义劳动观。
3. 领会新时代劳动教育的内涵和意义。

案例导入

劳动与传统文化相依相存

传统文化是一种不可缺少的、重要的宝藏，无论是从历史学的角度还是从文化学的角度来看，它都是我们不能割舍的精神家园，是一种文明最具有价值的精神继承。而劳动是这种文明精神的核心标志。它以其本质及其特殊的文化内涵，帮助我们长久地学习、思考传统文化，为文化的发展提供了动力。

中华民族是一个勤于劳动、善于创造的民族，远古时代我们就有诸多歌颂劳动的神话，比如因勤劳能干而被尧封赏土地的后稷，为争取更多劳动时间而追逐太阳的夸父，为解救人类于漫漫黑夜而辛勤钻木的燧人氏等。

"种豆南山下，草盛豆苗稀。晨兴理荒秽，带月荷锄归。道狭草木长，夕露沾我衣。衣沾不足惜，但使愿无违。"这首诗描绘了古代劳动人民辛勤劳动、追求幸福生活的场景。

中华儿女自强不息，用劳动创造了生活、创造了灿烂的文化，在劳动中培养了互助和团结精神。

劳动创造人本身，劳动创造历史，劳动创造世界，人世间的一切幸福都要靠辛勤劳动来创造，劳动具有综合育人价值。苏霍姆林斯基曾说："离开劳动，不可能有真正的教育"①。劳动教育是中国特色社会主义教育制度的重要内容,是党的教育方针的重要组成部分。劳动教育决定着社会主义建设者和接班人的劳动精神面貌、劳动价值取向和劳动技能水平。2018年9月10日召开的全国教育大会上,习近平总书记强调把劳动教育纳入德智体美劳全面培养的教育体系中,这是党中央对新时代中国特色社会主义劳动教育的新要求。为了全面贯彻落实新要求,构建德智体美劳全面育人、全面培养的教育体系,2020年3月出台的《中共中央　国务院关于全面加强新时代大中小学劳动教育的意见》,强调"把劳动教育纳入人才培养的全过程""广泛开展劳动教育实践活动""着力提升劳动教育支撑保障能力""切实加强劳动教育的组织实施",全面构建体现时代特征的德智体美劳全面培养的劳动教育体系。

第一节　劳动的内涵

马克思认为,整个人类和社会的发展,都是人类在共同劳动过程中发挥主观能动性改造客观世界而形成的。首先,劳动创造了人,是劳动把人从自然界中分化和提升出来;其次,有了人类的劳动,才有了满足人类生存必需的前提,才产生了生活和历史,并推动社会历史的发展;最后,劳动是实现人的自由和全面发展的前提,人在改变外部自然的同时,也使自身得以改变和完善。可以说,人类历史的产生与劳动的产生是同一个过程,人类的发展史就是一部劳动史。

一、劳动的概念

在人类文明发展史上,"劳动"这一概念有着多样的阐释和界定。首先,从辞源上看,金文的"劳"字是由上边两个"火"字和下边一个"心"字构成的,可见,早期的"劳"表示劳心,是一种内心的状态,主要是指人的心力或脑力的劳动。后来,"劳"字的下半部由"心"换成"力"字,演变成今天的字形。"动"字在金文中通"童"字,上边是刻刀的形状,下边是眼睛,意思是在人的额头上刻字,这在当时是对罪人或奴隶的惩罚,反映他们的劳作情况、辛酸的身世和卑下的地位。将"劳"和"动"组成一个词,可以看出,在中国古人的眼中,劳动是劳心与劳力的结合,即脑力劳动与体力劳动的结合。劳动在拉丁语中有"艰辛"之意,在古英语里则有"痛苦"和"悲伤"之意,在现代英语中写作"labor",具有劳动、劳力、劳工、努力、分娩、苦干和费力等意思。其次,从古人思想论

---

① 苏霍姆林斯基.少年的教育和自我教育[M].姜励群,吴福生,张渭城,等译.北京:北京出版社,1984:26.

著上看，在中国古代思想中，劳动最初是指"操作、活动"的意思。《庄子·让王》中"春耕种，形足以劳动"、《三国志·魏书·方技传》中"人体欲得劳动，但不当使极耳"等都提到"劳动"一词，"劳动"在这些著作中均指操作或活动。在西方，关于劳动的认识可以追溯到亚里士多德，他将人类的活动划分为三类：理论、实践、创制。理论是把握事物的本质与规律，是闲暇的人自由从事的工作，是以自我本身为目的的活动；实践在古希腊时期主要指免于从事生产活动的人处理人与人之间关系的行为，其中最主要的是政治实践和伦理实践；创制是指人类出于本性，为了生存必须从事的生活资料生产行动，是生产性的。这里所说的创制，就是劳动。在中西方的认识中，劳动与奴隶紧密相关，与人类的艰辛和痛苦相连；它受经济发展水平的限制，在工业革命之前多指体力活动。

随着生产力的发展，劳动不再仅仅局限于体力活动。特别是18世纪中叶，以英国为代表的资本主义生产方式大致确立，"劳动"开始被赋予新的内涵：劳动是产生交换价值的社会总体形式（亚当·斯密所著《国民财富的性质和原因的研究》）。而后，李嘉图、洛克站在资产阶级的立场上去思考"劳动"这个概念，使其有了新的发展。这些思想是马克思早期劳动概念的重要来源。马克思将劳动置于现实社会生活之中，并将其所涵盖的复杂社会关系具体地呈现出来："劳动首先是人和自然之间的过程，是人以自身的活动来引起、调整和控制人和自然之间的物质变换的过程。人自身作为一种自然力与自然物质相对立。为了在对自身生活有用的形式上占有自然物质，人就使他身上的自然力——臂和腿、头和手运动起来。当他通过这种运动作用于他身外的自然并改变自然时，也就同时改变他自身的自然。他使自身的自然中沉睡着的潜力发挥出来，并且使这种力的活动受他自己控制。"[①]

我国研究者所提出的劳动定义多脱胎于马克思的陈述，有代表性的定义有以下几种。

(1)《中国大百科全书》指出：劳动是"人通过有目的的活动改造自然对象并在这一活动中改造自身的过程"，是"以劳动资料为凭借、作用于劳动对象的人的有目的的活动"。[②]

(2)《辞海》指出：劳动是"人们改变劳动对象使之适合自己需要的有目的的活动。即劳动力的支出或使用"。[③]

(3) 中国社会科学院经济研究所课题组提出："劳动，就是劳动力的使用""劳动包括有目的的为生产物品和提供劳务而付出的一切脑力和体力的耗费"。[④]

(4) 张鹏侠认为：劳动是"劳动者智力、体力和知识三要素的统一使用"。[⑤]

---

① 马克思，恩格斯. 马克思恩格斯选集：第2卷[M]. 2版. 中共中央马克思恩格斯列宁斯大林著作编译局，编译. 北京：人民出版社，2012：177.

② 中国大百科全书总编辑委员会. 中国大百科全书：哲学[M]. 北京：中国大百科全书出版社，1987：447-448.

③ 辞海编辑委员会. 辞海：第六版彩图本[M]. 上海：上海辞书出版社，2009：1306.

④ 中国社会科学院经济研究所课题组. 关于深入研究社会主义劳动和劳动价值论的几个问题[J]. 经济研究，2001(12)：33.

⑤ 张鹏侠. 劳动概念创新与价值量理论的新发展[J]. 社会科学辑刊，2007(4)：130.

(5) 任洲鸿认为："纯粹的人类生理学意义上的耗费就形成了生理学意义上的抽象劳动。"①

可以看出，人们所处的时代、立场、视角不同，学科背景不同，所得出的定义也各不相同。作为人类最基本的社会实践活动，劳动在哲学上具有认识论和存在论的意义；在经济学中，劳动是推动生产力发展和建构社会关系的根本性力量；在文化方面，劳动则是创造文化、传承文化精神的主要载体。

本书结合社会发展历史，站在习近平新时代劳动观的视角上，对"劳动"作如下定义：劳动是人类所特有的创造物质财富和精神财富的实践活动，是推动人类社会进步的根本动力，是个人、民族、国家、人类等一切发展的必要途径。这个定义契合了新时代劳动教育新要求，强调了人的劳动性不仅有维持个体繁衍和生存需要的特性，还身负作为共同体的一分子对于民族、社会及国家发展的责任与义务。

二、劳动的特征

通过对劳动概念的分析和阐述，可以看出劳动的本质特征。

（一）人类特有性

劳动，使人类和动物区别开来，从自然性转向社会性，并且通过劳动实现自我价值。劳动是人类的本质活动，也是"人类所特有的创造物质财富的实践活动"。劳动从表面上看是人类对于对自身生活有用的自然物质的占有，与自然界中动物的活动没有什么区别。但是，诸如蜘蛛通过织网捕食猎物、蜜蜂通过建筑蜂房储存蜂蜜、燕子通过衔草筑巢繁殖后代之类的活动只是一种动物生存的本能，并不能称为劳动。只有利用劳动工具或其他手段征服自然、改造自然的有目的的活动才能称为劳动，这也是人和动物的根本性区别。

（二）自觉意识和能动性

人类不仅知道为什么去做、怎样去做，而且知道将会做成什么样。人类的劳动不是盲目的，而是有明确的目的的，这就是人类劳动与动物本能活动之间的本质区别。马克思指出："蜘蛛的活动与织工的活动相似，蜜蜂建筑蜂房的本领使人间的许多建筑师感到惭愧。但是，最蹩脚的建筑师从一开始就比最灵巧的蜜蜂高明的地方，是他在用蜂蜡建筑蜂房以前，已经在自己的头脑中把它建成了。"②动物只会本能地从自然界攫取现存的生存资料，而不会创造社会财富，人类却能通过自身的劳动对自然界进行改造并从中获取自身生存或发展的物质资料。人类还可以按照自己设计的蓝图进行伟大创造，对自然界进行改造。比如，1956 年毛泽东同志描绘了一幅用大坝拦腰截断滚滚长江的宏伟蓝图，

①　任洲鸿 . 马克思"抽象劳动"概念探析 [J]. 当代经济研究，2009(8)：28.

②　马克思，恩格斯 . 马克思恩格斯全集：第 23 卷 [M]. 中共中央马克思恩格斯列宁斯大林著作编译局，编译 . 北京：人民出版社，1972：202.

以此歌颂劳动人民战胜自然的气概："更立西江石壁，截断巫山云雨，高峡出平湖。神女应无恙，当惊世界殊。"如今，这幅蓝图经过几代人的劳动实践已成为现实。

（三）创造性

劳动是人类所特有的实践活动，然而有自觉能动意识、有目的性的活动，并不都是劳动。人类活动必须具备两个特征才是劳动：一是一定脑力或体力的付出，二是社会财富的创造或增加。只有同时符合这两个要求的人类活动才是劳动，缺乏其一便不能称为劳动。例如，一些娱乐和休闲活动，虽然也具有目的性，但只是消费性活动，而不能称为劳动，只有那些能够创造出物质财富和精神财富的创造性活动，才能称为劳动。劳动创造物质财富和精神财富的特征，是对人的劳动价值的承认，这也为中国特色社会主义发展观坚持以人民为中心的发展理念提供了思想源泉。

（四）推动社会进步

劳动是人类社会发展的根本动力。正是由于劳动，我们创造了物化世界，不断适应和改造自然界，通过加工物质生活资料来满足生活的需要，不断发展生产力，从而推动社会的进步。习近平总书记继承和发展了马克思主义劳动价值观念，进一步强调了劳动的价值："人民创造历史，劳动开创未来。劳动是推动人类社会进步的根本力量""劳动创造了中华民族，造就了中华民族的辉煌历史，也必将创造出中华民族的光明未来"[1]"人世间的一切幸福都是要靠辛勤的劳动来创造的"[2]。在此基础上，习近平总书记进一步强调劳动是通过劳动者实现的，提出"全面建成小康社会，进而建成富强民主文明和谐的社会主义现代化国家，根本上靠劳动、靠劳动者创造"[3]。所以，劳动是推进社会观念变革的重要载体，推动新时代经济社会发展、创造美好幸福生活必须依靠劳动者来实现。青少年作为担当民族复兴大任的时代新人，必须树立正确的劳动观，崇尚劳动、尊重劳动，着力提升自己的综合素质，促进自身全面发展、健康成长，增强对劳动人民的感情，报效国家，奉献社会。

▌三、劳动的分类

马克思认为："劳动首先是人和自然之间的过程，是人以自身的活动来引起、调整和控制人和自然之间的物质变换的过程。"人类通过自己的智力和体力活动去改造自然、创造财富和社会的各类实践活动都是劳动。劳动是人类生存和发展的基础。无论社会发展到什么程度，人类始终离不开劳动。在不同的历史阶段，因为生产力水平的不同，劳动会呈

---

[1] 习近平. 在同全国劳动模范代表座谈时的讲话 [N]. 人民日报，2013-4-29(2).

[2] 习近平. 始终与人民心相印共甘苦：中共中央总书记习近平在十八届中央政治局常委与中外记者见面时讲话 [J]. 人民论坛，2012(33)：7.

[3] 习近平. 在庆祝"五一"国际劳动节暨表彰全国劳动模范和先进工作者大会上的讲话 [N]. 光明日报，2015-4-29(2).

现不同的类型。按照不同的标准,劳动可以分为不同的种类。

(一)具体劳动和抽象劳动

马克思在剖析商品的价值和使用价值的时候指出,生产商品的劳动有两个方面,即生产使用价值的具体劳动和生产价值的抽象劳动。具体劳动也称作有用劳动,是指在一定的具体形式下进行的劳动。具体劳动包括人们的劳动目的、劳动工具、劳动对象、操作方法和劳动结果五个要素。劳动的目的、使用的工具、加工的物质对象和采用的操作方法不同,因此可生产出具有不同使用价值的物品。例如,木匠制造家具的具体劳动,是用斧子、锯、刨、凿等劳动工具对木材等劳动对象进行加工,结果生产出桌、椅、立柜、床等产品。而农民种地的具体劳动则是用拖拉机、收割机、犁、耙等劳动工具,进行翻地、播种、收割等活动,从而收获了农产品。可以看到,生产的使用价值众多,因此,相应的具体劳动方式也有很多。具体劳动体现着人和自然的关系。

撇开生产各种商品的劳动的具体形式会发现,无论是木匠的劳动还是铁匠的劳动,都是人类劳动力(脑力和体力)一般生理学意义上的消耗,即人类的脑、肌肉、神经、手等的生产性耗费。这种消耗是一切劳动共有的东西,即人类一般的、没有差别的劳动,也就是抽象劳动。生产各种商品的具体劳动,虽然在特殊性质和具体形式上千差万别,但是,它们所创造的各种各样的商品都可以互相比较和交换,这表明在各种不同的具体劳动背后隐藏着某种共同的东西,即抽象劳动形成商品价值,凝结在商品中的抽象劳动是价值的实体。抽象劳动是价值的源泉,但抽象劳动不等于价值,抽象劳动只有凝结到商品中才能形成价值。抽象劳动没有质的差别,只有量的差别。抽象劳动是一个经济范畴,反映的是商品生产者通过物相互交换劳动的关系。只有在商品生产的条件下,当人们的经济联系通过劳动产品的相互交换来实现的时候,耗费在这些劳动产品上的人类的脑力和体力,才能当作形成价值的一般人类劳动而被社会"抽象"出来。作为价值实体的抽象劳动是劳动的社会属性,它体现着人与人之间的一定社会关系,是商品经济所特有的。可见,形成价值的抽象劳动是一个历史范畴。

具体劳动和抽象劳动是生产商品的同一劳动的两个方面,而不是两种或两次劳动。抽象劳动和具体劳动在时间上、空间上都是不可分割的。性质不同的具体劳动,生产性质不同的使用价值,它表明怎样劳动、是什么样的劳动的问题;性质相同的抽象劳动,形成性质相同的价值,它表明劳动多少、劳动时间多长的问题。

(二)技术性劳动与非技术性劳动

技术的含义,众说不一。在社会经济发展的不同时期,对技术所下的定义也不相同。从广义上说,技术是人类在利用和改造自然的劳动过程中积累与体现出来的知识、经验及技能,也包含人类在劳动中所创造的工具、机器和设备等。

然而,在实际社会活动中,人们运用"技术"标准对劳动进行分类时,往往是出于社会对技术的"公认"的理解,没有过多的理由可以解释。例如,我国将车工、钳工、木工等工种列为技术工种,而将清洁工、门卫等工种列为非技术工种。这里,人们常将需要使用复杂工具来完成的工作以及需要较高的文化知识来进行的劳动，视为技术性劳动；而将以体力劳动为主的工作，视为非技术性劳动。

人们在运用技术标准时，还习惯上将技术分为硬技术和软技术。人们通常将物质技术手段，即劳动资料，称为"硬技术"；而将与物质技术手段相适应的操作、控制和运用的方法、技巧与技术管理组合形式称为"软技术"。从硬技术角度来看，物质技术手段大体可以分为手工工具、机器（包括劳动力装置、传动装置和工作装置）、自动机等，与此对应的劳动为手工劳动、机械化劳动和自动化劳动。从软技术角度来看，手工劳动只是一种朴素意义上的技术，还谈不上真正意义上的技术，只有近现代的复杂的劳动才能称得上软技术。由以上分析不难看出，硬技术和软技术是不能绝对分开的，两者的发展越来越相互依赖。因此，硬技术和软技术的标准也是相对的。

在执行技术标准时，应该注意到有关技术水平的评价是随国家、地域的不同以及某一时期的科学、经济、社会的发展变化而变化的。例如，半导体技术在 20 世纪 60 年代属于高新技术，到了今天，这种技术就已成为普通技术了。

（三）简单劳动和复杂劳动

人类需要的各种劳动在技术复杂程度上是不同的。简单劳动是指不必经过特别训练、每个正常的劳动者都能从事的劳动。复杂劳动是指需要经过专门训练、具有一定技术专长的劳动者才能从事的劳动，它包含比较多的技巧和知识的运用，是加倍的简单劳动。马克思指出："比社会平均劳动较高级较复杂的劳动，是这样一种劳动力表现，这种劳动力比普通劳动力需要较高的教育费用，它的生产要花费较多的劳动时间，因此它具有较高的价值。"[①]

简单劳动和复杂劳动的划分标准取决于一国的科学技术和教育水平，在经济发展的不同时期和经济发展程度不同的国家里有不同的划分标准，因而这种区分是相对的。但是，在同一国家的同一时期内，简单劳动和复杂劳动的区别是客观存在的。

（四）脑力劳动和体力劳动

人类在劳动中，不仅有体能消耗，还有脑力支出。也就是说，在劳动中脑力劳动和体力劳动是共存的。但是，对于某项或某类具体劳动来说，从计划到完成的过程中，其脑力的复杂程度以及体力消耗的强度常常是不均衡的。习惯上，人们将脑力活动占优势的活动称为"脑力劳动"，而将体力活动占优势的活动称为"体力劳动"。古人所讲的"劳心"与"劳力"分别指脑力劳动与体力劳动。

一直以来，社会上都存在脑力劳动高于体力劳动的观念，或者把劳动等同于体力劳动，把脑力劳动同体力劳动割裂乃至对立起来，这些观念和做法显然不客观，也不可能让人认同。从"人生在勤，不索何获"到"业精于勤荒于嬉"，从"成由勤俭败由奢"到"一勤天下无难事"，说明中华民族不仅热爱劳动，更将勤劳、勤奋、勤俭作为一种融入血液中

---

① 马克思 . 资本论：第 1 卷 [M]. 中共中央马克思恩格斯列宁斯大林著作编译局，编译 . 北京：人民出版社，1975：223.

的信仰。所谓的"勤"与"劳"，包含丰富的含义，既有动手层面的劳动，也有动脑层面的劳动。比如古人所称的"宵盱忧勤"中的"勤"和"宵盱忧劳"中的"劳"，就不只是指干体力活。今天，被誉为"匠心筑梦"的大国工匠，他们让人震撼的是对职业的热忱、对劳动的热爱以及炉火纯青的技艺。"技可进乎道，艺可通乎神。"如果只是简单重复某劳动，而没有创新精神，没有日复一日的钻研，就不可能成为大国工匠。可见，职业无高低贵贱之分，无论从事什么工作，都是一种劳动付出，只是形式不同而已。

（五）数字劳动与传统劳动

与数字劳动相对应的概念是传统劳动。不同于农业经济、工业经济在生产流通过程中高度依赖物质（土地、能源等）的传统劳动，数字劳动以非物质为劳动生产要素，以科学技术的实时更新为内核，以互联网为生产领域，将大数据与实体经济相结合，不断加深数字劳动对传统行业的渗透，对传统劳动进行重新分工，促进传统产业结构转型升级，重构全球经济的发展形态。

首次明确提出"数字劳动"(digital labor)这一概念的是意大利学者特拉诺瓦。他在21世纪初发表的《免费劳动：为数字经济生产文化》一文中把"数字劳动"视为"现代血汗工厂的延续"，并使用了"免费劳动""网奴"等概念来描述这一概念的本质。英国威斯敏斯特大学信息沟通交流与传播媒介事务研究所主任克里斯蒂安·福克斯(Christian Fuchs)教授关于数字劳动的思想理论体系的系统研究，对推进马克思主义劳动价值理论的当代化发挥了积极作用。福克斯对数字劳动的概念作出了政治经济学范式的具体阐释和解构。在他看来，数字劳动是指知识文化的消费被转化为额外的生产性活动，这些活动被劳动者欣然接纳的同时，劳动者却受到了一定程度的剥削。数字劳动是生产性劳动，包括硬件生产者（如制造者）、内容和软件生产者（如作曲者）、生产性使用者（如生产消费者、演奏者）的劳动。通过对数字信息技术产业的全球生产案例进行分析，福克斯指出，数字劳动不仅包括数字内容生产的形式，还包括农业、工业、信息等劳动形式，正是这些劳动形式使数字媒介得以存在和发展。

在全球化和大数据技术迅速发展的时代背景下，数字化已经成为不可逆转的大趋势。随着信息通信技术和数字媒体技术的飞速发展，数字劳动同样成为当今世界和中国经济发展中不可小视的劳动形式。2020年2月25日，人力资源和社会保障部与国家市场监督管理总局、国家统计局联合向社会发布了16种新职业，其中网约配送员、人工智能训练师、全媒体运营师等都可归属于上述数字劳动群体范畴。这也意味着全新的劳动形式不但在学术研究中进行了概念的抽象和理论的推演，同时也得到国家层面的建制化和社会再确认。

依据其他分类标准，还可以将劳动分为必要劳动和剩余劳动、生产性劳动和劳务性劳动、物质生产劳动和精神生产劳动、私人劳动和社会劳动等。时代在变，劳动精神永远不变。热爱劳动的人是幸福的，也是有充实感和成就感的，无论从事什么类型的劳动，只要能创造财富、推动社会进步就值得赞赏。

第二节 马克思主义劳动观

马克思主义劳动观是马克思主义哲学的重要组成部分，它是对劳动的本质、价值和作用的科学阐述。马克思主义劳动观认为，劳动是人类生存和发展的基础，是人类社会存在的根本条件，是人类创造一切物质和精神财富的源泉。马克思主义劳动观是对劳动的科学阐述，它强调劳动是人类生存和发展的基础，是人类创造一切物质和精神财富的源泉，是人类自我实现的过程，是社会分配的基础。我们应该认真学习和贯彻马克思主义劳动观，推动劳动者的权益得到保障，促进社会的公平和正义，推动人类社会的进步和发展。

一、劳动是人区别于动物的历史性活动

在地球这颗蔚蓝色的星球上，人类是一种区别于其他动物的特殊生物。对于人类的特殊性，思想家们曾经给出各种不同的界定。亚里士多德认为，人是城邦的动物，这一定义强调人类生活方式的社会性；一些哲学家和经济学家主张，人是理性的动物，人由于其理性思维能力而与其他动物相区别；富兰克林提出，人是能够制造工具的动物，这说明人类活动具有独特的技术特征；卡西尔等人强调，人是符号的动物、语言的动物，这突出了文化系统对人的独特作用。那么，人类究竟是如何现实地同其他动物区别开来的呢？

马克思、恩格斯认为，人类自诞生以来就通过自己特有的方式满足自己的生活需要，这种独特的方式最初是由人类的生物特征所决定的。从现实来看，正是这种生产物质生活资料的活动，将人与动物区别开来。可以根据意识、宗教或随便别的什么来区别人和动物。当人开始生产自己的生活资料时，人本身就开始把自己和动物区别开来。人们生产自己的生活资料，同时间接地生产着自己的物质生活本身。这也就是说，从宏观的人类历史层面看，物质生产活动是人区别于其他动物的基础活动。而从微观的层面看，人类的物质生产总是表现为无数普通人的劳动。因此，我们也可以说，正是"劳动"将人与动物区别开来。

那么，同动物的谋生活动相比，人类的劳动有什么不同之处呢？

第一，从外部表现来看，相比于绝大部分动物的活动，人类的劳动具有较高的技术水平和生产效率。劳动的技术水平表现在两方面。一方面，劳动的技术水平表现在人类对于工具的制造和使用上。劳动工具是人类面对自然时的重要中介。从旧石器时代、新石器时代，到青铜器时代、铁器时代，是一部劳动工具的进化史，也是人类从蛮荒走向文明的历史。另一方面，劳动的技术水平也表现在人们共同劳动的组织形式和管理方式上。通过不

断发展起来的分工协作和复杂有序的劳动组织形式，人类的劳动过程变得越来越专业、高效。虽然某些动物在谋生活动中也会使用简单的工具或者有一定程度的分工，但从上述两个方面看，人类劳动的技术水平是动物的谋生活动所无法企及的。

第二，从内在机制来看，相比于动物的谋生活动，人类的劳动具有更加明确的目的性，包含对自然规律的自觉理解和运用。动物虽然也具备了不起的生存技能，但是并不理解其背后的目的和机理，只是遵循其本能而行动；而人类的劳动是一种有目的、有计划、包含着对自然规律理解的活动，是人类的认识水平和思维能力的现实体现。

第三，从历史演变来看，人类的劳动具有内在的发展潜能，劳动的发展进步总是伴随人类历史的发展进步。动物的谋生活动始终是由其生物特征所决定的，在其代际交替中，并不会出现显著的改变。而在人类历史进程中，劳动的形式不断变化，劳动的水平不断上升。人类总是综合内在需要和外界环境，积极提高劳动能力，改变劳动条件，创造出更高水平的劳动成果。这种劳动的变化和发展也深刻地改变着人类物质生活和精神生活的面貌，因此，物质生产方式的变革也就成为人类历史进步的重要推动力。可见，劳动不仅是人类历史得以诞生的第一个历史活动，也是持续推动人类发展进步的历史性活动。

总之，劳动是人类为了满足自身需要，运用自身能力，依托自然条件、社会环境以及技术工具，有目的、有计划地进行的生产活动。劳动不断向更高水平演进，它现实地将人与动物区别开来，不断推动人类社会的发展进步。

▐▶ 拓展阅读

"劳动创造了人本身"

劳动是整个人类生活的第一个基本条件，而且达到这样的程度，以致我们在某种意义上不得不说：劳动创造了人本身。

……

手不仅是劳动的器官，它还是劳动的产物。只是由于劳动，由于总是要去适应新的动作，由于这样所引起的肌肉、韧带以及经过更长的时间引起的骨髓的特殊发育遗传下来，而且由于这些遗传下来的灵巧性不断以新的方式应用于新的越来越复杂的动作，人的手才达到这样高度的完善，以致像施魔法一样产生了拉斐尔的绘画、托瓦森的雕刻和帕格尼尼的音乐。

……

首先是劳动，然后是语言和劳动一起，成了两个最主要的推动力，在它们的影响下，猿脑就逐渐地过渡到人脑；后者和前者虽然十分相似，但是要大得多和完善得多。随着脑的进一步的发育，脑的最密切的工具，即感觉器官，也进一步发育起来。

……

由于手、说话器官和脑不仅在每个人身上，而且在社会中发生共同作用，人才有能力完成越来越复杂的动作，提出并达到越来越高的目的。劳动本身经过一代又一代变得更加不同、更加完善和更加多方面了。除打猎和畜牧外，又有了农业，农业之后又有了纺纱、织布、冶金、制陶和航海。伴随着商业和手工业，最后出现了艺术和科学；从部落发展成了民族和国家。法律和政治发展起来了，而且和它们一起，人间事物在人的头脑中的虚幻的反映——宗教，也发展起来了。在所有这些起初表现为头脑的产物并且似乎支配着人类社会的创造物面前，劳动的手的较为简陋的产品退到了次要地位；何况能作出劳动计划的头脑在社会发展的很早的阶段上（例如，在家庭中），就已经能不通过自己的手而是通过别人的手来完成计划好的劳动了。迅速前进的文明完全被归功于头脑，归功于脑的发展和活动；人们已经习惯于用他们的思维而不是用他们的需要来解释他们的行为（当然，这些需要是反映在头脑中，是进入意识的）。这样，随着时间的推移，便产生了唯心主义世界观。

——恩格斯《劳动在从猿到人的转变中的作用》

二、劳动是满足社会需要的社会性活动

由于人类总是在一定的社会中生活，人类的劳动成果也就成为一种社会财富。更具体地说，人类总是以一定的方式开展生产劳动，并且围绕劳动过程的组织和劳动成果的分配，形成一定的社会生产关系和政治关系。因此，劳动是一种具有经济意义、社会意义乃至政治意义的活动。马克思对劳动的经济性质和社会性质进行了卓有成效的分析，为我们科学理解现代社会的劳动奠定了基础。

一方面，从劳动产品与人的关系上来说，劳动创造了满足社会需要的有用物。劳动作为使用价值的创造者，作为有用劳动，是不以一切社会形式为转移的人类生存条件，是人和自然之间的物质变换即人类生活得以实现的永恒的自然必然性。这就是说，无论人类历史发展到什么阶段，只要人类要继续生活下去，就需要进行劳动。之所以如此，是因为人类面临的外部环境无法直接满足生活的需要，必须通过劳动来改造外部环境，实现"人和自然之间的物质变换"。通过人和外部环境条件的物质变换，劳动创造出具有使用价值的东西，成为"有用劳动"。这里的"有用"，既可能是对劳动者本人有用，也可能是对社会中的其他人有用。总之，劳动总是为了满足社会中人们的各种生活需要。需要强调的是，社会财富并不是单靠人类的劳动就能创造出来的，而要结合自然环境等物质条件。英国古典政治经济学的创始人配第提出："土地为财富之母，而劳动则为财富之父和能动的要素。"[①] 这就是说，劳动并非财富的唯一源泉，土地所代表的自然资源为劳动提供了物质基础。劳动只有能动地作用于自然，才能创造出对人有用的东西。恩格斯也认为："劳动和自然界在一起才是一切财富的源泉，自然界为劳动提供材料，劳动把材料转变为财富。"在今天，劳动的直接对象已经不限于原初的自然界。但是，如果抛开各种由自然物质转化而来的外部条件，单靠人类本身的活动，仍然无法创造出绝大部分的社会财富。这说明，劳动始终

① 配第．配第经济著作选集 [M]．陈冬野，马清槐，周锦如，译．北京：商务印书馆，1981：66.

是人与外部的物质条件相结合的活动，是人与物产生关系的过程。通过劳动，人改造外物，让外物更好地满足人的需要。

另一方面，从人与人的关系上来说，劳动通过创造社会财富，满足社会需要，形成了人与人相互支持的共同生活状态。人类生产方式的变革伴随着社会分工的不断发展。人们各自在一定的领域内进行劳动，并以各自生产的劳动产品来满足彼此的生活需要。在不同的生产力水平和社会制度下，劳动产品的相互满足表现为不同的形式：共同体内部的无偿共享、市场上的私人交换、特定群体之间的不平等分配等。但无论哪种形式，劳动所创造的社会财富，都不仅是有用物，还是人与人的社会关系的一种物性中介、物性表现：在一个社会中，一个人的劳动产品满足了另一个人的需要，那么，这个劳动产品便成为生产者和使用者之间的中介，他们之间便存在着一种社会关系。这样，劳动便超越了生产者的私人性质，成为一种具有社会性质的劳动。由此可见，劳动能够创造满足社会需要的财富，也意味着劳动本身成为一种人与人相互支持的社会性活动。

商品经济是社会分工体系下一种具有独特性质的经济形态。在这一形态下，劳动的私人性质和社会性质形成了一种独特的对立统一关系。一方面，劳动产品之所以能够成为可交换的商品，只是因为它们是彼此独立进行的私人劳动的产品。另一方面，一旦这些劳动产品变成商品，私人劳动也就作为社会总劳动的一部分，表现出一种独特的社会性质，这种性质要通过物物交换才能实现。马克思说："私人劳动在事实上证实为社会总劳动的一部分，只是由于交换使劳动产品之间、从而使生产者之间发生了关系。因此，在生产者面前，他们的私人劳动的社会关系就表现为现在这个样子，就是说，不是表现为人们在自己劳动中的直接的社会关系，而是表现为人们之间的物的关系和物之间的社会关系。"[①] 这就是说，在商品经济中，不同的私人劳动借助商品而间接发生交换，人与人的劳动的社会关系就表现为物与物的交换关系。

由此可见，马克思关于劳动的伟大创见在于：不仅把劳动看成人与物的关系、看成人面对自然的劳动，而且把劳动看成人与人的关系、看成特定社会关系下的劳动。在商品经济条件下，表面上各自独立的私人劳动，总是以商品交换为中介间接地产生关系。这样，劳动便将一个社会中的人们广泛地联系在一起。在《资本论》中，马克思不仅清晰区分了商品的二重性与劳动的二重性，而且基于上述深刻理解，揭示了商品和劳动二重性得以形成的根源：一方面，私人劳动必须作为一种具体的有用劳动来满足社会的需要，这就决定了生产商品的劳动和所有其他社会的劳动一样，是创造使用价值的具体劳动；另一方面，各种不同的劳动必须能够作为同等的东西发生交换，私人劳动才成为可衡量的社会劳动，这就决定了商品除了具有使用价值，还具有一种相同的、可衡量的性质，即抽象劳动中凝结的"价值"。换言之，使用价值表现的是劳动中人与物的关系，是人对物的改造和需要；价值表现的则不是人与物的关系，而是以物的形式表现出来的人与人的关系。

① 马克思，恩格斯. 马克思恩格斯全集：第 44 卷 [M]. 2 版. 中共中央马克思恩格斯列宁斯大林著作编译局，编译. 北京：人民出版社，2001：90.

在物的形式背后，是人们的私人劳动与社会总劳动之间的关系，这是商品经济中一种特殊的社会关系。

总之，劳动往往不是为了直接满足劳动者自身的需要，而是为了满足社会成员的需要。社会分工的发展促进了劳动生产率乃至整个社会发展水平的提高，导致劳动产品作为满足社会需要的有用物、作为社会的共同财富，以特定方式分配到社会成员手中。这样，人与人便通过劳动产品形成了相互支持的社会生活共同体。围绕谁占有生产资料、谁来劳动、劳动产品如何分配等问题，不同时代、不同地区形成了不同的经济、政治等社会关系，这也是社会形态变迁的主要表现。

三、劳动是促进人全面发展的发展性活动

劳动不仅是人的谋生手段，也是人类文明进步和个人自我发展的重要途径。从宏观上讲，人类创造的各种文明都是劳动和智慧的结晶，人世间的一切伟大成就都离不开辛勤的劳动；从微观上讲，一个人通过学习劳动、践行劳动，掌握了生存本领，丰富了生活技能，提高了生活水平，为自己的全面发展奠定了基础。一切人的自由全面发展是马克思主义的理想目标，而劳动对于人的发展具有重要作用，这一点已经被历史所证明，并将在未来表现得更加突出。

第一，劳动是一种创造性的活动，是人的主体能力的现实表现。在劳动过程中，人借助劳动资料，使劳动对象发生预定的变化，创造出劳动产品。外部对象发生变化的过程，也是人的主体能力转化为现实产物的过程。马克思把劳动产品称为劳动的"对象化"，这就是说，劳动从一个活的"过程"变成了一个固定的"对象"。劳动与劳动对象结合在一起，劳动对象化了，而对象被加工了。在劳动者方面曾以动的形式表现出来的东西，现在在产品方面作为静的属性，以存在的形式表现出来。劳动产品往往是静态的，但它也是对动态的劳动过程的一种固化、现实化。在劳动中，人的活的劳动能力转化为现实的劳动产品。劳动就像一团活的"火焰"，笼罩着、重塑着劳动对象，把劳动对象"当作自己的躯体加以同化"，在消耗掉劳动能力和劳动对象的同时，也创造出新的使用价值。不难看出，劳动虽然是人与外部物质条件的结合，但人始终发挥着关键的能动作用。马克思说，劳动本身是"活的酵母"，其他形成产品的材料只是"死的要素"。总之，劳动是一种充满创造性、能动性的活动，劳动产品是人的能力的现实表现。

随着社会的发展，劳动将进一步提升人的自由度和创造性。一方面，在面对自然环境时，劳动让人拥有了比其他动物更深刻的认知、更大的自由度。正如恩格斯所说："随着手的发展、随着劳动而开始的人对自然的支配，在每一新的进展中扩大了人的眼界。他们在自然对象中不断地发现新的、以往所不知道的属性。"[1]随着科学和技术的发展，人们在

---

① 马克思，恩格斯．马克思恩格斯文集：第 9 卷 [M]. 中共中央马克思恩格斯列宁斯大林著作编译局，编译．北京：人民出版社，2009：553.

面对自然和外部物质条件时的认识水平和自由程度将不断提升。马克思说："动物只生产自身，而人再生产整个自然界；动物的产品直接属于它的肉体，而人则自由地面对自己的产品。"[①] 这就是说，劳动让人摆脱了肉体组织和个人活动范围的限制，将整个自然界作为劳动对象，使自然界为人的目的服务。劳动持续加深人们对自然世界和人类社会的认识，帮助人们在掌握规律的情况下更加自由地面对外部世界。另一方面，劳动将进一步体现人超越现实条件的创造潜能，促进人的全面发展。马克思说："动物只是按照它所属的那个种的尺度和需要来构造，而人懂得按照任何一个种的尺度来进行生产，并且懂得处处都把内在的尺度运用于对象；因此，人也按照美的规律来构造。"[②] 这表明，人在劳动中展现的创造性是无限的，并且遵循美的规律。劳动是人的脑力和体力的结合，是合规律性与合目的性的统一。通过劳动，人不仅可以把"内在的尺度"充分运用发挥出来，综合提升自己的认识水平、思维能力、实践本领、身体素质，而且可以在与其他劳动者的分工协作中提升自己的团队意识、合作能力，获得自我实现的满足感。可见，劳动过程可以成为真、善、美的统一，全面提升人的身心素质和发展水平。当然，要想让劳动者通过劳动得到全面发展，需要一定的社会制度的支撑。

第二，在商品经济社会，人们通过劳动，为自己的生存和发展换取物质条件。在简单商品经济条件下，商品生产者通过自己的劳动创造的商品在市场上换取货币，然后购买自己需要的各种商品，以此实现自己的生存和发展。在资本主义条件下，雇佣劳动者通过出卖劳动力，获得工资，并以此购买自己的生活资料；而资本家占有劳动力创造的剩余价值，获得利润，并以此用于个人消费以及扩大再生产。总之，在商品经济社会中，人的生存和发展离不开商品和货币的中介，但是商品和货币的最终来源仍然是人的劳动。只有通过辛勤劳动，才能创造出社会需要的使用价值和社会认可的价值，进而为个人的发展提供充足的物质条件。

在资本主义私有制条件下，工人的剩余价值被资本家所占有，因此终究无法享有与资本家同等的发展条件，甚至在资本主义发展初期承受着极端恶劣的生存条件和工作条件。尽管从总体上说，劳动促进了人的发展，但是在资本的支配下，工人的劳动过程不是表现为自己主动的、全面的、创造性的、发展性的活动，而是表现为被迫的、片面的、机械性的、重复性的活动。因此，我们要辩证地看待商品经济和社会分工的发展对人的发展的影响：一方面，它为人们发挥自己的劳动能力和创造能力提供了更多的机会，为人的生存和发展提供了更好的条件；另一方面，由此产生的资本主义经济制度也造成了资本家和雇佣劳动者之间新的不平等，给普通劳动者的发展施加了新的限制。应该看到，每一代人的发展都受制于特定的社会历史条件，对资本主义制度的超越也需要一个历史过程。为了促进人们的发展，需要探索有效的制度安排，更好地引导和驾驭资本，使之服务于

① 马克思，恩格斯 . 马克思恩格斯全集：第 3 卷 [M]. 2 版 . 中共中央马克思恩格斯列宁斯大林著作编译局，编译 . 北京：人民出版社，2002：273-274.
② 马克思，恩格斯 . 马克思恩格斯全集：第 3 卷 [M]. 2 版 . 中共中央马克思恩格斯列宁斯大林著作编译局，编译 . 北京：人民出版社，2002：274.

发展生产力，支持和保障劳动者通过劳动创造美好生活，维护社会公平正义。

第三，在未来共产主义社会，劳动将最终成为人的生活和发展的第一需要。马克思、恩格斯在《德意志意识形态》中这样描绘共产主义社会中人们摆脱分工束缚之后的理想状态："任何人都没有特殊的活动范围，而是都可以在任何部门内发展，社会调节着整个生产，因而使我有可能随我自己的兴趣今天干这事，明天干那事，上午打猎，下午捕鱼，傍晚从事畜牧，晚饭后从事批判，这样就不会使我老是一个猎人、渔夫、牧人或批判者。"① 这就是说，如果摆脱了强制性的生产关系的制约，那么，人们并不会彻底地放弃劳动，而是会自由地进行不同的劳动，因为劳动就其本身而言，可以成为一种发展性的活动。发达的社会分工体系不会将人们永远束缚在固定的岗位上，而是会给每个人的自主选择和全面发展提供更为丰富的可能性，从而消除资本主义生产方式下工人被迫从事劳动、成为片面发展的"局部工人"的弊端。

当然，这种理想状态的实现需要以高度发达的生产力和具备强大调节能力的生产关系为基础。人类历史发展至今，劳动总体来说还是为了满足人类的生存需要，这是由人的自然属性所决定的。马克思将这种为了生存而劳动的世界称为"自然必然性的王国""在一切社会形式中，在一切可能的生产方式中，他都必须这样做。这个自然必然性的王国会随着人的发展而扩大，因为需要会扩大……这个领域始终是一个必然王国。在这个必然王国的彼岸，作为目的本身的人类能力的发挥，真正的自由王国，就开始了。"② 换言之，劳动终将摆脱自然必然性的强制，成为人类发展自身、自我实现的第一需要。尽管迄今为止，人类还没有条件"使劳动成为吸引人的劳动，成为个人的自我实现，但这绝不是说，劳动不过是一种娱乐，一种消遣，就像傅里叶完全以一个浪漫女郎的方式极其天真地理解的那样。真正自由的劳动，例如作曲，同时也是非常严肃，极其紧张的事情"③，这就是说，劳动不会变成单纯的消遣享乐，而是会成为展现和提升人的创造性的活动。

▶▶▶ **拓展阅读**

共产主义社会中的自由劳动

在一个集体的、以生产资料公有为基础的社会中，生产者不交换自己的产品；用在产品上的劳动，在这里也不表现为这些产品的价值，不表现为这些产品所具有的某种物的属性，因为这时，同资本主义社会相反，个人的劳动不再经过迂回曲折的道路，而是直接作为总劳动的组成部分存在着。

---

① 马克思,恩格斯 . 马克思恩格斯文集:第 1 卷 [M]. 中共中央马克思恩格斯列宁斯大林著作编译局,编译 . 北京:人民出版社, 2009:537.

② 马克恩,恩格斯 . 马克思恩格斯全集:第 46 卷 [M]. 2 版 . 中共中央马克思恩格斯列宁斯大林著作编译局, 编译 . 北京:人民出版社, 2003:928-929.

③ 马克恩,恩格斯 . 马克思恩格斯全集:第 30 卷 [M]. 2 版 . 中共中央马克思恩格斯列宁斯大林著作编译局, 编译 . 北京:人民出版社, 1995:616.

......

在共产主义社会高级阶段，在迫使个人奴隶般地服从分工的情形已经消失，从而脑力劳动和体力劳动的对立也随之消失之后；在劳动已经不仅仅是谋生的手段，而且本身成了生活的第一需要；随着个人的全面发展，他们的生产力也增长起来，而集体财富的一切源泉都充分涌流之后，——只有在那个时候，才能完全超出资产阶级权利的狭隘眼界，社会才能在自己的旗帜上写上：各尽所能，按需分配！

——马克思《哥达纲领批判》

第三节　新时代大学生劳动教育

劳动教育作为"五育"的重要组成部分，是中国特色社会主义教育制度的重要内容。大学生劳动教育决定着大学生的精神面貌、价值取向和技能水平，深受党和国家的高度重视。新时代，随着社会现代化发展的深入，劳动的方式和形态都发生了巨大变化，大学生群体的个性特征也不同于以往，面对新的历史使命和新的社会大环境，大学生劳动教育需要进一步更新教育理念、创新教育方式，才能将育人功能落到实处。

一、新时代大学生劳动教育的内容

习近平总书记在全国教育大会上首次将劳动教育明确为全面发展教育的重要组成部分，提出了建构德智体美劳全面培养的教育体系的总要求。这一要求把劳动教育从传统意义上促进青少年全面发展的有效途径提升为重要的教育内容，也要求新时代劳动教育需要有不同于以往的新体系、新设计。《中共中央　国务院关于全面加强新时代大中小学劳动教育的意见》明确指出，劳动教育的总体目标是："通过劳动教育，使学生能够理解和形成马克思主义劳动观，牢固树立劳动最光荣、劳动最崇高、劳动最伟大、劳动最美丽的观念；体会劳动创造美好生活，体认劳动不分贵贱，热爱劳动，尊重普通劳动者，培养勤俭、奋斗、创新、奉献的劳动精神；具备满足生存发展需要的基本劳动能力，形成良好劳动习惯。"在教育内容上，高等学校要注重围绕创新创业，结合学科和专业积极开展实习实训、专业服务、社会实践、勤工助学等，重视新知识、新技术、新工艺、新方法应用，创造性地解决实际问题，使学生增强诚实劳动意识，积累职业经验，提升就业创业能力，树立正确择业观，具有到艰苦地区和行业工作的奋斗精神，懂得空谈误国、实干兴邦的深刻道理；注重培育公共服务意识，使学生具有面对重大疫情、灾害等危机主动作为的奉献精神。

因此，新时代劳动教育应该包含以下几个方面内容。

（一）劳动价值观教育

劳动价值观是劳动者对劳动的思想认识、根本看法，它直接决定劳动者的价值判断、情感取向与行为选择，是劳动素养的核心内容。习近平总书记多次强调"劳动最光荣、劳动最崇高、劳动最伟大、劳动最美丽"，这是对新时代劳动价值观的明确定位。落实这一定位，需结合唯物史观教育和劳动科学知识的学习，引导大学生充分认识"人民创造历史，劳动开创未来。劳动是推动人类社会进步的根本力量"的真理性意义；真正明白"劳动是财富的源泉，也是幸福的源泉"[①]的道理，真切体验在劳动创造中"把自己的理想同祖国的前途、把自己的人生同民族的命运紧密联系在一起，扎根人民，奉献国家"[②]的幸福感；深刻理解按劳分配是实现社会正义的基本原则，"全社会都要热爱劳动，以辛勤劳动为荣，以好逸恶劳为耻"[③]，鄙视不劳而获、少劳多获的投机思想；正确认识新时代劳动的复杂性与多样性，由衷认同"劳动没有高低贵贱之分，任何一份职业都很光荣"[④]"一切劳动，无论是体力劳动还是脑力劳动，都值得尊重和鼓励"[⑤]的道理，切实改变轻视体力劳动和体力劳动者的错误心态；深入理解为什么"尊重劳动"为"四个尊重"之首，不能离开"尊重劳动"去谈时代精神。

新时代大学生劳动价值观教育更加强调劳动幸福观教育和劳动使命观教育。新时代我国社会主要矛盾已经转化为人民日益增长的美好生活需要和不平衡不充分的发展之间的矛盾。在新时代，相较于物质文化需求，人们对美好生活的需求更加广泛、更加迫切，尤其是即将步入职场的青年大学生，他们对美好生活更是充满了期待。但是现实表明，当下大部分大学生并未找到创造美好生活、获得幸福的途径和方法，没有认识到"劳动创造幸福，奋斗成就美好生活"。因此，在主要矛盾发生变化的新时代，对大学生进行"劳动创造幸福"的劳动价值观教育，有利于大学生在劳动中创造美好生活，提升感受幸福的能力。除此之外，新时代大学生劳动教育也格外强调劳动使命观教育。新时代大学生劳动教育不仅仅要让大学生懂得劳动的意义，更要让他们明白为什么要劳动。马克思曾经说过："作为确定的人，现实的人，你就有规定，就有使命，就有任务。"[⑥]因而在面对重大险情、灾害的危急时刻，在实现"两个一百年"奋斗目标和中华民族伟大复兴中国梦的紧要关头，青年人理应担负起民族复兴的使命和任务，报效国家、奉献社会，即使面对种种困难和考验，也不退缩、不放弃。

---

① 习近平．在同全国劳动模范代表座谈时的讲话 [N]．人民日报，2013-4-29(2)．
② 习近平．在北京大学师生座谈会上的讲话 [N]．人民日报，2018-5-3(2)．
③ 习近平．在同全国劳动模范代表座谈时的讲话 [N]．人民日报，2013-4-29(2)．
④ 习近平．在知识分子、劳动模范、青年代表座谈会上的讲话 [N]．人民日报，2016-4-30(2)．
⑤ 习近平．在庆祝"五一"国际劳动节暨表彰全国劳动模范和先进工作者大会上的讲话 [N]．人民日报，2015-4-29(2)．
⑥ 马克思，恩格斯．马克思恩格斯全集：第 3 卷 [M]．中共中央马克思恩格斯列宁斯大林著作编译局，编译．北京：人民出版社，1960：329．

（二）劳动情感态度教育

劳动情感态度是劳动者的个性心理特征的反映，是个体在一定劳动价值观支配下、在长期劳动情感体验基础上形成的一种相对稳定的对待劳动的心理倾向。"爱劳动"一直是我国劳动教育特别重视培养的基本劳动情感态度。新时代劳动情感态度教育既要强调热爱劳动、勤于劳动，又要强调热爱创造、善于劳动。热爱劳动、热爱创造是立业为人的根本，是实干兴邦的基石，更是富民强国的动力。习近平总书记多次强调"要通过各种措施和方式，教育引导广大青少年牢固树立热爱劳动的思想、牢固养成热爱劳动的习惯，为祖国发展培养一代又一代勤于劳动、善于劳动的高素质劳动者""要教育孩子们从小热爱劳动、热爱创造，通过劳动和创造播种希望、收获果实，也通过劳动和创造磨炼意志、提高自己"[①]。

培育大学生热爱劳动、热爱创造的情感态度，首先，要在培养热爱劳动者的真挚情感上下功夫，教育引导大学生真正做到"任何时候任何人都不能看不起普通劳动者，都不能贪图不劳而获的生活"[②]，认识到尊重普通劳动者、珍惜他们的劳动成果是人的基本修养。其次，要在科学构建劳动实践训练体系上下功夫，着力优化大学生专业实习实训，精心组织社会实践与志愿服务，全面推进创新创业教育，不断深化产教融合，引导大学生在广阔的生产劳动与实践中加强磨炼、增长本领，教育大学生要敢于做先锋，而不做过客、当看客，让创新成为青春远航的动力，让创业成为青春搏击的能量。最后，要在培养大学生勤奋学习、刻苦钻研上下功夫，狠抓学风建设，教育大学生认识到认真学习、刻苦钻研不仅是增进知识的过程，更是磨炼意志、锤炼品行、提高自己的辛勤劳动过程，让勤奋学习成为青春飞扬的动力。

新时代大学生劳动教育除了一以贯之地进行热爱劳动的教育，更加强调在教育过程中弘扬劳模精神和工匠精神，以此培养大学生精益求精的劳动态度。进入新时代，经济发展由量到质的转变、制造业的转型升级、民族品牌的打造都越来越需要这种精益求精的劳动态度。通过弘扬劳模精神和工匠精神，有利于把大学生培养成在工作和学习中尚巧求精、执着耐心、专注品质的匠心青年。

（三）劳动品德教育

劳动品德体现了劳动的伦理要求，是指人们在劳动过程中所表现出来的对他人和社会的稳定的心理特征或倾向。辛勤劳动、诚实劳动、创造性劳动，是习近平总书记对新时代劳动的基本要求。辛勤劳动、诚实劳动和创造性劳动是统一的。辛勤劳动是诚实劳动、创造性劳动的前提和基础。"一勤天下无难事""民生在勤，勤则不匮"，这些中国人自古秉承的劳动信念在新时代依然熠熠生辉，"坚持艰苦奋斗，不贪图安逸，不惧怕

---

① 习近平．在庆祝"五一"国际劳动节暨表彰全国劳动模范和先进工作者大会上的讲话 [N]．人民日报，2015-4-29(2).

② 习近平．在庆祝"五一"国际劳动节暨表彰全国劳动模范和先进工作者大会上的讲话 [N]．人民日报，2015-4-29(2).

困难，不怨天尤人，依靠勤劳和汗水开辟人生和事业前程"[①] 依然是新时代大学生需要发扬的美德。诚实劳动是辛勤劳动的表现，也是创造性劳动的前提。习近平总书记高度赞扬诚实劳动的价值，将其视为实现人世间的美好梦想、破解发展中的各种难题、创造生命里的一切辉煌的必由之路。创造性劳动是辛勤劳动、诚实劳动的发展，也是劳动的核心和本质要求。

新时代是创新发展的时代，大学生是新时代创新发展的重要新生力量。因此，新时代高校劳动教育要在辛勤劳动、诚实劳动的基础上强调创造性劳动，要让大学生深刻理解新时代的劳动者不仅要有力量，还要有智慧、有技术、能发明、会创新的道理，教育引导大学生以科学家、大国工匠和劳动模范为榜样，胸怀理想、脚踏实地、勤奋学习、锐意进取、敢为先锋、勇于创造，不断谱写新时代的劳动创造之歌。

（四）劳动习惯教育

劳动习惯是个体在长期劳动实践训练中形成的稳定的行为模式。新时代互联网的飞速发展、数字经济的到来、人工智能的崛起，在给人类生活带来极大便利的同时，也使一些年轻人在无形中滋长了企图不劳而获、渴望一夜暴富、追求一夜成名的不良心理。习近平总书记一直强调"空谈误国，实干兴邦"，倡导"在全社会大力弘扬真抓实干、埋头苦干的良好风尚"。他多次强调"幸福不会从天而降，梦想不会自动成真。实现我们的奋斗目标，开创我们的美好未来……必须依靠辛勤劳动、诚实劳动、创造性劳动""人世间的美好梦想，只有通过诚实劳动才能实现；发展中的各种难题，只有通过诚实劳动才能破解；生命里的一切辉煌，只有通过诚实劳动才能铸就"，[②] 这正是对前述种种不良现象的有力纠偏。

2018 年 5 月 2 日在北京大学师生座谈会的讲话中，习近平总书记更是谆谆教诲广大青年"要力行，知行合一，做实干家""不论学习还是工作，都要面向实际、深入实践，实践出真知；都要严谨务实，一分耕耘一分收获，苦干实干"。新时代高校劳动教育要回到全面的、本质的劳动观上，把劳动看成人类创造世界、改造世界的一切实践活动，是工作、做事、干事、奋斗的统称，让"真抓实干、埋头苦干"成为新时代大学生学习、工作、做人、做事的基本行为方式。

新时代大学生劳动教育强调劳动习惯教育的持续性。一方面，强调劳动习惯教育的持续性是由养成良好劳动习惯的长期性决定的。一个良好的劳动习惯的养成是一个长期的过程，它不是一朝一夕的事情，需要长时间的教育和引导。因此，教育主体在教育的过程中不能断断续续，而应该持久进行。另一方面，强调劳动习惯教育的持续性是由新时代大学生劳动习惯的现状所决定的。与以往的大学生相比，新时代的大学生大多是"90后""00 后"，他们是伴随着互联网长大的一代，智能化、数字化的发展给他们的生活带来便利的同时，也导致他们劳动机会的减少。再加上生活条件的优越、父母的宠爱，致

---

① 习近平. 在知识分子、劳动模范、青年代表座谈会上的讲话 [N]. 人民日报，2016-4-30(2).
② 习近平. 在同全国劳动模范代表座谈时的讲话 [N]. 人民日报，2013-4-29(2).

使这一代人中不想劳动、不会劳动、不爱劳动的现象更为突出一些。因此，针对上述问题，更应该持续地加强新时代大学生劳动习惯方面的教育，让自觉劳动成为新时代大学生生命的底色。

（五）劳动知识与技能教育

劳动知识与技能是个体从事一定劳动所必须具备的知识、技术、技巧及综合运用这些知识、技术、技巧的能力，是大学生劳动素养全面提升的必备基础。正如习近平总书记所强调的，"素质是立身之基，技能是立业之本。广大劳动群众要勤于学习，学文化、学科学、学技能、学各方面知识，不断提高综合素质，练就过硬本领"。[①] 劳动知识与技能教育旨在帮助学生理解劳动的重要性，掌握基本的劳动技能，培养良好的劳动习惯。大学生劳动知识与技能教育有以下几种途径。

(1) 大学各专业知识的学习本身就是一种劳动知识学习，大学生的专业实习、毕业实习也都是被明确地列入教学计划的劳动技能训练，这正是大学劳动教育区别于中小学的重要一维，必须抓紧抓好，为建设宏大的知识型、技术型、创新型劳动者大军奠定基础。

(2) 除各门专业课程中的劳动知识与技能教育外，新时代高校劳动教育还应加强劳动科学的教学。人类在总结规律、创新知识的过程中形成了劳动哲学、劳动伦理学、劳动文化学、劳动社会学、劳动教育学等一系列"劳动 +"学科。这些学科深化了人们对劳动问题的研究，提升了高等教育水平和劳动人才培养质量，同时，也提高了学生对劳动多学科、多维度的认识，使学生学到分析、解决劳动问题的本领，增强劳动观念，提升劳动技能。

(3) 结合大学生未来的劳动、工作、职业发展需要，通过开设专门的劳动教育课程、完善大学生职业生涯规划和就业指导教育，加强劳动人权、劳动伦理、劳动关系、劳动条件、社会保障、职工福利、职业安全与卫生、劳动法与社会保障法等相关知识与技能的学习。

(4) 通过实习实训、产教融合、社会实践、志愿服务等劳动实践形式，引导学生在广阔的生产劳动与社会实践中增进知识、磨炼意志、增长才干、提高素质、培养社会责任感。

(5) 新时代大学生劳动知识与技能教育更加强调创造性劳动教育。所有的劳动都孕育着创新的元素，所有创新都从劳动中脱胎而来。在新时代建设中国特色社会主义现代化强国，实施创新驱动发展战略，都离不开创造性劳动。而创新之道，唯在得人。因此，这对我国的劳动教育事业也提出了更高的要求。它要求教育主体在劳动知识与技能教育过程中，不仅要进行科学知识和技能的教学，还要创造更多的条件培养大学生的创新能力，进而把大学生培养成为专业技能过硬、自主创新能力高超的新型劳动者，以满足时代发展的需要。

---

① 习近平 . 在知识分子、劳动模范、青年代表座谈会上的讲话 [N]. 人民日报，2016-4-30(2).

二、新时代大学生劳动教育的意义

劳动是构成人类社会的根基，大学生是未来的劳动主体，是祖国的希望和民族的未来。青年兴则国家兴，青年强则国家强。习近平总书记指出，新时代的中国青年要以实现中华民族伟大复兴为己任，增强做中国人的志气、骨气、底气，不负时代，不负韶华，不负党和人民的期望。高校要引导青年学生把青春奋斗融入党和人民的事业，为实现中国梦凝聚青春力量。因此，对大学生进行劳动教育不仅能促进大学生自身的发展，也能推动中华民族实现伟大复兴的中国梦。

（一）有利于促进大学生全面发展

1. 有利于强化大学生的劳动观念

劳动是人类社会特有的最基本的社会实践活动，是人们进行的一种有目的、有意识地改造自然界和人类社会的实践活动，也是人类社会生存和发展的基础，对于人类社会的发展有着非常重要的意义。人类社会是依靠劳动来发展和存在的，没有任何一个民族可以脱离劳动而存在。劳动价值观是关于劳动价值和劳动意义的主观看法和认识。正确的劳动价值观念有助于人们正确地看待和对待劳动，帮助人们懂得尊重劳动、热爱劳动、珍惜劳动成果，以积极主动的劳动热情投入生产劳动中，为创造物质财富和精神财富贡献力量。而错误的劳动价值观念会支配人们形成相反的劳动态度，作出相反的劳动选择，并对人们的生活和社会的生产带来负面的影响。大学生作为新时代中国特色社会主义事业建设者和接班人，承担着实现中华民族伟大复兴的使命，他们的劳动价值观念正确与否不仅关系着他们自身的德、智、体、美、劳能否全面发展，还在一定程度上影响着整个社会对劳动价值观念和劳动价值取向的认识。

按照《大中小学劳动教育指导纲要（试行）》的要求，劳动教育主要包括树立正确的劳动观念、具有必备的劳动能力、培养积极的劳动精神、养成良好的劳动习惯和品质四个方面的总体目标。随着我国经济的飞速发展，社会上奢靡浪费的不良现象屡见不鲜，这极易对未入社会的大学生产生消极的影响，享乐主义和个人主义随之在他们身上滋长。这就导致部分大学生养成了好逸恶劳的不良观念。对大学生进行劳动教育，能够让他们树立正确的劳动观念，端正劳动态度。在劳动教育中，引导学生尊重劳动、尊重知识、尊重人才、尊重创造，让学生感受到来之不易的劳动成果，珍惜和爱护劳动者在日常生活中创造的一切劳动成果。

高校开展劳动教育，应该让大学生理解劳动的价值，让大学生发自内心地尊重劳动、热爱劳动。同时，让大学生充分认识到体力劳动与脑力劳动的价值是平等的，消除轻视体力劳动的错误观念，树立正确的劳动价值观，只有这样才能引导大学生形成良好的劳动行为和劳动习惯。

2. 有利于促进大学生人生价值的实现

劳动的过程，就是实现人生价值、创造社会价值的过程。在新时代，加强大学生劳动教育，提高大学生劳动素养，不仅关系着国家和民族的前途和命运，更对学生人生价值的实现具有重要意义。当今时代是人工智能时代，是知识经济时代，劳动者只有掌握先进的劳动知识和技能才能在生活中掌握自身的主动权。大学生只有具备良好的劳动素养，才能在时代的洪流中不畏艰难，砥砺前行。

劳动教育有利于培养大学生的独立人格。独立人格既指人的独立性又指人的自主性，要求人们具有辩证思维能力和解决问题的能力，这是一个人在社会中生存的必备能力。要想养成独立的人格，首先必须掌握独立的生活能力，这也是劳动的基本能力。此外，要养成独立的人格，还必须具备独立的思考能力。从马克思主义劳动观出发，劳动是人和人类社会存在和发展的基础，人的思维能力是在劳动中逐渐发展起来的，人们劳动的过程实际上也是认识社会、融入社会的过程。可以说，劳动是一个人走向自立自强不可缺少的途径。新时代是人工智能时代，人们的劳动方式日益自动化、智能化，虽然人们的劳动效率得到了较大的提升，但也减少了人们劳动的机会。因此，人们很容易产生惰性心理。这不仅会使人们的劳动能力有所下降，而且不利于身心的健康发展。新时代注重对大学生进行劳动教育，将劳动引入大学生的学习生活，增加学生动手、动脑的劳动机会，促使大学生在劳动中掌握现代劳动工具，锻炼思维能力，将大学生从依赖技术的惰性中解脱出来，进而促进大学生人格的独立，为大学生实现人生价值奠定基础。

劳动教育有利于坚定大学生的理想信念。习近平总书记曾多次强调青年应该树立坚定的理想信念，并指出中国梦是全国各族人民的共同理想，也是青年一代应该牢固树立的远大理想，广大青年应努力在实现中华民族伟大复兴中国梦的生动实践中放飞青春梦想。劳动与理想信念从来都是密不可分的。崇高的理想信念是在劳动中生成的，也是在劳动中逐渐坚定的。新时代的大学生要想成为一个有梦想的"劳动者"，就要坚定理想信念，积极进取，不停下学习的脚步，坚持不懈地在岗位上奋斗，并且能够做到有责任心、有担当，充分发挥自己的力量，建设我们的国家和社会主义事业。新时代注重对大学生进行劳动教育，能够丰富学生的劳动体验，加深大学生对民情、国情、世情的理解，打开大学生的劳动格局，促使大学生在新时代建功立业的同时，为自身发展开辟更广阔的天地，进而实现人生价值。

劳动教育有利于锤炼大学生的意志力。坚韧的毅力是支撑人们迎接挑战、战胜困难、实现预期目标的强大精神动力。新时代为大学生的发展提供了良好的机遇。当前我国社会正经历着深刻的社会变革和转型，大学生只有具备坚韧的意志品质，才能从容应对一系列挑战，更好地实现人生价值。在现实生活中，为了生活负重前行，为了理想披荆斩棘、艰苦奋斗是大多数人的常态。但由于缺乏劳动经历，许多大学生往往只看到少数成功的人表面的光鲜亮丽，不能深刻地体会他们背后付出的辛劳，而产生了不劳而获的幻想和奢望。"一分耕耘，一分收获"是颠扑不破的真理，没有人能够坐享其成。抱有不劳而获幻想的大学生对成功路上的艰难困苦缺少足够的心理准备，一旦遇到挫折挑战，内心很容易受到打击，从而陷入悲观和绝望。劳动从来都不是轻松的玩乐，它始终带有严肃性，劳动的过程必然伴随着体力、精力的消耗，也常常会面临挫折和困难的考验。总的来说，每当人们开始一项新的劳动，由于缺乏技术，往往都需要经历一个艰难的探索阶段，这一阶段人们的劳动感受大多是疲惫和劳累的。但当人们掌握了这项劳动所需的基本能力后，便能有余力关注自己的劳动过程和劳动成果，在劳动中发挥自己的能动性、创造性，从而逐渐感受到劳动带来的获得感和成就感。新时代注重对大学生进行劳动教育，不仅能够给予大学生长期参与劳动锻炼的机会，还能够帮助大学生揭开美好生活的神秘面纱，使大学生认识到美好生活是辛勤劳动创造的。在这个过程中，大学生要面临诸多的困难，而这些困难有助于锤炼大学生的意志力，增强大学生面对挫折和困难的勇气和信心，进而激励大学生勇敢坚定地追求自身人生价值的实现，从而实现中华民族伟大复兴的中国梦。

（二）有利于实现中华民族伟大复兴

进入新时代以来，我国辛勤的劳动人民创造了众多举世瞩目的伟大成就。我国广大劳动群众在实现中国梦伟大进程中拼搏奋斗、勇攀高峰，为决胜全面建成小康社会、决战脱贫攻坚发挥了主力军作用，用智慧和汗水营造了劳动光荣、知识崇高、人才宝贵、创造伟大的社会风尚，谱写了"中国梦·劳动美"的新篇章。

1. 有利于弘扬中华民族勤劳美德

中华民族是一个勤劳勇敢的民族，勤劳勇敢已经成为中华文化底蕴的重要组成部分。通过辛勤劳动，中华儿女创造了灿烂的中华文明，被世界各国人民认可和赞扬。《新时代公民道德建设实施纲要》多次谈及提升人们的文明素养需要我们传承、发扬、创新中华民族的传统美德。今天我们对大学生进行劳动教育，引导大学生懂劳动、会劳动、爱劳动，就是在传承和发展中华民族的勤劳美德，这将为提升新时代劳动者的劳动素养提供强大的精神支撑和道德力量。

2. 有利于鼓励实干，筑牢经济发展基石

党的十八大以来，习近平总书记多次强调"空谈误国，实干兴邦"，指出"劳动是推动人类社会进步的根本力量""实干才能梦想成真"。所以，国家富强、民族振兴、人民幸福的中国梦的实现也需要我们青年一代的诚实劳动。新时代，我国社会主要矛盾已经发生了转变，社会发展面临着新的挑战，只有诚实劳动才能推动国家的发展。例如，近年来，诸多青年人才投身我国基层扶贫队伍中，为打赢我国的脱贫攻坚战贡献了自己的力量。正是因为他们的实干，我国的脱贫攻坚事业才能取得如此巨大的胜利。马克思在谈及青年选择职业的考虑时，提出大学生应该选择从事最能为大多数人带来福利的职业，因为从事这样的职业，大学生能够在劳动中感受到尊严和幸福，产生克服一切困难的强大精神动力。这对于新时代大学生的职业选择、劳动追求来说具有深刻的启示意义。新时代对大学生进行劳动教育，帮助大学生树立正确的劳动观念，促使大学生理性地选择能够充分发挥自己的劳动才能并为社会主义现代化强国的建设做出最大贡献的岗位，能够为中国梦的实现增添青春的力量，并由此带动更多的人树立远大抱负，心怀国家、不懈奋斗。

（三）有利于加强大学生劳动教育的时代价值

1. 有利于培养大学生的创新能力

迎接未来科学技术的挑战，最重要的是要坚持创新、勇于创新。而劳动教育的实施，正好能够提升大学生的创新能力。苏霍姆林斯基指出，劳动能教育人们成为真正有思想的人，赋予个人和集体丰富的精神生活，给予他们思维的欢乐。不能认为劳动教育同思想和教学无关。劳动能使人聪明，使人具有创造精神，使人变得高尚。

第一，劳动教育可以激发大学生的创新潜能。当前，我国部分大学生存在应试能力比较强的特点。在以"分数高低论成败"的观念影响下，他们唯分数论，不重视劳动教育，缺乏实践锻炼。高校要想改变现状，加强对大学生的劳动教育，就要为大学生搭建更多的实践平台，提供更多的锻炼机会。劳动与技术教师指导大学生参加劳动，让他们大胆尝试、手脑并用。教育者要循循善诱，引导大学生在劳动的过程中验证所学的理论知识，鼓励他们探索未知领域，激发他们的创新潜力。

第二，劳动教育可以为大学生创新思维提供知识储备。继承是创新的首要前提，创新是继承的必然要求。劳动教育就是生产劳动与教育的结合。一方面，教育者给大学生讲授科学理论、基本的劳动知识及其他文化常识。人文社会科学和自然科学所涉及的理论知识范围宽广，学生们通过对这些理论知识的学习，能够为将来的创新打下坚实的理论基础。另一方面，教育者通过组织大学生参与劳动，帮助他们将理论与实践结合起来，让他们自己归纳总结劳动知识，积累实践经验，进而夯实创新的实践基础。

第三，劳动教育可以培养大学生独立思考的能力。大学生创新能力的培养，关键在于是否有独立思考的意识。一个不善于思考的人，很难有较强的创新能力。劳动与技术教师应当引导大学生参加劳动，并且教育的过程是"循循善诱"的，而不是替学生思考、替学生劳动。在劳动教育过程中，教师是教学的主导者，学生是学习的主体。因此，教师要引导学生自己思考解决办法，鼓励他们自己动手，通过自己的努力攻克难关、克服困难与挫折，这样才可以增强大学生独立思考的意识，进而提高他们的创新能力。

2. 有利于培养大学生的使命感

国家和民族对大学生寄予厚望，大学生的责任重大，使命光荣。大学生能否完成时代使命，其关键在于是否具有强烈的使命感。而劳动教育的落实，可以增强大学生的使命感。

第一，劳动教育激发大学生的爱国主义情感。爱国主义是人们对祖国的深厚感情和坚定信念，爱党、爱国、爱社会主义在本质上是一致的，这也是对公民最基本的要求。劳动教育可以让大学生体会到劳动人民的艰辛，培养他们热爱劳动、热爱生活的品质。在劳动中，教育者要使学生了解关于劳动保障等方面的利好政策，让他们感受到国家尊重劳动和劳动者的氛围。同时，国家也给大学生提供奖（助）学金、实习就业的机会等，为大学生创造好的平台。因此，教育者要引导学生在享受国家利好政策的同时，学会感恩，从而激发学生的爱国情和报国志。

第二，劳动教育推动大学生"负重前行"。这里的"负重"就是肩负民族复兴的伟大使命，这是大学生应有的担当。实施劳动教育，可以增强他们的主人翁责任感。劳动教育的实践，可以逐步消除体力劳动与脑力劳动的对立关系，消除知识分子、工人与农民的差别以及城市与农村的差别，从而加快社会主义现代化的进程。劳动教育的开展，不仅给大学生提供了理论知识和实践经验，还强化了他们的使命感和荣誉感。在劳动中，大学生的个体价值得以彰显，中国梦的实现进程也将加快。

时代是出卷人，每一个劳动者都是答卷人。我们需要的劳动者是能够担当民族复兴大任的时代新人。新时代的每一位劳动者既是筑梦人，又是圆梦人。大学生作为新时代中国特色社会主义建设的主力军，肩负着实现中华民族伟大复兴中国梦的历史重任。这就需要大学生在个人成长、成才的过程中不仅要形成科学的世界观、人生观、价值观，还要形成科学、正确的劳动观念，正确理解劳动是人类发展和社会进步的根本力量，理解劳动创造人、创造价值、创造财富、创造美好生活的道理。大学生要尊重劳动、崇尚劳动，尊重广大劳动者以及劳动成果，自身要牢固树立劳动最光荣、劳动最崇高、劳动最伟大、劳动最美丽的思想观念，从而进一步提升自身的劳动素质和劳动素养，努力成为德智体美劳全面发展的人，这也是建设中国特色社会主义事业的需要。培育大学生的劳动观关乎社会的整体风尚，社会风尚引领社会进步，因此，在新时代对大学生进行劳动教育对于整个社会和国家的进步具有重要意义。

三、新时代大学生劳动教育的途径

随着社会的发展和变革，劳动教育作为高校教育的重要组成部分，也需要与时俱进地进行改革和创新。新时代劳动教育旨在培养学生的劳动素养、创新意识和实践能力，使他们能够适应未来社会的发展需求，这需要学校和家庭共同努力，为学生提供丰富多样的劳动实践机会和培养平台。只有通过劳动教育，才能培养出一代又一代具有劳动精神和创新能力的优秀人才，推动新时代劳动教育目标的实现，为国家的发展和社会的进步贡献力量。

（一）学习途径

1. 独立开设劳动教育必修课程

为确保劳动教育有序、有效开展，高校必须将其课程化，将其纳入各专业教学的总体计划之中，制订劳动课程计划、劳动课程标准和劳动课程方案。在学校各专业人才培养方案中设置"劳动教育课程"，作为人才培养过程的重要环节，明确课程性质、课程学分以及课程学时要求，并且根据各个专业的特点丰富劳动教育课程内容，注重实践过程体验，规范课程考核，推动劳动教育课程建设及组织落实。

2. 专业课中融入劳动教育

劳动教育不只是上劳动教育课程，高校应该发挥课堂育人主渠道的作用，在所有课程的教学过程中都以独特的视角体现劳动教育的意义，即各高校应该在上好劳动教育课程的同时，真正实现"课程劳动教育"。

在专业理论课教学中，可以融入劳动元素，如劳动创造历史、劳动创造财富、劳动不分贵贱的马克思主义劳动观；纳入歌颂劳模、歌颂普通劳动者的选文材料和典型案例；纳入阐释勤劳、节俭、艰苦奋斗等中华民族优良传统的内容，加强对学生的辛勤劳动、诚实劳动、合法劳动、科学态度、规范意识和创新精神等方面的教育。专业实践教育主要与服务学习、实习实训、科学实验、社会实践、毕业设计等相结合，注重分析相关劳动形态的发展趋势，强化劳动品质培养。在公共必修课中，进一步强化马克思主义劳动观教育、劳动相关法律法规与政策教育，强化道德引领和精神塑造。在创新创业教育中开展劳动教育，高等学校要注重围绕创新创业，结合学科和专业积极开展实习实训、专业服务、社会实践、勤工俭学等。《中国教育现代化 2035》指出，弘扬劳动精神，教育引导学生崇尚劳动、尊重劳动，树立依靠辛勤劳动创造美好未来的观念。强化实践动手能力、合作能力、创新能力的培养。这就意味着，新时代创业者不仅要有力量，还要有智慧、有技术、能发明、会创造。因此，高校的创新创业教育中要融入劳动教育，弘扬劳模精神、工匠精神和劳动精神，提高大学生对劳动的认识水平，使之真正投身到创造性劳动实践中，夯实未来创新创业的基础。

3. 与思想政治教育有机结合

新时代高校坚持把"立德树人"作为一切工作的根本任务和中心环节，坚持"弘扬特色创一流、崇尚劳动育英才"，将"劳动情怀深厚"写入人才培养目标，坚持发挥"劳动模范在校园，大国工匠在身边"的独特优势，推动劳模精神、劳动精神、工匠精神进教材、进课堂、进头脑，探索将劳动教育与思想政治教育有机结合，逐步形成与学校办学定位相契合、与人才培养目标相一致的劳动教育格局。劳动教育与思想政治教育有机结合有以下几条途径。

(1) 开设劳动思政慕课。学校自建或引进优秀的慕课，如"大国工匠""大国崛起"等优质在线开放课程，通过教师讲解和视频观看等方式，用鲜活的素材和生动的人物事例阐释新时代劳模精神。

(2) 选聘一批劳模导师。学校积极聘请劳模学员担任大学生德育导师或兼职辅导员，增强劳模精神潜移默化的影响力，强化劳模品质对青年学生的日常引领作用，为学校思政教育工作队伍注入新的力量，做到全员、全过程、全方位育人。

(3) 充分发挥劳动榜样的带动示范作用。学校通过"劳模大讲堂""大国工匠进校园""优秀毕业生报告会"等开展劳动榜样人物进校园活动，组织劳动技能和劳动成果展示；综合运用讲座、宣传栏、新媒体等广泛宣传榜样人物的劳动事迹，特别是身边普通劳动者的先进事迹，让师生在校园里近距离接触劳动模范，聆听劳模故事，观摩精湛技艺，感受并领悟勤勉敬业的劳动精神，争做新时代的奋斗者。

（二）实践途径

1. 日常生活劳动

日常生活劳动实践是指向自我的，可以理解为一种自我服务性活动和生存性教育，旨在提升人的日常生活自理能力。通过日常生活劳动教育，帮助学生掌握一定的日常生活知识，形成日常生活技能，提升生活自理能力。学校可以结合实际，联合家庭和社区，开展校园生活劳动实践。

2. 生产性劳动

生产性劳动是指体验性、实验性和创造性劳动，可以理解为一种专业化劳动教育，旨在提升学生的专业化、技术性劳动生产能力。生产性劳动教育可帮助学生获得专业化劳动生产能力和创造性劳动生产能力，实现未来美好的生活。大学生生产性劳动实践是一种在做中学的教育活动，它不是一种休闲娱乐性劳动或纯粹的生产劳动，如养花、养宠物或是到工厂、农田进行即时性的劳动，而是一种具有教育性、文化性和学习性的劳动，是在教师的指导下，带着学科专业知识，走进生产劳动场所开展的验证、实验、体验的创造性劳动。为此，学校一定要让学生将所学的学科知识与生产劳动结合起来，将相关的学科基本概念与范畴、普遍规律与原则、策略与方法等静态的知识，与具体的生产劳动联系起来，使学生理解所学学科知识的现实价值，并将其重新建构为自身的知识与技能体系，借此培养学生的创造精神和创新能力。

3. 服务性劳动

服务性劳动实践是指向他人的，是为他人生活提供服务的教育活动。通过服务类的劳动，可以培养学生的服务意识、助人意识和社会责任感。学校要根据人才培养目标，结合学生的年龄特点、生活经验等，选择与设计出有利于社会和谐发展的、结构化的、服务性劳动，以志愿者的方式，让学生在参与服务性劳动教育的过程中提升服务意识，增强社会责任感。服务性劳动必须保持其教育性，服务内容既要与社会需求接轨，又要与学校相关课程联系起来，要让学生将已学到的知识、技能服务于社会，服务于群众，力所能及地解决相关问题。

▶▶▶ **拓展阅读**

新时代劳动教育新思路与新路径

2019 年 11 月 26 日，中央深改委审议通过《关于全面加强新时代大中小学劳动教育的意见》（简称《意见》），会议强调要把劳动教育纳入人才培养全过程，贯通大中小各学段。2020 年 3 月 26 日，《意见》正式发布。此后，劳动教育在全国范围内如火如荼地开展，热度持续高涨，从理论建设到实践探索，均涌现出诸多研究成果与典型经验。

2017 年，华东师范大学开展了紫江公益人才培养项目，历时三年之久。依托该项目，华东师范大学提出将公益性要素融入劳动教育的目标、方法和途径，构建公益性劳动教育体系，使得劳动教育目标更具体、形式更多样、资源载体更充分，以提升培育的有效性。公益性劳动教育体系的构建，充分借鉴了志愿公益教育的成果，围绕公益人格培育改进传统的劳动教育模式，吸纳和转化符合劳动教育要求的师资、课程、志趣社团、实践基地等；

有效依托基础课程、应用课程、前沿课程等显性课程，结合学生社团、公益服务、公益双创等实践课程，探索改进新型评价方式，完善校内外公益劳动育人联动和辐射机制。

西南大学构建了"一体三类五驱动"全学科劳动教育育人体系。"一体多维"的体系建设，是指通过制定系列政策制度，推进建立劳动教育的组织体系、制度体系、课程体系和工作体系，明确劳动教育的领导机构、重点领域、重点课程和重点任务，积极构建劳动教育全方位育人格局。"三类并发"的特色发展，是指分类、分层开展劳动教育实践，推进学校所有专业在开展多种劳动实践的同时，结合"四新"专业建设要求、"五育融合"的评价驱动，落实上级文件要求，研制新时代大学生劳动教育指导手册和大学生劳动素养评价办法，形成劳动教育清单。

课后思考

1. 如何理解马克思主义劳动观？
2. 新时代如何继承和发展马克思主义劳动观？
3. 新时代劳动教育应遵循哪些原则？

第二章　树立新时代劳动精神

学习目标

1. 了解新时代劳动精神的内涵。
2. 熟知新时代劳动精神的现实意义。
3. 领会培育和践行新时代劳动精神的途径。

案例导入

全国劳动模范杨芳

杨芳，中国兵器工业集团江南工业集团有限公司数控分厂的一名女工，相继获得"全国三八红旗手""全国劳动模范""全国道德模范提名奖"等荣誉。2018年10月，她当选为第十二届全国妇女代表大会代表。

20世纪80年代末，年轻的杨芳进入了江南公司。在这个以机械加工为主的公司，杨芳选择了铣削加工岗位。

车间里，她跟着师傅学习成形车刀的刃磨、量具的使用、工件的铣削等技能；工余时间，她"宅"在书斋，静下心来学习机械制图、铣工工艺等专业理论知识。经过几年磨砺，她成长为一名优秀的铣工能手。

2004年，杨芳代表江南公司参加湖南省首届数控技能大赛，一举夺得第三名，成为大赛获奖的唯一女选手，被称为"数控湘女第一人"。

多年来，杨芳一步一个脚印，跨越了从初级工到公司首席技师等多个技术等级，目前已是中国兵器工业集团的关键技能带头人。她还是享受"国务院政府特殊津贴"的专家、湖南省职业技能鉴定委员会专家委员、国防科技工业"511"专业人才，是名副其实的"数控湘女第一人"。

2018 年 9 月 10 日，习近平总书记在全国教育大会上指出："要在学生中弘扬劳动精神，教育引导学生崇尚劳动、尊重劳动，懂得劳动最光荣、劳动最崇高、劳动最伟大、劳动最美丽的道理，长大后能够辛勤劳动、诚实劳动、创造性劳动。"[①] 党的二十大指出，要坚持尊重劳动，使人人都有通过勤奋劳动实现自身发展的机会，提倡在全社会弘扬劳动精神，培育时代新风新貌。[②] 因此，充分发挥劳动的育人功能，培育大学生的劳动精神，是高等教育落实立德树人根本任务、培养全面发展的中国特色社会主义合格建设者和可靠接班人的应有之义。

第一节　新时代劳动精神的内涵

2020 年 11 月 24 日，习近平总书记在全国劳动模范和先进工作者表彰大会上的讲话中指出，在长期实践中，我们培育形成了崇尚劳动、热爱劳动、辛勤劳动、诚实劳动的劳动精神。[③] 明确了劳动精神的内涵，即劳动精神包括崇尚劳动、热爱劳动、辛勤劳动、诚实劳动四个向度。其中，崇尚劳动是劳动精神的价值取向，热爱劳动是劳动精神的情感追求，辛勤劳动是劳动精神的实践状态，诚实劳动则是劳动精神的伦理要求。

一、崇尚劳动：劳动精神的价值取向

崇尚劳动的观念自古就流淌在中华民族的血脉之中。劳动创造物质财富和精神财富。因为劳动，我们拥有了历史上的辉煌和如今的成就。从"乡村四月闲人少，才了蚕桑又插田"的农民到"赧郎明月夜，歌曲动寒川"的工人，从彰显中华灿烂文明的"四大发明"到凝聚中华民族智慧的"四大名著"，从模范的 359 旅把"烂泥湾"改造成"陕北好江南"到英雄的农垦部队把戈壁滩打造成"塞北明珠"，从杂交水稻"禾下乘凉梦""覆盖全球梦"到航天工程"可上九天揽月"、航空母舰"可下五洋捉鳖"成为现实……我们在非凡征途中铸就了科学的劳动观念，绘就了美妙的劳动画卷。

崇尚劳动是中华民族的民族精神和传统美德，这种精神激励着一代又一代中国人奋发图强、不断进取。中国人民实现从"站起来"到"富起来"再到"强起来"的伟大飞跃，

① 习近平．习近平在全国教育大会上强调 坚持中国特色社会主义教育发展道路 培养德智体美劳全面发展的社会主义建设者和接班人 [N]．人民日报，2018-09-11(1)．

② 习近平．高举中国特色社会主义伟大旗帜 为全面建设社会主义现代化国家而团结奋斗：在中国共产党第二十次全国代表大会上的报告 [M]．北京：人民出版社，2022：36，44-45．

③ 习近平．在全国劳动模范和先进工作者表彰大会上的讲话 [J]．党建，2020(12)：5．

正是靠着广大人民勤耕不辍的劳动。只有崇尚劳动，懂得劳动创造价值、劳动创造社会、劳动是值得的，人们才渴望劳动。无论时代如何变化，都要崇尚劳动之风、认可劳动之力、推崇劳动之美。劳动不分贵贱，劳动者都值得被尊重。无论从事体力还是脑力劳动、简单还是复杂劳动、集体还是个人劳动、生产性还是服务性劳动，只要能为经济社会发展作出贡献，就会得到广大人民群众的认可。必须通过思想宣传、教育引导、实践养成等，让崇尚劳动成为全社会的价值共识，让劳动者在奋发图强、比学赶超中书写出优秀的劳动答卷，才能为实现中华民族伟大复兴注入源源不断的动力；必须营造尊重劳动和劳动者的文化氛围。

二、热爱劳动：劳动精神的情感追求

热爱劳动是劳动精神的情感追求，是肯定劳动价值后的情感表现，对激发劳动精神具有重要的价值和意义。人们通过劳动创造物质财富，同时也在劳动中确证自己的本质，实现自我的价值，收获情感上的愉悦体验。人们之所以热爱劳动，是因为通过劳动能够获得物质和精神的双重满足。

资本主义把人有意识的、有目的的类生活及自由自觉活动的类本质异化为受资本控制的异己力量。在资本主义私有制的条件下，异化劳动全面背离了人对美好生活的向往，消解了人对美好生活的体验。一方面，劳动使人们陷入越辛勤劳作越贫困的窘境；另一方面，社会化大生产使得劳动日益专业化、碎片化，导致人们无法在劳动中获得自身的完整性证明，进而陷入一种自我怀疑甚至是否定的状态。这种被迫的劳动不仅无法使人们对劳动产生热爱之情，还会使人们厌恶甚至回避劳动。

社会主义崇尚"真正的自由劳动"，为人们自由自主地热爱劳动创造了基本条件。以按劳分配为主体、多种分配方式并存的分配制度从根本上保障了劳动产品归劳动者所有，规范了财富积累机制。凡是为社会主义经济高质量发展作出贡献的劳动者，都可从社会领取相应的劳动报酬，从而激发全体社会成员的主动性和创造性，充分调动劳动者的积极性。即使不同行业劳动者的劳动能力迥异、劳动贡献差别较大，但这种分配制度坚持以劳动时间为尺度、按劳动贡献决定报酬，将劳动者的工资增长与劳动生产率挂钩，能够实现劳动报酬与劳动贡献的同步提高。人们在劳动中肯定自我，成为自由意志的主人，获得由劳动带来的愉悦情感，进而真正崇尚劳动、热爱劳动。

三、辛勤劳动：劳动精神的实践状态

辛勤劳动是劳动精神的实践状态，是劳动精神发挥作用的行为展现。弘扬劳动精神，不仅要热爱劳动，还要将劳动付诸现实生活，在善于劳动、勤于劳动中创造有利于社会发展的价值。

只有懂得人间万事出于艰辛，懂得艰难困苦玉汝于成，人们才愿意努力刻苦、付出牺牲、辛勤劳动。宝剑锋从磨砺出，梅花香自苦寒来。无论体力劳动还是脑力劳动，都是一个艰苦奋斗的过程：体力劳动要付出辛劳和汗水，脑力劳动也要付出心血和智慧。所谓"一勤天下无难事""天道酬勤""业精于勤荒于嬉"，只有勤于奋斗、乐于奉献，不断锤炼本领、淬炼能力，追求卓越、争创一流，才能开创辉煌事业，彰显精彩人生。我们要完善以按劳分配为主体的分配方式，多劳多得、少劳少得、不劳不得，保障劳动者辛勤劳动的权益，助推劳动公平正义，让辛勤劳动成为新时代闪耀的精神坐标。

中国式现代化能够取得辉煌的成绩，与广大人民群众的辛勤劳动密不可分。我们的国家，我们的民族，从积贫积弱一步步走到今天的发展繁荣，靠的是一代又一代人的顽强拼搏，靠的是中华民族自强不息的奋斗精神。路虽远行则将至，事虽难做则必成。在中华民族伟大复兴的关键时刻，在全球不确定性因素不断增多的时代背景下，当代大学生更应该坚定信心、保持干劲，用自己的辛勤劳动，为社会主义现代化强国建设作出应有贡献。

四、诚实劳动：劳动精神的伦理要求

诚实劳动是劳动精神的基本原则和伦理要求。一方面，诚实劳动有助于大学生实现自身的发展和完善。只有懂得真真切切、实实在在、兢兢业业是合格劳动者的本色、底色和根本准则，人们才能"实干"——诚实劳动。劳动的光荣源自诚实的付出。只有诚实劳动，久久为功，才能在平凡的岗位上创造出不平凡的成绩。"桥吊状元"竺士杰、"金牌焊工"高凤林、"禁区勇士"胡洪炜、"当代愚公"黄大发等一大批先进模范人物，与新时代齐奋进，激励着广大人民争做新时代的奋斗者，谱写了"中国梦·劳动美"的新篇章。可以说，新时代的劳动模范都是诚实劳动的代表者。另一方面，诚实劳动有助于大学生获得他人和社会的尊重与认可。人无法脱离社会而独立存在，需要不断与他人进行合作，诚实劳动正是维系良好劳动关系的基础。把诚实劳动作为劳动精神的重要基本原则和行为标准，不仅有助于促进劳动精神的弘扬，带来经济社会的蓬勃发展，还有助于促进个人的进步和良好社会关系的形成。

人民创造历史，劳动开创未来。人世间的美好梦想，只有通过诚实劳动才能实现；发展中的各种难题，只有通过诚实劳动才能破解；生命里的一切辉煌，只有通过诚实劳动才能铸就。实现中华民族伟大复兴中国梦，根本上要靠全体人民的诚实劳动、积极创造、勇于奉献。

青年工匠范武的"汽车梦"

从普通的试制试装技工到资深技师、项目负责人，再到"全国技术能手"、浙江省人大代表，吉利汽车研究院（宁波）有限公司装调工范武，用 7 年时间实现了多重身份的转变。在这一系列美丽蜕变背后是范武付出超乎常人的努力，几年来，范武攻克了一个又一个装配难关，参与了一个又一个核心项目。把职业当成事业，把技术当成艺术，范武始终坚守着一个青年工匠的"汽车梦"。在范武的成长道路上，我们看到的正是新时代技术工人对精益求精工匠精神的不懈追求。

与范武交谈过的人都能感受到，这个"90 后"小伙言语中的真诚和朴实。2012 年 3 月，范武如愿进入浙江吉利汽车研究院，任职样车试制岗。作为"新兵"，一开始的工作内容很简单，就是在流水线上装配零部件和螺丝钉。这样重复、单调的工作对于年轻人来说多少有些枯燥，但细心的范武发现，装配工技术不复杂，不同人的效率却相差很多。同一条线上，他的装配速度只能勉强跟上流水线的速度，一些老师傅却能游刃有余；同一个装配工位前面一个老师傅 60 秒就能装配完，而他需要花 120 秒。为了挑战自己，范武定了一个"小目标"——一定要赶上老师傅。为此，范武经常一整天重复练习同一个技术动作，有时累得都提不起筷子，但他依旧坚持，最终范武成了流水线上的"快手"。在实现赶上老师傅的小目标后，范武马上申请去往另一个工位开始新挑战。范武认为，人应该不断进步，不应该停留在原地，所以他经常给自己定很多个小目标。很快，范武就成了装配工人中技术进步最快、工作岗位跨度最大的一个，而他也终于从流水线上成长起来，进入了样车试制领域。

样车试制是指开发新车型的过程中，在造型设计和车身零部件设计基本完成之后，还要根据设计数据进行少量的样车试制，通过试验评价找出样车的不足然后改进设计，接着制作下一版本样车。样车试制在整车研发中，对产品设计验证、产品工艺验证以及产品质量验证等方面具有关键性的作用，是对产品虚拟设计开发的有效验证与补充。一进入样车试制领域，范武就爱上了这项工作，这项工作对一个人的综合能力要求非常高。为了尽快适应新工作，范武全身心投入其中。知识水平不够，他就捧着各种汽修书、英语书"死磕"，对着晦涩难懂的各类软件代码"硬磨"；实战经验不足，他就反复比对测量，假想各种原因，设计验证难点……在领克 01 车型装配的过程中，范武发现放置在工装台上的后桥出现放置不稳定的问题，特别是打力矩时晃动量大，存在脱落危险。可只发现问题还不够，找出原因和解决办法才是关键。带着一股钻劲，范武一头扎进了数据堆里，通过不断地测量分析，终于找到了问题的根源：右侧第二支柱在 Z 轴方向高了 10 毫米且无配套固定装置，导致支撑柱不能与后桥本体完全接触，继而在现场装配过程中出现后桥晃动量大的问题。最终在不断试验下，问题得以顺利解决。这次装配改进对于范武来说是第一次，也是印象最深刻的一次。

2015年5月，范武受领导委派担当吉利缤瑞项目总装试制的总负责人。这对范武来说是一个新的平台，责任与挑战并行，项目面临人员技能不足、工装器具不全、工艺差异大、试制计划变更等多种困难。范武说："那段时间压力很大，但不能有丝毫闪失，因为车辆背后，人命关天。"为了保证质量和效率，范武带领40余人的总装试制团队和杭州湾总装支持团队，全面梳理人、机、料、法、环等缤瑞项目前期试制阶段的各个工作环节，不断加强团队能力建设和各环节沟通，最终在试制过程中检测出各类问题1022项并将其全部纳入问题报告，充分排查解决了设计阶段的主要问题。在提出整车设计问题的同时，范武还带领团队梳理自身工作不足，自查整改质量问题216项、安全隐患问题26项。最终，范武带领团队圆满完成了缤瑞项目前期试制准备与试装工作，确保了整车交付的及时性和样车交付数据的准确性，受到了项目组的嘉奖与认可。在众多与范武有同样目标的一线工人努力下，吉利缤瑞没有让大家失望，推入市场后，受到消费者欢迎，销量出色。销量是对品质的肯定，而品质的胜出来源于一线工人的执着追求。从博越、博瑞、帝豪GL、帝豪GS再到缤瑞、领克03，从几万元的A级车，到20多万的中端车，范武几乎参与了吉利汽车所有车型的装配工作。从能造车，到能多造车，再到能造好车……在车间工作的7年间，范武见证了吉利汽车的发展壮大，也感受到了吉利制造汽车越来越高的质量要求。

工作多年，范武一直有一个梦想，就是希望在自己和众多一线吉利汽车人的努力下，将吉利打造成具有全球性影响力的中国品牌。

第二节　劳动精神的现实意义

劳动精神是关于劳动的思想认知和行为实践的集中体现，反映劳动者的思想情感和人格气质。劳动精神是指崇尚劳动、热爱劳动、辛勤劳动、诚实劳动的精神。劳动精神植根于中华优秀传统文化，具有深厚的内在思想底蕴，同时也充分彰显出时代精神的内在活力。当前，劳动精神是推进中国特色社会主义伟大事业与建设进程必须依靠的强大精神动力，弘扬新时代劳动精神就是要勇于树立旗帜、明确导向，向全社会宣扬自强不息、励精图治的奋斗精神。2021年9月，党中央批准了中央宣传部梳理的第一批纳入中国共产党人精神谱系的伟大精神，劳动精神被纳入其中。

一、劳动精神植根传统文化

劳动精神植根于中华优秀传统文化之中，传统的家风家训以及社会习俗中不乏关于劳动精神的丰富内容。业无贵贱、崇俭习劳，劳动精神与传统美德紧密结合，共同发挥着劳以养德、劳以立身、劳以树人的价值范导作用。传统劳动美德既是弘扬社会风尚的核心价值之一，又是培育引导青年大学生崇尚劳动、发挥创造精神的重要抓手。传承和弘扬优秀传统劳动精神，让每个劳动者成为社会分工与合作链条当中不可或缺的一环，让劳动美德、敬业美德在当前社会成为自我安身立命的基石。

▶▶ 拓展阅读

成新湘——30年针线绣出诗和远方

成新湘，毛针法第四代传人，绣湘绣整整30年，30年低眉端坐绣成高级工艺美术师，荣获"湖南省五一劳动奖章"。

成新湘16岁入行，成了湘绣研究所的一名学徒。从仅仅把湘绣当一份工作到渐渐喜欢这份工作，需要勤奋和长时间的坚持。一幅湘绣常常要用半年甚至一两年时间来完成，每一幅作品都蕴含着刺绣人的心血和智慧。很多学湘绣的年轻人耐不住寂寞、熬不过艰辛，陆续离开。和成新湘同时进湘绣研究所的4个年轻人，最后仅剩下她一个。

30年来，每个工作日的清晨，成新湘都会把绷架安放在光线最好的地方，低眉端坐，用一根根比头发丝还要细的蚕丝作画，或绣山水或绣动植物，一针一线，一丝不苟，从学徒到高级工艺美术师，从普通绣工到全国人大代表。2018年"两会"，她提出了"关于传统工艺美术类产业降税免税"的建议，得到了财政部的回复和认可。2019年，她的提案是"振兴工艺美术产业，发扬中华优秀传统文化"。作为人大代表，她的履职是在坚持刺绣及教学的同时完成的。尽管她的身份有了变化，但徒弟们仍亲切地称她"湘湘老师"。

二、劳动精神彰显时代精神

积淀千年的中华民族劳动精神，需要用创新发展的眼光加以审视并面向新时代加以创造性转化，使其与时代精神相融相通，焕发价值活力。自觉将劳动精神与伟大工匠精神、中国制造精神、科学家精神以及中国梦紧密结合，用"幸福都是奋斗出来的"时代宣言彰显新时代劳动新风尚。在培植劳动精神的进程中营造全社会尊崇劳动的氛围，以劳动精神引领新时代发展进程。重视劳动、尊重劳动者的辛劳付出，珍视劳动者的尊严与幸福，让劳动者平等参与，平等分享劳动成果。

▶▶ 拓展阅读

"全国五一劳动奖章"获得者：瑞安交警李建兴——48万辆机动车的最强大脑

2013年年初，瑞安市公安交警大队成立了温州首个县级公安机关规范化交警指挥室，各方面都表现出色的塘下中队基层交警李建兴被派到指挥室担任指挥长。

瑞安是全国有名的经济百强县，老百姓生活水平较高，平均每三四个市民就拥有一辆机动车，机动车拥有量在全省同类城市排名第二。车多、交叉路口多、道路狭窄、城市基础设施较为薄弱是当时瑞安交通的特点，"堵车"成了瑞安人的生活日常。群众不满意，一线交警也跟着"吃苦"。头顶"大盖帽"、伫立在车流人海中，"哔哔"吹着哨子，变换各种指挥手势，大概是人们对交警的固有印象。

李建兴所在的交警指挥中心掌管的不是一两个路口，而是整个瑞安市48万辆机动车和100多万人口组成的交通"洪流"，这个担子可不轻。李建兴在微信平台上进行路况直播，"瑞安交警"成了当地最早火起来的"网红"号。为提高交通指挥的效率，李建兴带领团队搭建了"一体化智慧交管"平台。交警指挥室的高效运转与一系列高科技智能交管"机器人"的成功运用，使现在瑞安城区早、晚高峰时，不再出现以往一个路口拥堵导致周边连续几个路口拥堵的"链式反应"。

三、劳动精神引领最美风尚

马克思在《1844年经济学哲学手稿》中明确提出并阐述"劳动生产了美"，充分揭示出美的根源在于劳动，劳动者在自由自觉的劳动过程中展现了自身的本质力量，生成了劳动的特殊产物——美。劳动有助于将人们引向幸福，引导人们通过劳动追求美好生活。在新时代牢固树立"劳动最美丽"的审美观念，能够营造积极向上的社会风气，让人们充分肯定并赞扬劳动之美，体悟、领会劳动过程、劳动成果以及劳动精神层面中的审美元素，全面抒发劳动美学的思想韵味，引领劳动最美的社会风尚。

▶ 拓展阅读

竺士杰：高空中"穿针引线"

竺士杰，浙江宁波舟山港桥吊司机、桥吊班大班长，全国劳动模范。从事桥吊操作20多年来，他自创"竺士杰桥吊操作法"，提升了传统桥吊操作效率。据测算，运用这一操作法后，平均每条船可节约4万多元。

竺士杰是从龙门吊转岗到桥吊的。初中毕业后，竺士杰选择了宁波港技工学校，学习港机驾驶专业。1998年，他成为宁波港的一名龙门吊司机，龙门吊司机的工作是在高空中完成"穿针引线"。1999年6月，宁波港集装箱装卸业务迎来大发展，竺士杰第一个报名，第一次跟着桥吊师傅登上桥吊。桥吊太高，吊机高49米，相当于16层楼高，必须坐电梯进入驾驶室。与龙门吊相比，桥吊的操作难度和劳动强度高很多倍。竺士杰比别人提早3个月通过考核，考取了桥吊操作证。竺士杰自创桥吊应用新操作方法，仅需两个步骤就能让秋千般的吊具及货物稳定下来，并精准地落到指定位置。2006年，竺士杰开始编写操作手册，将自己研究的桥吊操作技巧整理成系统的操作方法，以他的名字命名为"竺士杰桥吊操作法"。

四、劳动精神推动铸魂育人

新时代劳动教育在协同发挥锻造时代新人与增进社会认知作用的基础上，承载着铸魂育人的重要功能。它能够重塑劳动教育价值，复兴全民劳动文化，使个人在劳动参与的过程中，经由劳动教育的正确引导而日益丰富、日渐透彻。中国特色社会主义的劳动过程不仅注重提升劳动者的技术技能水准，更要从内心深处不断唤醒和激发劳动者的自觉意识，促使其自觉为自身及其所在的共同体的幸福而奋斗。劳动精神从根本上将人引向成长的正确道路，真正意义上实现"人的自由全面发展"。

▶▶ **拓展阅读**

湖南省教书育人楷模——石灵芝

石灵芝，女，汉族，1971年12月生，中共党员，湖南省湘潭市雨湖区金庭学校教师。她忠诚于党的教育事业，从教30多年来，一直坚守在语文教学第一线。她深入研究教育教学，秉持着"培养主动、健康发展的人"的教育理念，在日常课堂教育教学中以文化人、以文化道、以意动人，坚持追求有情境、有情感、有意思、有意义的课堂。她潜心钻研心理学，为学生心灵成长护航，对留守儿童进行心理援助。她热心于社会公益活动，多次开展志愿者岗前培训和乡村义务授课，获得"全国模范教师""湖南省特级教师"等荣誉。

五、劳动精神夯实价值追求

发挥劳动精神的价值引领作用，与具体的实践路径协同发力，在全社会弘扬新时代劳动精神。始终坚定"光荣属于劳动者，幸福属于劳动者"的理想信念，将新时代劳动精神融入时代精神，以劳动者的艰苦奋斗充分彰显人生价值与时代色彩。围绕劳动典型所发挥的模范作用在全社会范围内促进劳动精神追求，激发劳动热情，塑造社会各界崇德向善、见贤思齐、崇尚劳动的正确价值观。新时代劳动精神的大力弘扬必将助推形成全社会尊重劳动的良好氛围，为不断激发人才创新活力打下坚实的思想道德基础。

▶▶ **拓展阅读**

2020年度感动中国十大人物: 张桂梅——素心托高洁

张桂梅，女，满族，中共党员，1957年6月生于黑龙江省牡丹江市，1975年12月参加工作，1998 年 4 月加入中国共产党，丽江华坪女子高级中学（简称"华坪女高"）书记、校长，华坪县儿童福利院院长（义务兼任），丽江华坪桂梅助学会会长。她扎根贫困地区 40 余年，创办全国第一所全免费女子高中，帮助贫困山区女孩圆梦大学，是为教育事业奉献一切的"张妈妈"。她探索形成"党建统领教学、革命传统立校、红色文化育人"特色教学模式，荣获"全国脱贫攻坚楷模"荣誉称号和"全国优秀共产党员""全国先进工作者""时代楷模"等称号。

张桂梅以弱小的身躯，燃烧自己，点亮了大山女孩们的人生梦想。2008 年，华坪女高建校，学校本科上线率、一本上线率稳居云南省丽江市前茅。华坪女高成立以来，张桂梅已家访超过 1600 户，行程达 11 万多千米。学校办学长年累月的过度操劳，让她的身体渐渐不堪重负。她数次病危入院抢救，体重从 130 多斤下降到 90 斤。在一份诊断书上，医生密密麻麻给她列出了骨瘤、血管瘤、肺气肿等 20 多种疾病。她坚信一种润物无声的信仰。每周一次全校思政课，学生们坐在院子里，由张桂梅统一组织学习。华坪女高的毕业生已遍布全国各地，有的成为乡村教师，有的成为乡镇卫生院的医生，还有的主动报名到艰苦地区当兵……学生们能够用知识改变命运，有能力去帮助需要帮助的人，把革命先辈的旗帜传扬下去，这就是她的期望。

第三节　新时代劳动精神的延续

劳动精神使中华民族从"站起来""富起来"到"强起来"，并为中华民族伟大复兴的新征程新目标保驾护航。实现中华民族伟大复兴的中国梦，必须弘扬劳动精神。伟大的时代需要伟大的精神力量，劳动精神正是实现新时代新目标的强大动力。能否培养一代又一代热爱劳动、勤于劳动、善于劳动的高素质劳动者，关乎我们的事业是否后继有人，因而新时代的劳动教育要突出劳动精神的延续。人在劳动中塑造环境的同时也为环境所塑造，正如马克思所说："人创造环境，同样，环境也创造人。"① 培养大学生的劳动精神，具体而言，要引导大学生积极创新，勇于开拓，树立正确的劳动观和价值观。

一、积极创新，勇于开拓，保持奋斗激情

"艰难方显勇毅，磨砺始得玉成。"越是伟大的事业，越是充满艰难险阻，越需要艰苦奋斗，越需要开拓创新。创新是一个国家、一个民族发展进步的不竭动力，是推动人类社

---

① 马克思，恩格斯. 马克思恩格斯选集：第 1 卷 [M]. 2 版. 中共中央马克思恩格斯列宁斯大林著作编译局，编译. 北京：人民出版社，1995：92.

会进步的重要力量。世界经济发展史表明，如果一个国家率先成为世界科学中心和创新高地，就能快速实现现代化，跻身于世界强国之林。而一些传统强国衰落，与其缺乏或失去创新精神和创新能力密切相关。

新时代提倡的劳动精神是勤俭、奋斗、创新、奉献的有机统一。其中，创新作为劳动精神的重要组成部分，是新时代劳动精神的灵魂。积极创新、勇于开拓、保持奋斗激情就是要求广大劳动者基于对劳动的正确认识，正确遵循客观规律，敢于变革、改造不符合时代发展的劳动观念、劳动思维、劳动形态，善于在劳动过程中以新视角、新思维解决问题，创造新的劳动样态的精神面貌和价值取向。新时代大学生要具有积极进取的创新精神，要密切关注行业、产业前沿知识和技术进展，增强创新意识、培养创新思维，展示锐意创新的勇气、敢为人先的锐气、蓬勃向上的朝气，努力做知识型、技能型、创新型的劳动者，在国家、社会和个人层面彰显出鲜明的时代先进性。

在激烈的国际竞争中，唯创新者进，唯创新者强，唯创新者胜。抓创新就是抓发展，谋创新就是谋未来。党的二十大报告对完善科技创新体系、加快实施创新驱动发展战略进行了具体部署，体现了党对历史发展规律和当今国际竞争形势的深刻把握，展现了党赢得优势、赢得主动、赢得未来的信心和决心。

二、树立正确的劳动观，干一行、爱一行、钻一行

劳动没有高低贵贱之分，无论从事什么劳动，都要干一行、爱一行，这是干好工作的重要前提，是一个人最起码的职业操守，也是社会主义核心价值观的基本要求。干一行，就要钻一行、精一行。在工厂车间，就要弘扬工匠精神，精心打磨每一个零部件，生产优质的产品；在田间地头，就要精心耕作，努力赢得丰收；在商场店铺，就要笑迎天下客，童叟无欺，提供优质的服务。把"敬业"上升为"精业"，努力练就过硬本领、努力成为行家里手，就能更好地适应事业发展需要。

在北京市百货大楼前，一座半身铜像静静伫立。铜像塑造的是一位普通售货员——张秉贵。1955 年，36 岁的张秉贵来到这里。为了更好地服务顾客，他苦练售货技术和心算，练就了令人称奇的"一抓准"和"一口清"技艺，不管顾客要几斤几两商品，他一把就能抓准分量，在商品称好、包好的同时，价钱也就心算出来了，分毫不差。30 多年里，他接待顾客近 400 万人次，没跟人红过一次脸、吵过一次嘴，被称赞为"燕京第九景"。

1984 年，许振超成为青岛港集装箱公司第一批桥吊司机。靠着对岗位的热爱和刻苦钻研，他练就了"一钩准""一钩净""无声响操作"等绝活，带领团队先后多次刷新集装箱装卸世界纪录，创造了享誉全球的"振超效率"。

铁路工人巨晓林只有高中学历，却凭借数十年如一日的专注和努力，记下近 300 万字施工笔记，研发和革新工艺方法百余项，从一名连图纸都看不懂的农民工成长为中国顶尖高铁施工建设专家，他编撰的《接触网施工经验和方法》成为了铁路施工一线"宝典"。

三、自觉把人生理想融入党和人民事业之中

1835 年秋天，马克思写下了名为《青年在选择职业时的考虑》的中学毕业论文，表达了为人类服务的崇高理想。"一个选择了自己所珍视的职业的人，一想到他可能不称职时就会战战兢兢——这种人单是因为他在社会上所处的地位是高尚的，他也就会使自己的行为保持高尚……如果我们选择了最能为人类福利而劳动的职业，那么，重担就不能把我们压倒，因为这是为大家而献身，那时我们所感到的就不是可怜的、有限的、自私的乐趣，我们的幸福将属于千百万人，我们的事业将默默地、但是永恒发挥作用地存在下去，而面对我们的骨灰，高尚的人们将洒下热泪。"[①] 大学生要树立正确的劳动价值观，要做到自我价值和社会价值的统一，在服务社会、服务大众的过程中实现自我、发展自我，自觉把人生理想融入党和人民事业之中。

1958 年，邓稼先在接受研制原子弹历史重任的那天晚上，对妻子说："我的生命就献给未来的工作了，做成了这件事，我的一生都会过得很有意义，就算死了也值得。"谁也不曾想到，他一走便是杳无音讯的 28 年。茫茫大漠荒滩中，他苦干惊天动地之事，却甘做隐姓埋名之人。直到 1986 年 6 月 24 日，一篇题为《名字鲜为人知，功绩举世瞩目："两弹元勋"邓稼先》的长篇报道刊发，他的身份才得以公布。而这时，他已为中国核武器事业耗尽毕生心血。一个多月后，邓稼先在北京逝世，临终时念兹在兹的仍是"不要让人家把我们落得太远"。

"非淡泊无以明志，非宁静无以致远。"中国梦是国家的梦、民族的梦，也是每个中国人的梦。把得失名利看淡一些，方能不忘初心、不移其志，心无旁骛努力工作；为党和人民事业甘于奉献，才能知重负重、勇毅笃行，以"小我"成就"大我"。广大劳动者要以民族复兴为己任，自觉把人生理想融入国家富强、民族振兴、人民幸福的伟业之中，矢志追求更有高度、更有境界、更有意义的人生。

▶▶▶ 拓展阅读

浙江大学的"沉浸式"劳动教育思政课

2022 年 6 月 10 日出版的《人民日报》点赞了浙江大学马克思主义学院将劳动教育与德法课相结合的创新举措。"沉浸式"思政课是浙江大学马克思主义学院将劳动教育融入思政课堂的一次有益的教学改革尝试。课程以劳动教育为中心主题，在设置研究性学习、读书报告、现场教学和志愿服务等常规模块的基础上，新增勤工俭学、田间劳动、劳动模范进课堂等模块，以浸润式、零距离、多样化的形式发挥劳动教育树德、增智、强体、育美的综合育人价值。"沉浸式"思政课在教育广大学生尊重劳动、尊重身边的劳动者、养

---

① 马克思，恩格斯 . 马克思恩格斯选集：第 1 卷 [M] . 2 版 . 中共中央马克思恩格斯列宁斯大林著作编译局，编译 . 北京：人民出版社，1995：459-460.

成正确的劳动观等方面，取得了积极进展，对于建设"大思政课"、落实立德树人根本任务具有重要意义。

马克思主义学院联合浙大后勤集团、浙大海宁国际校区共同设计开展了"认识劳动、体验劳动的思政课"，后勤集团一线劳动者走进海宁国际校区"思想道德与法治"课堂，从"思政＋劳动教育"的视角为同学们呈现了一堂有故事、有美食、有体验的思政课，使得崇尚劳动、劳动创造美好生活成为师生共识。课程第一部分围绕饮食服务相关劳动展开。饮食服务中心第一餐饮中心副主任吴群明、海宁校区食堂主任王语嫣为同学们带来饮食劳动主题介绍。作为饮食中心老员工和年轻员工的代表，他们向同学分享了在浙大饮食服务中心工作的心路历程。吴群明老师介绍了作为浙大餐饮人内心中最宝贵、最真实的感受——"在浙大从事餐饮工作我们自豪""为状元烧饭我骄傲"。王语嫣老师介绍了平时同学们看不到的餐饮人的努力。正是因为浙大餐饮人的辛勤劳动和无私奉献，才会有毕业生在毕业典礼上向餐饮人鞠躬致谢、才会有获得"工人先锋号"称号的浙大食堂。在劳动体验环节中，食堂糕点师傅带领同学们亲手制作曲奇半成品以及奶油杯子蛋糕。整个制作过程欢笑不断，给同学们带来难忘的劳动体验。

浙大海宁国际校区校园服务中心主任唐志远老师围绕"浙大国际校区物业如何服务校区"的主题作报告，从安全保障、综合服务、保洁绿化等方面向同学们展示了浙大国际校区物业的工作内容。为了对浙大国际校区物业工作有更直观的体验，同学们进行了物业日常工作的参观和体验。安保队伍在雨中坚持列队演练，展现防暴盾和防暴叉在安防中的应用，让同学们对校区的安防工作更具信心。平日里学生们眼中这些看似"铁面无私、不近人情"的劳动者们，是保卫校园安全最坚实的力量。负责保洁绿化的大叔向同学们展示了日常所用的机械化设备，并手把手教同学们使用草坪机、鼓风机等打扫设备。通过这种更具互动性、更有体验感的方式对物业工作进行深入了解后，同学们纷纷表示应该身体力行地加入校区的建设和运行中，感受"劳动最光荣"的深刻内涵。

浙大后勤集团海宁国际校区工程部主管朱海翔从校园水电的基本情况出发，展示了整个浙大的水电使用情况及各类应急设备，并分享了校园能源管理、全生命维护管理、智慧化管理、食堂供热系统节能改造等校园水电后勤的管理特色与具体实例。"电脑待机一天""空调开机一晚""电梯运行一次"消耗多少电量？——这些都是同学们感兴趣的话题，由此引出的校园节能减排议题引起同学们的广泛讨论。随后，同学们参观了校区湖东综合体地下负一层的生活水泵房以及中央制冷机房。各种现代化仪器与设施让同学们大开眼界，控制学校各种中央空调的温度进水管和出水管上条理清晰的标签让同学们感受到精细化管理的重要性。在夜幕降临之际，同学们来到湖东综合体二层平台，参观了路灯智能平台的演示。轻点触摸板，跨湖桥上呈现了精彩"灯光秀"，让同学们身临其境体验用移动设备远程控制智慧校园的先进系统。兼具趣味性和科普性的水电管理参观活动让同学们深刻感受到便利的校园生活背后离不开后勤工作人员的用心付出，对劳动有了更深的认识，同时也对校园运行的庞大支撑体系有了深入的了解。这种形式的劳动教育课程以暖心的后勤故事、丰富的知识科普、实地的参观体验，加深了同学们对校园后勤保障工作的理解与支持，让同学们切身感受劳动的价值，引导同学们树立正确的劳动观，在日常生活中真正做到懂劳动、会劳动、爱劳动。

除了将劳动精神引进课堂，浙江大学马克思主义学院还积极探索如何让学生走出去，在实际劳动中历练成长，积极探索构建协同育人机制。浙江大学马克思主义学院与农业试验站签订共建协议，成立"浙江大学马克思主义学院思政课劳动教育实践基地"，共同探索劳动教育进思政课堂的新模式，力争让更多同学在劳动中受教育、长才干。学院邀请试验站老师为同学们讲授专门的农业农耕知识、劳动工具的使用方法和安全注意事项，并为农业试验站相关负责老师颁发"浙江大学马克思劳动教育思政课实践导师"聘任证书。在专业老师的现场指导下，同学们以小组为单位在认领的"责任田"上种下各类萝卜籽，感受田间劳动的快乐与辛劳。他们还将在专业老师的指导下每周至少开展一次田间管理工作。待萝卜成熟时，同学们还将带着他们亲手种出的萝卜出往浙大共享厨房进行菜品烹饪，完成开垦、播种、管理、丰收的全过程。同时，在此过程中同学们将以培育日志形式记录作物长势、培育方法和心得体会，最终以总结报告或视频的形式展现团队劳作风采。马克思主义学院还联合浙江大学后勤集团在紫金港校区启真湖开展清理菱角计划。每天4场活动，每场一个半小时。每场活动有20名同学参与，其中10人一组下水捞菱，另外的10名在岸上采菱。同学们换上后勤集团提供的水裤后尝试下湖。由于启真湖淤泥较多，很多同学刚进入时寸步难行，后勤人员及时对下水的同学们进行指导，帮助他们更快掌握在淤泥中行走的技巧。熟悉工作后，水下与岸上的同学默契配合，高效完成采菱工作。清理菱角的劳动实践活动为同学们带来了难忘的劳动体验。

💡 课后思考

1. 谈一谈你对新时代劳动精神的理解。
2. 弘扬新时代劳动精神有哪些现实意义？
3. 如何培育和践行新时代劳动精神？

第三章 弘扬新时代劳模精神

学习目标

1. 了解新时代劳模精神的内涵。
2. 熟知新时代劳模精神的价值。
3. 领会培育和践行新时代劳模精神的途径。

案例导入

职业院校走出来的劳动模范——孙野

2020 年 11 月 24 日，孙野坐在了人民大会堂全国劳模的荣誉席上。自 2012 年职校毕业进入石化机械行业以来，孙野先后夺得湖北省华中杯数控技能大赛银奖、湖北省职业技能大赛冠军，获得第二届湖北省"荆楚工匠"称号、"湖北省五一劳动奖章"和"全国五一劳动奖章"。

2012 年夏，从职业院校毕业的孙野，将自己的青春"钉"在热爱的数控流水线上。第一次作为种子选手参加湖北省华中杯数控技能大赛，在江汉油田集训的 2 个月，孙野凌晨才睡，天不亮就起床，背理论、反复练习数控机床操作技能。集训队员们个个摩拳擦掌，暗地里较劲，他横下一条心：不能辜负组织上的信任，要努力挺进前三名。9 月底，孙野过关斩将，顶着压力，经过 6 个多小时的鏖战，最终获得湖北省华中杯数控技能大赛银奖。通过这次比赛，孙野悟出了一个道理：工匠最可贵的就是"钉子"精神，他决心将自己的奋斗目标锁定在数控加工领域，并深"钻"下去。

"钻"进去的孙野先后承担国际首台 3000 型压裂车、国家"十三五"科技重大专项 5000 型电动压裂装备、中石化首台 9000 米超深井钻机等多项核心零部件试制生产任务，参与了从工艺制定、工装设计到产品定型，最终批量生产的全过程。与同龄人相比，孙野称得上"优秀"，但是孙野不满足于一个人优秀，他想带着周围的人、身边的人一起优秀。2020年8月底，孙野又多了一个身份，受命担任2020年"湖北省工匠杯"青年职业技能大赛模具工石化机械代表队教练。从选手到教练，孙野攀登到了新的高度。他和另外一名教练倾其所有，把全部知识都传授给集训选手。把自己积累的经验分享给更多的人，让优秀一代代传承下去，让石化机械涌现出更多的"孙野"，成了孙野新的追求目标和动力。2021年"五一"前夕，孙野向所在单位"职工书屋"捐赠100多册图书。他希望团结和带动更多的身边人成为高素质的劳动者。

人民创造历史，劳动创造未来。无数劳动者兢兢业业、努力拼搏，以自身的实际行动诠释了"爱岗敬业、争创一流、艰苦奋斗、勇于创新、淡泊名利、甘于奉献"的伟大劳模精神，展现了中国人民的"伟大创造精神、伟大奋斗精神、伟大团结精神、伟大梦想精神"[①]。社会主义是干出来的，幸福是奋斗出来的，实现中华民族伟大复兴的奋进征程离不开广大人民群众的一致努力。劳动实践活动本身具有极其重要的教育价值，发挥好劳动模范的榜样示范作用，将劳动教育、劳模精神教育纳入人才培养的全过程，有利于在全社会范围内形成崇尚劳动、积极劳动的良好氛围，对大学生的成长、成才具有十分积极的意义。

第一节　新时代劳模精神的内涵

进入新时代，习近平总书记多次肯定劳模和劳模精神的宝贵价值，并将劳模精神的内涵概括为"爱岗敬业、争创一流、艰苦奋斗、勇于创新、淡泊名利、甘于奉献"。习近平总书记在2018年4月30日给中国劳动关系学院劳模本科班的回信中，用"干劲""闯劲""钻劲"生动形象地描绘了劳模的整体形象，激励广大劳动人民争做新时代的奋斗者。对待工作要富有"干劲"，爱岗敬业、甘于奉献、求真务实、脚踏实地；要有"闯劲"，艰苦奋斗、争创一流、持之以恒、负重前行；要有"钻劲"，勇于创新、精益求精、不计得失、无私奉献。这既是总书记对劳模工作的肯定，也是对亿万劳动者的美好期许。将一件简单的事情反复做，你就是行家；将重复的事情认真做，你就是专家。劳动模范正是始终秉持爱岗敬业的职业态度，坚定争创一流的目标追求，在工作中保持艰苦奋斗的前进姿态，牢记勇于创新的重要使命，淡泊名利，甘于奉献，将每一项工作做实做细，书写了一个个动人的劳模故事。

---

① 习近平. 在全国劳动模范和先进工作者表彰大会上的讲话 [N]. 人民日报，2020-11-25(2).

一、爱岗敬业、争创一流

"爱岗敬业、争创一流"是劳模精神的本质特征，体现了劳动模范对国家、社会、职业的高度责任感和使命感。其中，爱岗敬业是对劳动者的普遍性要求，而争创一流则是对劳动者的先进性要求。

劳模精神表现为劳动模范爱岗敬业的职业态度。它具体表现为劳动模范热爱、尊重自己为之奋斗的职业，能够遵守职业道德，认真负责、恪尽职守，努力做好各项具体工作，这是对劳动者的普遍性要求。如果一个劳动者对自己所从事的职业都不尊重和热爱，好逸恶劳，以消极的态度应付工作，那么他就很难在事业上获得较大的成就，也很难获得别人的尊敬和认同。在一定意义上讲，不是一个人成就了某个岗位或者某项职业；相反，是劳动者所从事的岗位或者职业成就了他，为他提供了实现自身价值的平台，锻炼了他实现自身价值的能力。判断一个人是否成功，是否对社会作出贡献，也并不在于其具体从事怎样的职业，从事什么样的岗位，而在于考察他在自身的岗位上对社会和公众作出了怎样的贡献。

爱岗敬业是实现自身价值、追求个人理想的基本要求。美好生活需要依靠劳动来创造，幸福需要依靠劳动来争取，只有在自己的岗位上爱岗敬业、脚踏实地、兢兢业业，才能在平凡的岗位上做出成绩。弘扬新时代劳模精神，要培养干一行爱一行的爱岗态度，以勤勤恳恳、无私奉献的敬业精神，扎扎实实做好每一项工作。在工作上，少一些"躺平"，多一些奋斗；少一些埋怨，多一些奉献。从点滴的小事做起，从自身做起，始终牢记"空谈误国，实干兴邦"，坚决抵制不劳而获的不良风气，积极进取，奋发有为，不断尝试，不懈奋斗。再好的蓝图，如果没有脚踏实地的实干精神，都只是海市蜃楼。

▶ 拓展阅读

榜样的力量：为火箭"焊心"38 年的高凤林

择一业而终一生，这就是为火箭"焊心"38 年的高凤林的真实写照。

1978 年，16 岁的高凤林以高分考入隶属于首都航天机械有限公司的技校。一次偶然的机会，高凤林到了厂里焊接师傅陈继凤所在的 14 车间学习。这个车间专门负责火箭发动机的焊接，也就是制造火箭的"心脏"。

老师傅们在操作台的熟练工艺，令年轻的高凤林印象深刻。一名制造火箭"心脏"的特种熔融焊接工，工作时的装备包括：焊枪、焊帽、双层手套和放大镜。虽说都是焊工，但这与寻常的焊工有极大差别。

发动机是火箭的动力和源泉。尽管车间里有激光跟踪、视觉追踪等智能设备，可以模仿人的眼睛去抓取信号，但在一个焊点宽度仅有 0.16 毫米的微小空间进行处理，且需将时间误差控制在 0.1 秒之内，难度极大——而这一切，目前仍旧无法以机器替代人工精准完成。此外，焊接也讲究审美。在保证内外质量的同时，宽窄高低一致性、保护色漂亮与否，都是衡量基本功的指标，而这一切都会在 15 倍放大镜下进行检验。

在实习中，高凤林的勤快、能吃苦、基本功扎实给师傅陈继凤留下了很好的印象，他觉得高凤林极具潜力。为了将人才留在最适合的岗位，高凤林毕业后，陈继凤和当时的几位厂领导将他调到了 14 车间。

刚到厂里一年多，高凤林很快便崭露头角。

师傅陈继凤让他参与长征三号运载火箭发动机燃烧室的研制。即使是有七八年经验的焊工，一般也不会轻易获得如此重要的产品焊接工作，况且这还是当时最先进的发动机产品。但"小高"却一点不怕，拿着焊枪、戴着焊帽就上了操作台。也是这一次，车间里的人见识到这位年轻人的高超技艺，赞叹其"焊得比师傅还漂亮"！

20 世纪 90 年代初，为庆祝航天事业创建 35 周年，当时的航天部举办了航天系统青工技术比赛。高凤林一举拿下实践第一名、理论第二名的好成绩。这次比赛后，高凤林的名气走出了 211 厂，时常有厂外甚至国外的项目，在遇到关键技术难题时辗转找到高凤林"救火"。

长征三号甲运载火箭膜盒的焊接生产就曾面临技术难题：要在薄如发丝的高精密度焊接中保证零件不变形，同时还要通过氦气检漏的考验。高凤林受邀前往，从工艺过程、夹具设计到焊接生产都给出了自己的建议方案，并最终攻克了这一难题。

2007 年，长征五号新二级火箭的发动机在试射台上出现高难度问题。火箭设计部所发函邀请高凤林进行补焊。操作在半山腰上，近似盲焊，操作难度极大。但为了减少燃料挥发，高凤林硬是赶在天黑之前完成了抢修工作。

此外，高凤林还与诺贝尔奖得主丁肇中共同合作，解决了一项困扰 12 年的国际难题。在 AMS-02 暗物质与反物质探测器项目中，当时的探测器使用的是液流氦低温超导电磁装置，焊接导致装备变形。丁肇中邀请高凤林前往解决。在操作方案论证会上，高凤林提出了一个设计方案，是此前该领域专家未曾尝试成功的创新。多次论证试验后，高凤林成功解决了这项国际难题。

过去几十年中，高凤林曾先后攻克航天焊接 200 多项难关，包括为 16 个国家参与的国际项目攻坚，被美国宇航局委以特派专家身份督导实施，并著有论文 30 多篇。2014 年年底，他携 3 项成果参加德国纽伦堡国际发明展，项目全部摘得金奖。

自 1980 进厂后，高凤林一直坚守在车间一线，这一待就是 38 年。从"小高"变成了"老高"。车间角落的会议室里，金色的奖杯奖牌、红绒锦旗占满了靠窗的那面墙。这些年总共获得了多少奖项，高凤林没有细算过，但"100 多项肯定是有的"。长征三号甲系列运载火箭、长征五号运载火箭的氢氧发动机喷管，都出自他手。

劳模精神表现为劳动模范争创一流的强大进取精神，是在爱岗敬业基础上对劳动者提出的先进性要求。它具体表现为劳动模范主动在工作上树标杆、立榜样，努力实现更高的工作目标，在具体的劳动实践过程中追求一流的技术、追求一流的质量、追求一流的服务等，以此促进产业生产力的发展和服务水平的提高。"取法于上，仅得为中；取法于中，故为其下"，无论身处于怎样的岗位之中，都需要树立远大的理想和追求，规划好自己的工作和生活，在不懈奋斗中不断追求更高的目标。谦虚使人进步，骄傲使人落后。社会发展日新月异，面对百年未有之大变局，我们决不能停留于眼前的微小成就，更不能有半点骄傲自满的情绪。一个没有远大目标的人、一个碌碌无为的人，最终必将被淹没在时代的洪流之中。

争创一流还表现为劳动模范追求更高的职业发展目标，实现个人理想的决心和勇气。积极进取、争创一流就是具有一定的目标追求，不满足于平庸，以迎难而上的勇气、坚持不懈的努力、知难而进的决心不懈奋斗，用努力为成功筑起桥梁，向着一个又一个新目标不断进发。一方面，争创一流需要劳动者克服思想中的惰性，以高标准、高要求严格约束自己，做到干一行钻一行，数十年如一日地坚守在自己的工作岗位上；另一方面，需要劳动者打破思想中因循守旧的部分，勇于探索、勇于创新，做到干一行精一行，在工作中不断寻求最优解，戒骄戒躁、勇攀高峰、力争上游。

▶▶▶ **拓展阅读**

榜样的力量：探路先锋肖明清

2008 年 12 月 28 日，是中国工程建设史上值得记忆的一天。这一天，有"万里长江第一隧"美誉的武汉长江隧道建成通车。中华民族实现了"隧穿长江"的百年梦想，长江过江交通迎来"江上架桥、江面行船、江底通隧"的"三维"时代。

这一标志性工程的成功，与全国工程勘察设计大师、中国铁建首席专家、中铁第四勘察设计院总工程师肖明清的努力密不可分。

20 世纪 90 年代，我国地下隧道，尤其是水下隧道的发展几乎是空白。1998 年，当武汉长江隧道项目筹备工作正式启动时，许多外国专家认为中国人没有能力在长江江面下50 多米深处，攻克高水压、强透水、超浅埋等水下盾构掘进世界级难题，一次性穿越约2500 米的长江江底。

"那时我心里想外国人可以做的，为什么中国人不可以？我们的技术差距究竟在哪里？一定要攻克这些难题！"肖明清回忆说。水下隧道是一项系统工程，各方面的技术难题多，他几乎没有休息日，不停地思考每一个细节和风险点，寻求技术突破对策。

当时，武汉长江隧道是我国地质条件最复杂、工程技术含量最高、施工难度最大的江底隧道工程。打通隧道，需要攻克高水压、软硬不均地层、超浅埋、强透水、长距离掘进五大世界级难题。

在担任武汉长江隧道工程设计总工程师并主持设计与研究工作期间，肖明清带领设计团队通过"引进、吸收、消化、创新"的方法，打了一场漂亮的"创新之战"：他们首次提出并采用"管片衬砌与非封闭内衬叠合结构"技术；在国内首次提出并采用"大直径盾构通用楔形环管片"技术、"盾构隧道管片接缝双道密封垫防水"技术、"盾构隧道段顶部排烟与底部疏散结合"技术……

"武汉长江隧道最后成功破解了五大设计施工难题，取得 10 多项国家专利。因其技术领先，成为其他水下隧道极有参考价值的标杆。"肖明清说。

此后，从武汉长江隧道工程的设计总工程师，到当时世界上在强渗透高磨蚀地层中修建的直径最大、水压最高、覆跨比最小的水下盾构隧道——南京长江隧道的设计总工程师，再到国内首创、世界首座高速铁路水下盾构隧道——广深港高铁狮子洋隧道的设计总工程师……肖明清的奋战经历和取得的成绩，正是中国隧道建设迈向世界先进行列的坚实足印。

肖明清领衔研究和设计了 50 多座大型水下隧道，多座隧道创造了全国乃至世界之最。他先后获得"全国劳动模范""全国青年岗位能手""全国五一劳动奖章"荣誉称号，并获国家科技进步奖二等奖 3 项、国家级优秀设计奖 5 项、中国土木工程詹天佑奖 6 项……荣誉的背后，是深沉的责任和巨大的担当。

"能不能把工作做好，很大程度上取决于想不想把工作做好，只要有想法，肯定会有办法。每个人都要心系自己的使命，为行业的发展贡献力量。"肖明清说。

"放眼未来，工程建设环境更为复杂，建设条件更为苛刻，不断突破现有技术制约、提高设计水平是技术发展的必由之路。"肖明清表示，只有以更加谦虚谨慎的态度、更加求真务实的精神、更加勤奋进取的学习、更加敏锐严谨的研究、更加细致贴心的服务，才能为祖国的交通事业发展作出更大贡献。

二、艰苦奋斗、勇于创新

"艰苦奋斗、勇于创新"是劳模精神的核心内容，体现了劳动模范奋发图强、吃苦耐劳的优良工作作风和解放思想、敢为人先的强烈开拓意识。其中，艰苦奋斗是劳动者收获成功的重要法宝，勇于创新则是其职业发展的生命力所在。

劳模精神表现为劳动模范艰苦奋斗的前进姿态。它具体表现为劳动模范不畏艰难险阻、锐意进取、奋发有为，不怕苦不怕累、知难迎难、攻坚克难，在困境中开新局，在顺境中迎曙光。奋斗是实现人生目标的必由之路，世界上没有坐享其成的美事，要想成功必然要努力奋斗。成功并不是一蹴而就的，无数的量变才能形成质变，无数的积累才能创造新的奇迹，奋斗的过程本身就是一种幸福。习近平总书记在中共中央政治局第三十一次集体学习时强调，革命加拼命的精神决不能丢，谦虚谨慎、戒骄戒躁、艰苦奋斗、勤俭节约的优良传统决不能丢，不畏强敌、不惧风险、敢于斗争、敢于胜利的勇气决不能丢。困难不可避免，吃得苦中苦方为人上人，机会总是留给有准备的人。只有始终坚持艰苦奋斗的优良作风，才能在工作中屡创佳绩。

艰苦奋斗是中华民族的优良传统美德，这一美德深深熔铸于中华民族的基因血脉之中，是劳模精神最为稳定的精神特质。中华人民共和国成立和不断发展壮大的历史就是中国共产党带领无数中国人民攻坚克难的艰苦奋斗史。中国共产党自诞生之日起，就肩负起了实现民族独立和人民解放的历史重任。改革开放的伟大壮举，更使中国实现了从经济社会发展相对落后到经济总量跃居世界第二的历史性突破。路不行不到，事不为不成。国家的发展需要无数中华儿女勠力同心、艰苦奋斗。正如习近平总书记在党的二十大报告中指出："新时代的伟大成就是党和人民一道拼出来、干出来、奋斗出来的！"①正是无数英雄和先辈们抛头颅洒热血、前赴后继、艰苦奋斗，才有了我们今日的美好生活。先辈们在没有路的地方踏出坦途大道，在荆棘丛生的领域中开辟出沃野良田，依靠的正是不怕牺牲的勇气、筚路蓝缕的决心和艰苦奋斗的信念。

奋斗是青春最鲜明的底色，也是通往成功的必经之路。从勉强满足温饱到全面建成小康社会，人民的生活水平得到了极大提高，社会物质财富大量积累，创造物质财富的条件和门槛相对降低。面对当下生活的相对富足，社会中部分人产生了一些"浮躁"和"焦虑"的情绪。"躺平""摆烂""带薪摸鱼"等词汇开始成为当下流行的网络用语。一部分人想要通过这种自我调侃的方式，以暂时性的放松来缓解工作和生活带来的压力；而另一部分人则将其作为自己的处事原则，以"多做多错、不做不错、少做少错"的消极态度对待生活和工作，安于现状，希望通过尽量少的劳动，来获取更多的社会财富。但显然，幸福不会从天而降，坐享其成的美梦终将破碎。长时间"躺平"，在思想层面会摧毁我们奋斗的意志，在现实层面会使我们与社会逐渐脱节，使我们成为真正的"孤家寡人"。习近平总书记指出，"一切伟大成就都是接续奋斗的结果，一切伟大事业都需要在继往开来中推进"②。当代青年学生作为实现中华民族伟大复兴事业的主力军，建功立业的舞台空前广阔，梦想成真的前景无限光明，更要在思想上克服消极情绪，在行动上奋勇争先，不断勇攀高峰，有所作为，将青春挥洒在社会主义建设发展的伟大事业当中。

当然，我们今天强调始终保持艰苦奋斗的优良作风，并不是提倡过一贫如洗的生活，做生活中的"苦行僧"，而是强调要赓续红色血脉，主动传承勤俭节约的优秀品质，让勤俭节约在全社会蔚然成风。"俭，德之共也；侈，恶之大也"③，一个人一旦被奢欲冲昏了头脑，不能慎独克己、量入为出地合理消费，必将陷入一些消费陷阱之中。例如"快餐式"的穿衣时尚、对奢侈品的过度追求等，必将养成好逸恶劳、贪图享乐的毛病，助长享乐主义和奢靡之风。须知"一粥一饭，当思来处不易；半丝半缕，恒念物力维艰"④，社会物质财富的创造需要依靠勤劳的双手，骄奢淫逸必将使人丧失斗志、不思进取，最终贻害终身。因此，要始终不忘初心，抵制各种诱惑，反对奢靡之风，摒弃盲目攀比，培养不畏艰难、勇于吃苦的顽强意志，克己奉公、不懈奋斗，让艰苦奋斗的优良作风在新时代不断焕发出新的生机。

---

① 习近平．高举中国特色社会主义伟大旗帜 为全面建设社会主义现代化国家而团结奋斗：在中国共产党第二十次全国代表大会上的报告 [M]．北京：人民出版社，2022：15.
② 习近平．在庆祝海南省办经济特区 30 周年大会上的讲话 [M]．北京：人民出版社，2018：21.
③ 李大钊．李大钊全集：第 3 卷 [M]．北京：人民出版社，2013：288.
④ 中共中央文献研究室．十六大以来重要文献选编 [M]．北京：中央文献出版社，2006：449.

榜样的力量：当代"愚公"黄大发

　　他带领村民，历时 30 余年，在悬崖绝壁上开凿出一条主渠长 7200 米、支渠长 2200 米的"生命渠"；他用实干兑现誓言，为改善山区群众用水条件、实现脱贫致富作出突出贡献；他一心为民、埋头苦干、百折不挠……

　　他是"七一勋章"获得者黄大发，贵州省遵义市播州区平正仡佬族乡团结村（原草王坝村）党支部书记，被誉为"当代愚公"。

　　黄大发性格朴实刚毅、大公无私、敢想敢干，23 岁就当上草王坝大队的大队长。1959 年，黄大发光荣入党。此后几十年里，他先后担任村主任、村支书，直到 2004 年退休。"作为一名普通的基层党员，我什么困难都不怕，带领村民们开渠取水。水过不去，拿命来铺！"

　　草王坝村山高岩陡，是典型的喀斯特地貌，水顺着空洞和石头缝流走，根本留不下来。村民去最近的水源地挑水，来回需走两个小时。村民用水，第一遍淘米洗菜，第二遍洗脸洗脚，第三遍喂猪喂牛。县里的干部到草王坝考察，村民递过来的水杯里，满是浑黄的水。地里也种不出多少粮食，村民一年四季连饭都吃不饱。

　　距离草王坝几公里外处就有充沛水源，但是，高山成了险阻。

　　村子不通水、不通电、不通路，黄大发看在眼里，急在心上。"穷就穷在缺水上，一定要想法通上水，让大家吃上大米饭。"当上村干部后，黄大发下定了决心。

　　20 世纪 60 年代，草王坝人在政府的支持和黄大发的带领下，第一次大规模修渠，却因技术等原因，耗时 10 多年也没修成。不少人打起了退堂鼓，但黄大发不肯服输。1989 年，年过半百的他到附近的水利站，一边帮工一边学习。3 年多时间里，只有小学文化的他从基础学起，下苦功夫，硬是掌握了许多水利知识。

　　1990 年 12 月，天寒地冻，为了申请修渠资金，黄大发赶了两天山路，等找到原遵义县水利局领导时，他已满身是泥，一双旧解放鞋磨破了，露出冻得发紫的脚趾。"草王坝大旱，地里颗粒无收，我要带领群众修渠引水。"黄大发从破烂不堪的挎包中掏出立项申请报告。

　　当时，遵义县一年的水利资金不过 20 万元。据初步测算，从水源地到草王坝要经过大小 9 处悬崖、10 多处峻岭，需要从离地几百米高的大土湾岩、擦耳岩和灰洞岩的悬崖峭壁上，打出半幅隧道，这需要五六万个工时。草王坝才一两百个劳力，怎么完成这么大的工程量？黄大发撂下一句话："一年修不成，修两年；两年修不成，修三年。哪怕我用命去换，也要干成！"

　　1992 年春，引水工程终于开工，57 岁的黄大发带领 200 多名乡亲，浩浩荡荡奔赴工地。有次炸山出现哑炮，黄大发准备前去查看，有人突然大喊"要炸了"。情急之下，他用随身的背篼罩住自己，碎石块霎时满天飞。万幸的是，碎石只击破了背部，擦破了手臂。

　　1993 年，工程进行到异常险峻的擦耳岩，垂直 300 多米高，放炮非常危险。黄大发第一个站出来，带几名党员上到山顶，把绳子拴在大树上，再系到腰上，顺着石壁慢慢往下探，寻找放炸药的合适位置。

1994 年，水渠的主渠贯通。清澈的渠水第一次流进草王坝，村里的孩子跟着水流跑，村民们捧着渠水大口地喝："真甜啊，真甜……"从没见过黄大发流泪的村民发现，老支书躲在一个角落里，哭了。

1995 年，一条跨三重大山、10 余个村民组，总长 9400 米的水渠全线贯通，草王坝彻底告别了"滴水贵如油"的历史。村民以黄大发的名字命名这条渠，叫它"大发渠"。

"大发渠"通水后，黄大发马不停蹄地带领村民"坡改梯"、修路、通电，发展乡村产业。2019 年年底，团结村顺利脱贫出列，全村建档立卡贫困人口清零。现在的团结村，村民有饭吃，孩子有学上，日子有盼头，致富道路越走越宽。

黄大发说："愚公移山就是为人民服务，让我再活一次，我还做'愚公'！"

劳模精神表现为劳动模范勇于创新的使命追求。它具体表现为劳动模范为了不断适应产业发展和科学技术变革，根据新的产业发展和社会需求，不断学习、深入钻研，大胆思考、敢为人先，不断创新工作的方式方法，提高技术和技能水平。

创新在推动国家建设和产业发展方面发挥着十分重要的作用。习近平总书记强调，"创新是民族进步的灵魂，是一个国家兴旺发达的不竭源泉，也是中华民族最深沉的民族禀赋"。[①]创新是第一动力，是推进社会主义现代化建设实践的本质要求，一个国家的发展水平和发展潜能在很大程度上取决于其创新能力和创新水平。在全球化背景下，面对激烈的国际竞争，需要抓住发展机遇、勇于改革创新，才能够更好地应对我国经济发展面临的转型困境，加速推动传统产业的转型升级，于困境中找生机；才能不断拓展新的行业和领域，开辟新赛道，于变局中开新局，寻找新的发展机遇。只有将创新发展的主动权牢牢地掌握在自己手中，坚定不移走自主创新道路，激发创新的澎湃动能，才能在新征程上赢得优势、赢得未来。同时，创新是引领产业发展的第一驱动力量，是企业发展进步的灵魂和不竭动力。无论是传统的科技创新还是理念创新，乃至企业管理、组织服务等方面的创新，都将转化为现实的生产力，为企业发展注入新的活力。伴随着人工智能等行业领域的快速发展，单纯依靠"规模"产生效益的企业传统发展模式在市场上逐渐丧失了比较优势。在人工智能时代的新背景下，把握机遇、迎接挑战，寻找新的突破口，成为未来企业发展的新增长点。

新时代的劳动模范，不仅是各行各业中的佼佼者，更是勇于创新、善于创新、走在创新创业前沿的行业带头人。创新是查漏补缺，需要打破思维上的固化，摒弃脑海中的偏见，在前人未完成的事业上或在前人未探索的领域中不断摸索、不断尝试，寻找新的可能。创新是与众不同，打破行业间的壁垒，消除各领域的隔阂，在看似无解的谜题中寻找新的答案，在黑白单调的色板中涂上新的色彩。创新是不怕失败，是即便经历无数次跌倒也要勇敢地站起来努力前行。创新从来就不是一件容易的事，需要经历长时间的学习和知识积累，

---

① 中共中央文献研究室. 习近平关于青少年和共青团工作论述摘编 [M]. 北京：中央文献出版社，2017：46.

以及在岗位上数十年如一日的努力坚守。也正是这股敢于创新的勇气、不撞南墙不回头的决心，才铸就了一个个创新奇迹。

自主创新是中华民族屹立于世界民族之林、攀登世界科技高峰的必由之路，而创新驱动在本质上就是人才驱动，人才是实现自主创新的关键。培养创新意识，首先，要坚持不断学习，养成勤奋好学的良好品质，注重知识积累。当代社会，经济快速发展，各种文化相互激荡，科学技术日新月异，不断变化的社会发展需要我们不断适应快节奏的工作和生活，学习新知识、追求新进步，跟上社会发展的脚步，引领新的发展方向。其次，要坚定理想信念，不负"强国有我"的豪情，勤学苦练、深入钻研、敢为人先、勇于创新，不断增强做好各项工作的本领，为推动高质量发展、实施制造强国战略、全面建设社会主义现代化国家贡献智慧和力量。最后，要始终保持开放的思维，不断学习和借鉴他人的优秀成果。创新不是单打独斗，创新也不是闭门造车：它既需要整合各项资源，拥有团队意识，加强团队交流合作；又需要加强竞争意识，在与他人的比较中发现问题、寻找答案；并且不能排斥先进、夜郎自大，只有站在巨人的肩膀上，才能看得高、看得远。

▐▶ 拓展阅读

榜样的力量：实干创新，为实现"中国梦"贡献力量的盖立亚

2020 年 11 月 24 日，2020 年全国劳动模范和先进工作者表彰大会在北京举行。通用技术集团所属沈阳机床股份有限公司沈阳优尼斯智能装备有限公司总经理，教授级高级工程师盖立亚荣获"全国劳动模范"称号。

盖立亚参加工作 22 载，一直埋头在数控机床研制第一线，坚持创新发展理念，在推动装备制造业高质量发展进程中作出了贡献。

1999 年，沈阳机床公司从生产制造普通机床向数控机床转型，刚刚入职的盖立亚跟着一位资深工程师研发 CKS6132 数控机床。当时，研究所能够用于产品设计的电脑只有五六台，像她这样刚来的年轻人只能等到晚上进行设计，她一干就是一个通宵。当产品组装起来的时候，发生了漏水问题，盖立亚二话不说就钻到机床下找漏水点。漏水点找到后，她重新设计了防护装置，把问题解决了。随后，她又着手解决了主轴振动、刀架不锁紧等问题。2000 年 8 月，产品按时交货，这是公司第一台高端数控机床，也开创了国产数控机床商品化之路。

"大学书本中的经典机床不可能永远是市场的主流，所以必须创新。"这是盖立亚常说的话，她力主创新，瞄准新观念、新方法，创造新成果。

2007 年，一家世界轴承行业知名品牌进入中国市场时，提出了高难度的技术要求。于是，盖立亚临危受命，进行技术研发。那时，她刚刚怀孕，有严重的妊娠反应，却频繁到生产现场收集可靠数据，组织技术人员自制毛坯料在机床上进行模拟模型试验，并根据试验结果反复修改技术方案。最终，产品从外到内都满足企业的要求，而该技术处于世界

领先水平。

2009 年，经过 10 年的技术积淀与实战，盖立亚从一名普通的设计员成长为技术部部长。她带领研发团队历时 3 年，奋战在技术攻关第一线，成功取得了重大技术突破，走出了一条自主创新的发展道路。

除了立足创新，在团队培养上，盖立亚也有自己的"一本经"。无论在什么岗位上，她始终注重个人和团队的伴随成长。研发团队成员近半数为党员，在盖立亚的直接带领下，所在党支部 2009 年至 2012 年连获企业"先进党支部"称号；2010 年被评为公司"创新创效型"党建工作示范区、"雷锋攻关小组"。

盖立亚深知学习成就未来，提出"学习中创新、创新中实践、实践中提升"的团队学习理念，不断培养团队成员成为"有理想，守信念，懂技术，会创新，敢担当，讲奉献"的知识型、技能型、创新型的新时代产业工人。仅 2017 年一年，团队就圆满完成共产党员重点工程立项 4 项，解决 12 个关键难题，荣获辽宁省职工经济技术创新立功竞赛创新成果奖，为企业创造千万元的经济效益。

当选为全国劳模，盖立亚表示，这是对她的鼓舞和肯定，更是鞭策与指引。她将把劳模精神、劳动精神、工匠精神体现在日常工作中，示范带动广大员工成为劳动模范和大国工匠，以创新托起高质量发展，以辛勤劳动托起中国梦，为实现"两个一百年"奋斗目标贡献力量。

三、淡泊名利、甘于奉献

"淡泊名利、甘于奉献"是劳模精神的重要特质，体现了劳动模范志存高远、无私奉献的精神品格和高尚情操。其中，淡泊名利是戒骄戒躁、脚踏实地做出成绩的基本要求，甘于奉献则是"赠人玫瑰，手有余香"的高尚情怀。

劳模精神表现为劳动模范淡泊名利的豁达态度。它具体表现为劳动模范正确看待劳动与劳动成果之间的关系问题，对物质待遇多一些淡然，面对诱惑多一分定力，淡泊自守、不求闻达。无论身处于怎样的行业或者岗位，他们都能始终坚持以饱满的工作热情和勤劳踏实的工作态度，做好每一项工作。他们不计小利，不以获得某种物质回报或者奖励为唯一目的。只有放眼高远，砥砺奋进，才能创造出无愧于时代的业绩，实现自身的进步。

淡泊名利要志存高远，坚守"无我"的初心，将"小我"的成长融入国家和民族发展的"大我"之中。习近平总书记在纪念"五四运动"100 周年大会上的重要讲话中强调，"青年志存高远，就能激发奋进潜力，青春岁月就不会像无舵之舟漂泊不定。"[①]始终坚持明确自身的目标和追求，不断加强学习，用科学理论武装头脑，让理想信念在心灵深处扎根，才能在各种风险考验面前把稳思想之舵，认准前行航向，在实现中华民族伟大复兴的大舞

---

① 习近平. 在纪念五四运动 100 周年大会上的讲话 [M]. 北京：人民出版社，2019：6.

台上实现人生价值，绽放自己的青春之花。淡泊名利要戒骄戒躁、恪守本分，抵制各种不良诱惑，正确对待、处理荣誉和物质财富与劳动之间的关系问题，做到不为名所累、不为利所缚、不为欲所惑、不为色所诱，兢兢业业、不懈奋斗。一味计较个人得失、一味追求荣誉和物质财富，必然因小失大，错失成功机遇。

当然，我们今天强调坚持淡泊名利的高尚品格，并不是要求放弃一切荣誉和物质财富，而是强调在工作和生活中不急功近利、不沽名钓誉、不损人利己、不损公肥私，恪守道德底线，守住法律红线，做事讲原则，做到公平竞争、取之有道。此外，需要注重个人品德修养的提升，以平常心来对待荣誉和物质财富，耐得住寂寞、守得住清贫，不断向着更高的山峰攀登。非淡泊无以明志，非宁静无以致远，实现中华民族伟大复兴的梦想需要无数在平凡岗位默默耕耘的奉献者和脚踏实地的奋斗者。花开蝴蝶自然来，名和利从来都只是成功的赠品，而并非成功本身。

▶ 拓展阅读

榜样的力量：初心本色张富清

2022 年 12 月 20 日 23 时 15 分，"共和国勋章"获得者、全国优秀共产党员、全国道德模范、"时代楷模"称号获得者、全国模范退役军人、"最美奋斗者"张富清同志，因病医治无效，在湖北武汉逝世，享年 98 岁。

几张类似奖状的泛黄纸页、一本红本子、三枚奖章……2018 年年底，湖北恩施土家族苗族自治州来凤县退役军人事务局进行退役军人信息采集工作时，收到了张富清珍藏多年的军功证明，人们这才发现这位深藏功名 63 年的老英雄。

张富清生于陕西省洋县。1948 年 3 月，24 岁的张富清参加中国人民解放军。"我从参加解放军起就觉得，共产党领导的这支队伍是真正为老百姓打天下的。也是从那时起，我一直想加入中国共产党。"张富清老人曾回忆。由于作战勇猛，当年 8 月，他由连队集体推荐火线入党，成为预备党员。1948 年 6 月至 9 月，张富清参加壶梯山战役，攻下敌人碉堡一座、打死敌人两名、缴获机枪一挺，并巩固阵地；在东马村消灭外围守敌，占领敌人碉堡一座，为后续部队打开缺口；在临皋执行搜索任务，发现敌人后即刻占领外围制高点，压制敌人火力，完成截击敌人的任务。

1948 年，张富清作为班长，和两名战友组成突击组，率先攀上永丰城墙。他第一个跳下城墙，冲进敌群展开近身混战，端着冲锋枪朝敌群猛扫，突然感到头顶仿佛被人重重捶了一下，后来又感觉血流到脸上，用手一摸头顶，一块头皮翻了起来……击退外围敌人后，张富清冲到一座碉堡下，刨出一个土坑，将捆在一起的 8 颗手榴弹和一个炸药包码在一起，拉下手榴弹的拉环，手榴弹和炸药包一起炸响，将碉堡炸毁。这场战斗一直持续到天亮，他炸毁了碉堡两座，缴获机枪两挺。永丰战役后，他荣获西北野战军一等功。

每一次战斗，张富清总是担任突击队员。"那时候，解放军的'突击队'就是'敢死队'，是冲入敌阵、消灭敌军火力点的先头部队，伤亡最大。我每次都积极报名参加突击队，为什么？因为我是共产党员，党需要的时候，越是艰险，越要向前！为了党和人民，就是牺牲了，也是无比光荣！"说起当年的战斗岁月，张富清总是无比坚定。英勇作战的张富清曾荣获西北野战军特等功一次、军一等功一次、师一等功一次、师二等功一次、团一等功一次，并被授予"军战斗英雄"称号和"师战斗英雄"称号。

1955年，张富清即将复员转业。张富清选择了湖北最偏远、最艰苦的地方之一，恩施土家族苗族自治州来凤县。

从到来凤的那一天起，张富清就封存了所有战功，一心一意干好每件工作。他先后在县粮食局、三胡区、卯洞公社、县外贸局、县建行工作。工作30年，他从没提过军功，也从没向组织提过任何要求。

在来凤，张富清同样是"哪里最困难去哪里"。公社班子成员分配工作片区，张富清抢先选了最偏远的高洞片区，那里不通路、不通电，是全公社最困难的片区。在那里，张富清带领社员们投工投劳，一起打炮眼、放炸药，开山修路……用两年时间修通了高洞的第一条公路。

工作30年，不管职务如何变迁，他从不利用手中职权照顾自己的亲人。20世纪60年代，张富清任三胡区副区长，一人几十元的工资要养活一家六口。妻子孙玉兰原本在三胡供销社上班，国家开展精简退职工作，张富清首先动员妻子离职，减轻国家负担。"我不让你下岗，怎么好去做别人工作？"张富清对妻子说。对于自己的孩子，他也总是教育他们只能靠自己努力学习，自己奋斗。"我是共产党员，是党的干部，如果我照顾亲属，群众对党怎么想？"张富清说。

张富清离休后，一直保持着艰苦朴素的本色，住旧房子穿旧衣，家里的家具电器都是有年头的"老物件"。物件虽旧，他的思想却一直保持与时俱进。直到90多岁，张富清依然保持着每天上午8点到9点读报纸，晚上7点收看新闻联播的习惯。"人不学习要落后，机器不用要生锈。"他常常对老伴这样说。

每逢党和国家举办重大活动，张富清都认真收听收看广播电视。2021年7月1日，庆祝中国共产党成立100周年大会在北京天安门广场隆重举行，当听到共青团员和少先队员代表"请党放心，强国有我"的铮铮誓言时，他感慨道："青少年是祖国的未来，很多事情需要年轻人接着做。党和人民的事业需要一代代人干下去，这样才能实现中华民族伟大复兴。"

随着张富清事迹被人们熟知，他获得了许多荣誉。一个个沉甸甸的荣誉对张富清来说，是一次次鞭策。他说："要时刻问自己，党的要求都做到了没有；要不断努力，为党的事业继续奋斗。"他这辈子最深的信念就是"听党的话，永远跟党走"。

张富清60多年深藏功名，一辈子坚守初心、不改本色。在部队，他保家卫国；到地方，他为民造福。他用自己的朴实纯粹、淡泊名利书写了精彩人生。

劳模精神表现为劳动模范甘于奉献的价值追求。它具体表现为劳动模范在工作和生活中勇挑重担、勇当先锋、勇于挑战，能吃苦、肯奋斗，将艰苦的环境、艰巨的任务作为磨炼自身的机会，把青春的足迹镌刻在历史的丰碑上。中国特色社会主义进入新时代，面对新的机遇和挑战，实现中华民族伟大复兴需要一代又一代人继续奋斗。

甘于奉献就是不求回报地付出。纵观中华民族的悠久历史，奉献精神熠熠生辉，是李商隐在《无题》中"春蚕到死丝方尽，蜡炬成灰泪始干"的感叹，是范仲淹在《岳阳楼记》中"先天下之忧而忧，后天下之乐而乐"的情怀，是林则徐在《赴戍登程口占示家人二首》中"苟利国家生死以，岂因祸福避趋之"的决心，是边疆战士保家卫国、守土一方的责任，等等。在祖国最需要的地方奉献自己的青春，在最艰苦的工作环境中寻找乐趣，在日复一日、年复一年的实验攻关中创新，无数仁人志士正奋斗在各自平凡的岗位上。也正是他们的无私奉献和家国情怀，才创造了今天中国特色社会主义的伟大成就，才使得人民对于美好生活的向往不再是空中楼阁。

甘于奉献就是不以事小而不为，不怕吃苦、不怕吃亏，将自己最大的热情投入工作当中。具备奉献精神的人并非不讲求个人利益，而是更加注重集体利益，将集体利益放在第一位。当集体利益与个人权益产生冲突时，或者当国家、集体、他人需要时，他们能够放弃部分个人利益，实现集体利益的最大化。以我国航天技术领域的发展为例，无论是天宫问月、天眼观星，还是北斗组网，都不是仅仅依靠单个人付出就能实现的，这些伟大的成就凝聚了无数航天工作者的努力奋斗。如果每个人都计较个人得失，患得患失，缺乏团队精神，就无法取得这样的光辉成绩。

第二节　劳模精神的时代价值

我国已迈入新时代中国特色社会主义建设的新征程，新时代面临着社会主义建设的新要求，脱贫攻坚的全面胜利得益于党的领导和人民的共同努力，全面推进法治社会建设、全面建成小康社会、建成富强民主文明和谐美丽的社会主义现代化强国，需大力弘扬劳模精神这一面社会主义特有的精神旗帜。

劳模精神来源于伟大的实践，劳模的奋斗历史是引领中华民族勇往直前的精神动力。新时代劳模精神的引领示范作用越来越受重视，是践行社会主义核心价值观的活教材，也是推动社会产能从"中国制造"向"中国智造"升级的重要力量。加强劳动者的职业素养，丰富职业道德的建设，深化践行社会主义核心价值观，推动全面深化改革的战略脚步，为建设新时代中国特色社会主义伟大事业汇聚磅礴的精神力量。

一、弘扬劳模精神是传承中华传统美德的历史使命

热爱劳动、克勤克俭是中华民族的传统美德，爱岗敬业是国人对于职业的态度。勤奋工作意味着对工作的热爱，"忠诚"的职业态度更是重要，对待工作真心诚意、竭尽全力是一种内在道德的具体体现，勤劳与忠诚相辅相成。"业精于勤""勤则不匮"，培育劳模精神不仅是培养劳动从业者的职业道德，更是培育社会公民的道德感和社会责任感，帮助公民更好地理解社会与个人之间的关系。培育劳模精神是传承中华民族传统美德的历史使命，激励人们为社会主义事业建设作出奉献，推动社会的法治建设，提升公民的幸福感。中国劳模精神发展至今依然活力满满，正是因为各行各业一代又一代的劳模代表自强不息的精神追求，凝聚成了今天的民族精神、时代精神，让劳动人民在成就事业的同时成就自己的理想。

▶▶▶　拓展阅读

铁人王进喜

王进喜（1923 年—1970 年），出生于甘肃省玉门县赤金堡，中国黑龙江省大庆市大庆油田石油工人。王进喜出生于一个贫苦家庭，玉门解放后成为一名石油工人，因用自己的身体制服井喷而家喻户晓，被称为"铁人"。2009 年 9 月 10 日，王进喜当选"100 位新中国成立以来感动中国人物"之一。2019 年 9 月 25 日，王进喜被评选为"最美奋斗者"。

王进喜率领 1205 钻井队艰苦创业，打出了大庆油田石油大会战第一口油井，并创造了年进尺 10 万米的世界钻井纪录，展现了大庆石油工人的气概，为我国石油工业的发展作出了重要贡献，成为中国工业战线的一面旗帜。他留下的"铁人精神""大庆精神"，成为我国社会主义建设事业的宝贵财富。

1960 年 3 月，他率队从玉门到大庆参加石油大会战，发扬"为国分忧，为民族争气"的爱国主义精神，为结束"洋油"时代而顽强拼搏。他组织全队职工把钻机化整为零，用"人拉肩扛"的方法搬运和安装钻机，奋战三天三夜把井架耸立在荒原上。打第一口井时，为解决供水不足，王进喜带领工人破冰取水，"盆端桶提"运水保开钻。打第二口井时突然发生井喷，当时没有压井用的重晶石粉，王进喜决定用水泥代替；没有搅拌机，他不顾腿伤，带头跳进水泥浆池里用身体搅拌，经全队工人奋战，终于制服井喷。

怀念"铁人"，不仅由于他对发展我国石油工业作出卓越贡献，更重要的是，他用自己毕生的革命实践，为我们树立了一个用毛泽东思想武装起来的工人阶级先锋战士的光辉形象。他留下的"铁人精神"，永远激励着我国人民勇往直前。

二、弘扬劳模精神是丰富民族精神和时代精神的重要内容

随着劳模精神内涵的不断丰富，热爱祖国、以知识创造效能、以科技水平推动综合竞争力的提升成为劳动模范评选中的重要标准。每个劳动者都是整个社会中必不可少的一颗螺丝钉，社会主义大厦由每一颗螺丝钉建成，每份力量都不可或缺。劳模精神之于劳动者，好比螺丝钉上的螺母，可以让社会主义大厦更加牢固。每个时代的劳模精神都是时代需求的真实写照：新时代劳模，以居安思危、敢为人先的品格，不停探索、不断实践，在实践中求发展，随着时代的变化向着知识型、技能型、创新型的方向不断前进，表现出时代精神，解决民族发展中的时代问题，满足时代的需要。尊重劳动、崇尚劳模精神，是以爱国主义为核心的民族精神和以改革创新为核心的时代精神的生动体现，是鼓舞全党全国各族人民风雨无阻、勇敢前进的强大精神动力。

▶▶▶ 拓展阅读

2020年全国劳动模范刘超：返乡创业大学生，绘就乡村振兴致富新画卷

刘超，现任广饶县张守凤家庭农场有限公司总经理，管理学学士，农民农艺师。在她的带领下，农场在2015年被评为县级巾帼创业创新基地、县级示范家庭农场、市级示范家庭农场，2017年被评为市级巾帼科技创业创新基地，2018年被评为省级示范家庭农场。

她将农场的发展模式从原来的露天种植转变成露天与设施农业相结合，种植品类从原来的单一品种种植转变为现在的多样性经济作物种植，销售模式转变为订单＋电商销售模式。农场通过发展订单种植，引入优质品种，建设红薯储藏窖等储存设施，延长了产业链条，提高了经济效益。作为一名农民企业家，刘超始终立足当地产业结构，以农为本，惠农助农，集合行业、产业优势，推动先进农业发展，促进当地农业种植结构调整。在经营好农场的同时，她不忘把所学知识回报社会，她的农场为300余名农村妇女提供了就业岗位，带动周边1000余户群众通过蔬菜种植实现了致富，每年人均增收3000余元。为了吸引更多青年人返乡创业，刘超向团县委提出成立广饶县"好青年"团工委，为青年人创业提供政策、资金、技术等多方扶持帮助，已有600余名青年人在各行业脱颖而出，成为乡村振兴的重要力量。刘超本人也先后获得了"全国农村青年致富带头人""山东省乡村好青年""山东省最美乡村女致富带头人""东营市十大乡村振兴创业之星"等荣誉称号，2020年被推荐为"全国劳动模范"。

当前，山东正在汇聚更多高质量发展动力，打造乡村振兴齐鲁样板，新时代农村青年肩负使命担当，要扎根农业农村，用青春书写芳华。

三、弘扬劳模精神是践行社会主义核心价值观的重要体现

培育劳模精神能够更好地落实马克思主义劳动观，以更健康的政治文化环境带动经济更平稳地发展，通过劳动者素质的提升缩小东西部地区各行各业发展不平衡不充分的差距，弘扬劳动精神，减少市场经济的负面效应，提高发展质量和效益，提升创新动能，推动全社会进步。劳模精神丰富了民族精神和时代精神的内涵，生动诠释了社会主义核心价值观，是我们的宝贵精神财富和强大精神力量。党的十九大报告提出，要弘扬劳模精神和工匠精神，营造劳动光荣的社会风尚和精益求精的敬业风气。始终弘扬劳模精神以及劳动精神，为中国特色社会主义事业的发展起到积极作用，是践行社会主义核心价值观的重要体现。

四、弘扬劳模精神是实现中华民族伟大复兴的精神力量

实现"国家富强、民族振兴、人民幸福"，需要培养满足国家需要的高素质创新型劳动者，为中国梦提供人才支撑和智力支撑。青年大学生应掌握一定的劳动技能本领，塑造劳动精神观念，直面新问题，不怕困难、不惧艰辛劳动。高校应通过新的教育方法手段来引领全社会认同劳动最光荣、劳动最崇高、劳动最伟大、劳动最美丽的相关价值理念，营造一个尊重劳动者、热爱劳动、欣赏劳动者、积极劳动的社会风气和社会氛围。国民素质的提升尤其是劳动人民的素质提升，对塑造劳动人格、重构劳动认同、提升劳动热情、激发创造潜能、为社会主义现代化建设注入持续不断的创造活力将发挥关键作用。弘扬劳模精神，以劳动托起中国梦，能够为劳动者提供道德指引与精神支撑，帮助大学生树立创新意识，引导大学生树立责任意识，增长自身才干，提升自身行动力将激发创新创造的潜能，引导大学生对工作投入饱满的热情与真诚的态度，全力以赴为现代化建设积极贡献力量，助力实现中华民族伟大复兴的中国梦。

第三节　新时代劳模精神的赓续

劳模精神是劳动模范在生产实践过程中精神风貌的生动展现，承载着重要的育人功能和教育功能。习近平总书记在全国劳动模范和先进工作者表彰大会上明确指出，"全社会要崇尚劳动、见贤思齐，加大对劳动模范和先进工作者的宣传力度，讲好劳模故事、讲好劳动故事、讲好工匠故事，弘扬劳动最光荣、劳动最崇高、劳动最伟大、劳动最美丽的社会风尚。要开展以劳动创造幸福为主题的宣传教育，把劳动教育纳入人才培养全过程，贯通大中小学各学段和家庭、学校、社会各方面，教育引导青少年树立以辛勤劳动为荣、以

好逸恶劳为耻的劳动观，培养一代又一代热爱劳动、勤于劳动、善于劳动的高素质劳动者。"①为大学生赓续新时代劳模精神指明方向。

一、提升劳动认知，学习身边榜样

青年的价值取向决定了未来整个社会的价值取向，大学时期是青年非常重要的人生阶段，也是世界观、人生观和价值观形成及确立的重要时期。劳模精神是中国精神和社会主义核心价值观的劳动文化形态，是重要的精神驱动力量。劳模精神符合人民群众的根本利益和期待，深刻体现了中国特色社会主义共同理想，能够形成广泛的社会共识和强大的社会凝聚力。扣好人生的第一颗扣子，需要充分发挥劳模精神的价值引领和榜样示范作用，借助校内校外资源，以身边的优秀劳动者为榜样，学习劳动理论知识，提升专业技术水平，培养良好的劳动习惯，在具体的实践过程中不断锻炼和发展自身。

培育和践行劳模精神，要充分认识到劳模精神在青年自身价值观塑造过程中的重要作用，自觉主动接受劳模精神的文化熏陶。劳模精神是社会主义核心价值观在工作和职业发展中的具体化、直观化、人格化和实践化体现，也是培育和践行社会主义核心价值观的重要途径。劳模精神与社会主义核心价值观都是社会主义核心价值体系的重要组成部分，二者在文化传承上同根同源，在理论内容上高度契合，在目标导向上具有一致性。在文化传承上，两者均根植于中华优秀传统文化和社会主义先进文化，并伴随着社会主义建设发展的现实不断丰富其理论内涵。在理论内容上，社会主义核心价值观倡导在国家层面实现富强、民主、文明、和谐的价值目标，在社会层面践行自由、平等、公正、法治的价值取向，在个人层面恪守爱国、敬业、诚信、友善的价值准则；而劳模精神所包含的"爱岗敬业"的职业态度、"艰苦奋斗"的工作作风、"甘于奉献"的价值追求等内容，都与社会主义核心价值观的价值理念和道德要求相融相通。在目标导向上，社会主义核心价值观是当代中国精神的集中体现，凝结着全体人民共同的价值追求；而劳模精神在不同的历史时期都发挥了重要的引领性作用，不断激励着广大劳动者脚踏实地、奋发图强、无私奉献，不断推动行业发展，助力国家建设。培育和践行劳模精神的过程，也是青年学生不断明确人生方向，坚定理想信念，促进自身发展的过程。

培育和践行劳模精神，要找好参照坐标，明确努力方向。劳动模范具有极强的榜样示范作用。劳模精神根植于中国大地，反映中国劳动人民的普遍愿望和期待，不断适应时代发展和国家建设的需要，具有鲜明的民族性、实践性和时代性。不同时期有着不同的奋斗主题，劳动模范作为各个时期的典型代表，反映了各个时期国家建设发展的主要方向。在新时代背景之下，青年学生通过对劳动模范优秀事迹的学习、与优秀劳动者的对照、以劳动模范为度量标准，就能明确未来努力的方向，查漏补缺，在观察和对比中不断端正自己的学习态度，规划自己未来的职业方向，不断提升劳动能力，争做新时代的建设者。作为

① 习近平．在全国劳动模范和先进工作者表彰大会上的讲话 [N]．人民日报，2020-11-25(2).

青年学生,需要进一步转变思维方式,消除"应试""敷衍"的错误心态,不断加强理论学习,珍惜与劳动模范面对面交流的机会;投身于劳动实践,增强劳动技能和本领。心中有阳光,脚下才有力量;校准了精神航向,才能不断地超越自我,实现人生价值。

二、培养劳动能力,感受劳动魅力

"纸上得来终觉浅,绝知此事要躬行。"社会实践是大学生拓展知识、学习技能的第二课堂,也是进行大学生思想政治教育的重要途径,是促使大学生将对劳模精神的理论认同转为现实行为的关键环节。学习劳动模范、培养劳模精神,最终要落实到日常的生产劳动和生活劳动之中,在具体的劳动实践过程中加强价值认同、形成良好的职业品质。

培育和践行劳模精神,要在实践中增强劳动能力,感受劳动魅力。大学教育的过程并不是简单的书本知识讲授,而是不断丰富理论知识、不断加强道德修养、不断提高实践能力的过程。第一,劳动实践的过程是实现理论知识与实践工作相结合的过程。在科研探索中不断学习和检验理论知识,在生产实践中感受企业文化,能够明确社会需求,明确职业标准,与社会接轨,明确未来的择业方向。第二,劳动实践的过程是不断发现问题、认识自我的过程。经历过无数次的失败和挫折,才能清晰地认识到自己所存在的不足;也正是在与优秀劳动者和先进分子的竞争和比较中,才能发现自身的知识短板,进而不断鞭策自己,刻苦学习、勤于思考,努力增才干、强本领、敢创新,不断挑战自我、超越自我。第三,劳动实践的过程是明确劳动意义、发现自我价值的过程。只有亲身参与劳动实践活动,才能了解劳动者的甘苦,才能真正体会到劳动成果的来之不易,产生更深的劳动情怀,从而发自内心地崇尚劳动、尊重劳动。

"功崇惟志,业广惟勤。"劳模精神是具体的、鲜活的,积极践行劳模精神,从来都不只是一句口号,而是需要每一位劳动者明确时代使命和自身肩负的责任,将自己的职业理想和祖国的未来发展结合起来,将自己的人生同民族的命运紧密联系起来,立足岗位、不断学习、努力奋斗,以"小角色"成就"大事业"。奋斗是青春的底色,行动是青年的磨砺。青年学生作为建设祖国的后备军,应当牢记中华民族伟大复兴的使命,立大志、明大德,不断在实践中锻炼自己、提升自己,使自己逐渐成长为一名合格的社会主义劳动者,在具体的劳动实践中感受和学习劳动模范的责任意识、创新意识、家国情怀、拼搏精神和奉献精神,将青春播撒在实现民族复兴的伟大征程上,真正做到"祖国放心,强国有我"。

▶▶ 拓展阅读

1.8万名赛会志愿者展示青春风采,这是双奥之城最好的名片

在体育竞赛、场馆管理、语言服务、新闻运行等41个业务领域,1.8万余名赛会志愿者以阳光、活力的面貌和专业、敬业的服务,为北京冬奥会注入了温暖与感动。

"请问去首都体育馆坐哪路车？""我想在混合采访区采访，在哪里登记？""这里有吃饭的地方吗？"……所有这些问题，都是在问一个群体——穿着蓝色制服的志愿者们。

北京冬奥会上，无论是在寒冷的滑雪场还是嘈杂的室内，无论是说中文还是英语，只要你有问题，都可以找志愿者帮忙。正如北京冬奥组委志愿者部部长滕盛萍所说，他们就像一朵朵热情洋溢的小雪花，在各自的岗位上展示着开放、阳光、向上的青春风采，向世界展现了中国青年一代的风采。

北京冬奥会开幕式上，标兵志愿者孙泽宇的一句"Welcome to China"，让美国运动员泰莎热泪盈眶。来自河北地质大学的志愿者刘瑶，在张家口赛区的班车站前为记者们指路，寒冷的天气让她的面罩上结了霜，一名记者拍下了这一幕，并且写文章向坚守岗位的志愿者表达敬意。

在场馆的混合采访区，有专门负责语言翻译的志愿者，不管采访哪个国家的运动员，都不会遇到语言障碍；在一轮比赛结束后，志愿者会及时送来相关统计数据；如果想要采访外国记者，服务台的志愿者会帮忙寻找外国代表团新闻官的联系方式……

据滕盛萍介绍，北京冬奥会共录用了1.8万余名赛会志愿者，其中北京赛区约占63%，延庆赛区约占12%，张家口赛区约占25%，35岁以下的青年人占了94%。志愿者的服务，涵盖了体育竞赛、场馆管理、语言服务、新闻运行等41个业务领域。

所有志愿者在正式上岗服务前都接受了比较系统的培训，包括通用培训、场馆培训和岗位培训等，冰雪运动方面的知识也有专门培训。一些特殊岗位还有特殊要求，如一些语言类志愿者需要具备英语专业八级水平，医疗类志愿者要具备一定的医疗知识，雪上项目的志愿者要会滑雪，等等。

"当我看到'90后''00后'们能够扛起责任，成为服务支撑冬奥盛会的主力军时，我看到的是无比宏大的青年力量，我看到了国家和民族的未来！"一名高校负责人激动地说。

在各方努力下，志愿者的服务赢得了中外记者的肯定，得到了运动员和观众的表扬，也受到了国际奥委会主席巴赫的赞赏。北京冬奥会奥组委新闻发言人严家蓉说，志愿者已经成为"双奥之城最好的名片"。

三、培养创新意识，做新时代劳动者

创新是第一动力，人才是第一资源，劳动贵在创造，没有创新和创造，劳动实践活动就只能是简单的重复。劳动本身就是一种极具创造性的活动，劳动实践的过程也是人发挥主观能动性的过程。从实践到认识，再到实践的过程，就是人不断增强创新能力、提升劳动技能的过程。"勇于创新"是新时代劳模精神的核心内容，同时也是个人职业发展的生命力所在。

培育和践行劳模精神，要树立创新意识，不断提高进行创新创造的能力和本领。大学生作为创新创业的实践者，要充分发挥主观能动性，有效利用学校和社会所提供的各项资源：一方面，通过参加创新创业培训课程、聆听前辈经验等方式，加强理论知识学习；另一方面，借助校内校外各类创新实践平台，勇于探索，不唯上、不唯书，打破思维上的局限，在实践中提升专业水平，在合作交流中发现自身缺陷，在不断尝试中探索成功。社会主义是干出来的，新时代是奋斗出来的，中华民族伟大复兴的中国梦离不开每一个人的努力和奋斗。

课后思考

1. 如何理解劳模精神？
2. 弘扬新时代劳模精神的价值是什么？
3. 如何培育和践行新时代劳模精神？

第四章　培育新时代工匠精神

1. 了解新时代工匠精神的内涵。
2. 熟知新时代工匠精神的价值旨归。
3. 领会培育和践行新时代工匠精神的途径。

案例导入

职业院校走出来的大国工匠——杨德将

杨德将是烟台工程职业技术学院 1996 级钳工专业学生，1999 年参加工作，现为烟台中集来福士海洋工程有限公司管路安装班班长。参加工作 20 多年来，他先后获得"齐鲁最美职工""山东省劳动模范""齐鲁大工匠""全国劳动模范"等多项荣誉称号，获得"全国五一劳动奖章"。

一路走来，杨德将从一名管路安装工逐步成长为国之重器的建造者。作为国内少有的超高压管路一线工人，这些年，杨德将靠着不服输、不气馁的钻劲儿和干劲儿，攻克了 100 多项关键技术，打破多项国外技术垄断。其中，被誉为大国重器的"蓝鲸 1 号"节流压井管汇系统，创造了海工行业最高压力纪录。在这个全球最大、钻井深度最深的超深水半潜式钻井平台"蓝鲸 1 号"的建设中，需要对管路进行相当于 2.1 万牛顿压力的超高压测试。这是全世界没有人敢尝试的压力测试，一旦出现疏漏，后果不堪设想。按原来的打压方式，危险性太大。杨德将反复尝试，终于摸索出一套全新的打压方式，保障了钻井平台的顺利建设。这是目前全球最先进的超深水双钻塔半潜式钻井平台，已经在南海成功试采可燃冰。

杨德将说，是母校培养了他敢于实践和大胆创新的精神，这种精神也激励着他在现在的岗位上坚持下来，实现了一项项工艺革新，完成了一系列技术攻坚。而在杨德将当年的班主任牟丽君看来，杨德将的天分并不突出，但是他肯吃苦、能钻研，这种精神十分难得。"有了这种精神，还有什么干不好的工作！"牟丽君赞叹说。

据牟丽君介绍，"孝顺"是杨德将身上非常大的优点。他的父母是普通农民，他知道他们赚钱不易，花钱从不大手大脚，攒下的零用钱基本上全部用来买学习用品。节假日，他也是回家帮助父母干农活。有一次，他在田里干活时被马蜂蜇了，顶着"挂彩"的脸回学校。

杨德将不仅孝敬父母，还是一个懂得感恩的人。这表现在他对学校发展和学弟学妹们的关注与鼓励上。一有时间，杨德将就回到学校，与教师交流、为学生授课、带学生实训，与大家一起探讨和交流如何涵养劳动精神、劳模精神、工匠精神。他身上所展现出的"必须掌握核心技术、不受制于人""干一行就要爱一行""干工作不能怕吃苦受累"的精神激励着师生。

当下，杨德将成为众多职业院校学生立志追赶、学习和超越的目标，展现了修技成才、技能报国的强大精神力量。

匠人匠心，择一事，终一生。工匠精神是我们宝贵的精神财富，是新时代的精神指引。一代代工匠传承书写着精工制造的精彩篇章，演绎着"执着专注、精益求精、一丝不苟、追求卓越"的工匠精神。2021年5月28日，习近平总书记在中国科学院第二十次院士大会、中国工程院第十五次院士大会、中国科协第十次全国代表大会上指出："当今世界的竞争说到底是人才竞争、教育竞争。要更加重视人才自主培养，更加重视科学精神、创新能力、批判性思维的培养培育。要更加重视青年人才培养，努力造就一批具有世界影响力的顶尖科技人才，稳定支持一批创新团队，培养更多高素质技术技能人才、能工巧匠、大国工匠。"时代发展需要大国工匠。大学生作为国家建设与发展的重要力量，不仅要大力弘扬和践行工匠精神，更要努力把自己锻造成高素质的技术技能人才、能工巧匠、大国工匠。

第一节　新时代工匠精神的内涵

从古代工匠精神的形成可以发现，自手工业出现开始，匠人们的技艺不断提高，制作出一件件精美的器物，如我国的青铜器、丝绸等，这些作品展现的技艺可以用"巧夺天工""炉火纯青"等词来形容。古代工匠在工作领域精益求精，把产品质量做到极致，用实际行动诠释了工匠精神的独特含义。

2020年11月24日，习近平总书记在全国劳动模范和先进工作者表彰大会上的讲话中指出，在长期的实践中，我们培育形成了"执着专注、精益求精、一丝不苟、追求卓越的工匠精神"[1]。这赋予了工匠精神新时代内涵，即执着专注的工作态度、精益求精的能力素养、一丝不苟的履职信念、追求卓越的创新精神。这些理论特质互为表里，相辅相成，集中体现了工匠对于职业、器物、劳动的热爱，与伟大创造精神、伟大奋斗精神、伟大团结精神、伟大梦想精神相契合，共同构成了新时代勇往直前的强大精神动力。

一、执着专注

（一）何为"执着专注"

"执着"就是长久地从事自己所认定的事业，无怨无悔，永不放弃；"专注"就是把精力全部凝聚到自己认定的目标上，一心一意走好自己的路，不达目的誓不罢休。"执着专注"是优秀工匠的必备品质。"蛟龙"号上的"两丝"钳工顾秋亮，40余年来埋头苦干、踏实钻研、挑战极限，完成了中国载人潜水器的"丝级"精密组装，见证了中国从海洋大国向海洋强国的迈进。

（二）执着专注的工作态度是工匠精神的根本

做一件事易，一辈子做同一件事难。有的人一辈子只做一件事，不断打磨自己的手艺，不断去钻研、去创新、去创造别人认为不可能的"可能"，无论过程中出现何种变数，都专注于自己工作的领域，甚至把一辈子的时间放在做同一件事上。这样的人被统称为"匠人"，他们的精神被称为"工匠精神"。他们坚信，每一个匠人都有进步的空间，唯一能做的就是不断努力，永不停歇。而这正是我们这个时代迫切需要的精神与信仰。

执着专注的工作态度是工匠精神的根本，它对工匠提出了以下要求。第一，要经得住辛苦。工匠大多都是从事物质性的工作，不仅耗费心力和脑力，还要消耗大量的体力。加之工作条件的艰苦、工作环境的恶劣，劳动的辛苦是客观存在的。如果吃不了这份辛苦，工作便难以坚持。第二，要耐得住寂寞。工匠的工作往往是日复一日的单一劳动或是在单一的工作环境下进行，但工作仍需全神贯注。如果没有坚持和热爱的精神，就会觉得枯燥无味；如果产生了厌倦心理，就会敷衍了事，那工作自然也是做不好的。第三，要受得起诱惑。工匠的工作常常是幕后默默无闻的工作，不像台前的工作那么光鲜亮丽。热衷于名利的人不可能真正地全身心投入工作，最终也不可能把工作做好。

▶▶ 拓展阅读

"坚守"是我的创"芯"算法

梁骏，杭州国芯科技股份有限公司首席技术专家，正高级工程师，杭州市总工会兼职副主席。他从事集成电路设计20多年，主持GX6605S高清高集成卫星数字电视芯片的设

---

[1] 习近平. 在全国劳动模范和先进工作者表彰大会上的讲话 [N]. 人民日报，2020-11-25(2).

计，产品获 2017 年"中国芯"评选"最佳市场表现产品奖"、2018 年"中国半导体创新产品和技术奖"；他多次荣获"浙江省科技进步奖"，2020 年被认定为第四届"杭州工匠"，2021 年获"全国五一劳动奖章"。

他用 3 年时间突破了 0.18 微米芯片设计的难点，又用 10 年时间全面掌握了 40 纳米的关键技术；2020 年，一举突破 22 纳米的技术关口，自主掌握了从 0.18 微米到 22 纳米各类集成电路工艺的设计能力。他 20 年如一日坚守与创新，实现了"为国造芯"之梦。

梁骏出生于台州临海的一个普通军人家庭。父亲是空军，母亲是一名数学教师，都是共产党员。得益于良好的家庭教育，品学兼优的梁骏从小就有一颗赤诚的"报国之心"。高中时期，梁骏所就读的台州中学开设了计算机课。0 和 1 组成的美妙世界让这个少年从此对计算机产生了浓厚的兴趣，他的"报国之心"渐渐转化成"为国造芯"之梦，指引着他今后的求学工作之路。2001 年，有着浙江大学背景的杭州国芯科技股份有限公司成立。当时正在浙江大学信息与电子工程学系读大四的梁骏进入杭州国芯实习，并在我国集成电路设计领域知名专家张明教授的带领下，开始在芯片领域崭露头角。从芯片验证部经理、质量管理部经理、版图设计部经理到出任公司的首席技术专家、国芯实验室主任，梁骏见证并参与了杭州国芯的整个发展历程。20 年的时间，他始终奋战在研发一线，参与研发了国内第一颗卫星数字电视接收机芯片，主持开发的高清高集成卫星数字电视接收机芯片在全球卫星零售机顶盒市场占据第一的市场份额，实现对机顶盒主芯片的"安全、自主、可控"。回忆起最初的选择，梁骏坦言，杭州国芯是一家特别的创业公司，初创团队是怀揣着"为国造芯"梦想的同门师友，一路走来风雨兼程，大家团结一心，从未动摇和放弃。随着杭州国芯团队的发展壮大，传承的不仅仅是技术，更是"为国造芯"的初心，它就像可以燎原的"芯"火，燃起了他们心中共同的强国斗志。

民族芯片产业刚刚起步时，国外技术封锁，国内资料奇缺，欧美高清芯片几乎垄断市场，售价高、成本贵。作为后进者，一开始在缺乏技术储备和研发经验时，梁骏首先想到的是找人合作，但在实际推进的过程中却阻碍不断。产品的成功与否最终要接受市场的检验，任何一个小差错都有可能导致产品不能上市。失败的经历让梁骏深刻地意识到自主研发的重要性。"别人能做，我们就能做！"就是凭借着这种敢于尝试、亲力亲为的精神，梁骏带着几个年轻人组建了自己的技术攻关团队，在屡战屡败、屡败屡战中坚持前行。经过大胆试错、小心验证，一次次攻克难点，每前进一步，都是对壁垒和误区的清扫。梁骏说，"创新，切忌妄自菲薄、故步自封"。自主研发的经历让他深刻地认识到，创新来自不设限、无止境的实践，要敢于把不可能变成可能。他潜心研发，累计获得发明专利 12 项、实用新型专利 6 项、集成电路布图设计专有权 17 项，打通了从设计到产品的"最后一公里"，产品荣获中国半导体创新产品和技术奖等多项荣誉。在集成电路领域，技术更新换代快，对创新能力和创新速度要求很高。尤其是面对日益变化的市场需求和激烈的竞争环境，不仅要在已有的市场基础上不断深耕，更需要积极探索新蓝海。在梁骏看来，杭州正在向"数字产业化、产业数字化"方向大跨步奔跑，有很多新的领域值得开发与探索，前景宽广，未来可期。数字经济时代，流量和算法就像是通关密码。对工程师而言，精通算法，就掌握了解决问题的各种路径。当有人问起梁骏的成功之道、创新之法时，他的答案是：成功没有捷径，创新从来都不是凭空而来。唯有在自己的专业上坚守，坐好冷板凳，才能敢于、善于提出创新。对梁骏来说，坚守，就是他的创"芯"算法。

二、精益求精

（一）何为"精益求精"

"精益求精"出自南宋朱熹《论语集注》，原意表示已经很精致了，还要更加精致；比喻已经很好还求更好。注重细节，追求完美和极致，不惜花费时间精力，孜孜不倦，反复改进产品，把 99% 提高到 99.99%。中华全国铁路总工会"火车头奖章"获得者彭祥华，能够把装填爆破药量控制在远远小于规定的最小误差之内；我国火箭发动机焊接第一人、火箭"心脏"焊接人高凤林能把焊接误差控制在 0.16 毫米之内，并且将焊接停留时间从 0.1 秒缩短到 0.01 秒。

（二）精益求精的能力素养是工匠精神的核心

工匠以工艺专长造物，在专业的不断精进与突破中演绎着"能人所不能"的精湛技艺，凭借的是精益求精的能力素养。

精益求精的能力素养是工匠精神的核心。它对每一位工匠提出了"苛刻"的要求，要求他们追求品质，注重细节，不断提升做工技艺和产品质量，甚至达到"艺也进乎道，技也通乎神"的境界。如果要成为一名优秀的工匠，长期学习和钻研技术是必不可少的，这就需要本人对自己职业的执着和热爱。正是对职业的执着和热爱，才养成了工匠精益求精的工作作风，并最终练就了精湛的技术。精益求精可表现为对技术的狂热追求，对细节的精准把控，对产品质量的苛刻要求，等等。长期精益求精的工作作风会形成精湛的技术，而精湛的技术最终会成就完美的产品。

▶▶ 拓展阅读

他在 0.01 毫米厚的铝箔纸上刻字，誓让中国制造更具话语权

秦世俊，航空工业哈尔滨飞机工业集团有限责任公司数控铣工、航空工业首席技能专家，2022 年大国工匠年度人物、全国向上向善好青年（爱岗敬业好青年）、第 24 届"中国青年五四奖章"获得者。

2001 年，秦世俊怀揣梦想，进入航空工业哈尔滨飞机工业集团有限责任公司，仅用 4 年时间，便成为公司最年轻的数控铣工高级技师。因担心自己是技校毕业生，在文凭上不如师哥师姐，秦世俊从零开始学习数控技术。

想要得到认可就必须做出成绩，只有做出成品才会打破质疑。每天的生产计划完成后，机床便成为秦世俊的试验场。方寸之间，秦世俊进行着千百次重复。在数控车间，秦世俊主要负责起落架和旋翼零部件的加工，这些也直接关系到产品性能和驾驶员的安全，误差超过 0.01 毫米，零件就要报废，因此秦世俊常说："精品与废品的距离只有 0.01 毫米。"

在一次任务中，某机型零件关键件，起落架系统配合面表面精度要求高，须保证表面粗糙度在 Ra0.4 以上。多年来，该类精度面加工方式，基本采用镗削后，再进行钳工研磨，费时费力且质量稳定性较差。一旦遭遇危险，飞机会出现断裂的危险。秦世俊结合历史数据分析机床精度、加工参数、刀具，寻找最优工艺方案。一个月的时间，秦世俊经历了 1000 多次的失败。最终，他实现了镗削加工精度面粗糙度达到 Ra0.13 至 Ra0.18 的镜面级，彻底解决了困扰行业多年的难题，创造了机械加工领域的奇迹，超越了理论极限值，实现了零件一次交检合格率百分百，加工效率提高近 3 倍。

秦世俊说："我达到的这个极限，完全可以满足我目前的加工产品。但是我的方法，可以推广到更多的航空航天高精产品的应用中。"

20 多年来，秦世俊从一名普通岗位工人成长为我国航空领域旋翼、起落架、数控加工零件制造的知名专家型技能人才和航空工业首席技能专家。

2014 年，秦世俊领衔的高技能人才创新工作室成立，他带领团队获得了一次又一次技术性突破。他说，希望可以培养出更多的年轻人，在航空装备上注入新鲜的血液，让我们的航空梦能早日实现，让中国制造业在世界上更有话语权。2019 年国庆 70 周年阅兵，当自己参与研制的直升机飞过天安门广场的那一刻，秦世俊激动万分地说："作为一名产业工人，没有什么能比此时此刻更能让我体会职业的成就感和自豪感！"

三、一丝不苟

（一）何为"一丝不苟"

"一丝不苟"出自清代吴敬梓《儒林外史》第四回，意思是连最细微的地方也不马虎，形容办事认真细致，一点儿不马虎。中国商用飞机制造有限公司上海飞机制造有限公司数控机加车间钳工组组长、飞机制造师胡双飞，在 30 年的制造工作中，经手的零件数量上千万，没有出过一次质量差错。"慢一点、稳一点、精一点、准一点"是他对自己的工作要求。

（二）一丝不苟的履职信念是工匠精神的要义

细节决定成败。一丝不苟主要体现在始终严格遵守工作规范和工作标准，兢兢业业做事、踏踏实实工作，把每一个细节落到实处，不投机取巧，不敷衍了事，对产品严格把关，确保每个产品的质量绝对过关。这非常考验工匠的责任心、细心和耐心。优秀工匠的身上都很好地体现了一丝不苟的工匠精神。陈曼生的制壶、张小泉的剪刀、都锦生的丝织、泥人张的彩塑等，都是手工艺中超群绝伦的产品。

▶▶▶ **拓展阅读**

用手把西湖龙井的味道刻进心里

樊生华，高级技师，从事西湖龙井炒制技术工作40余年，国家级非物质文化遗产项目"西湖龙井采摘和制作技艺"传承人，第三批浙江省非物质文化遗产代表性传承人，2004年获"龙坞"杯西湖龙井茶炒茶茶王争霸赛第一名，2017年被认定为首届"杭州工匠"，2019年被评为"杭州市劳动模范"，2021年被认定为"浙江工匠"。

每年4月是樊生华最忙碌的月份，虽然身体劳累，睡眠不足，但每天的精神头很好。樊生华从事西湖龙井炒制技术工作48年，与春光赛跑的惯性早就成为身体里的"生物钟"。手掌与茶叶千万次的磋磨，已经深深地把西湖龙井的味道刻进了心里。在机制茶盛行的年代，坚持手工炒茶，对樊生华来说不只是坚守传统的根，更是传承西湖龙井的魂。

常言说，"三分看茶青，七分看炒功"。西湖龙井的品质高低和炒茶师炒制茶叶的手艺密不可分。炒茶是苦活。炒茶的苦，在于无论你经验多少，想要炒出好茶，炒茶要吃的苦，每年都要遭一遍。每年从清明节前一直到谷雨的40多天，是西湖龙井采制的黄金期，这段时间里炒茶师日以继夜、争分夺秒地炒制龙井茶。炒茶，讲究的是手不离茶、茶不离锅。光着手在100多度的炒锅里从早到晚翻炒，哪怕是像樊生华这样炒茶几十年练就了"铁砂掌"的炒茶师，手也免不了老茧叠水泡。行内说起龙井茶炒制，有九道工序、十大手法。那为什么有些人严格按工序来，仍没有炒出好茶？樊生华认为，这就是技术上的巧妙之分。"抖、搭、揭、捺、甩、抓、推、扣、压、磨"这些手法，哪怕书本上说得清清楚楚，哪怕记得滚瓜烂熟，如果炒茶时没有把刻在心里的味道发挥到手上，照样炒不出好茶。炒茶不靠蛮力，讲究的是一个"巧"字。每一次出手，都要根据锅里的具体情况随时进行调整，要调集所有的感官去发现茶叶微妙的变化。火大了或小了，手轻了或重了，都会影响茶叶的形状和质量。所以樊生华在教授徒弟时，首先对每一个动作进行拆解，同时要让他们了解这个动作背后的原理，要时时把"味"刻在心里，不停地变化手势和调节手的力量。比如茶叶刚下锅时，是乱的，要通过手指不断梳理，把每一片茶叶都横过来，顺顺当当握在掌心中；再根据鲜叶大小、老嫩程度去决定茶坯的形状。炒茶时，按得太轻，香味就炒不出来；按得太重，鲜叶就容易出汁，炒出来的茶就发黑、发苦。炒得好的茶叶，采回时是什么颜色，炒制后依旧是什么颜色。樊生华几十年的身心都沉浸在这个行当里，眼、耳、鼻、舌、身，甚至每个细胞、每个毛孔都对茶有着敏锐、精确的感知。为什么机制茶和手工茶，我们一尝便知？因为冰冷的机器没有手和心的感知，它没有基因里的记忆。西湖龙井流传一千多年的味道就像是血脉里的根，樊生华用几十年的时间守根铸魂，并将技艺倾囊相授，毫无保留。"除了教年轻人茶叶炒制，从茶园翻土、施肥、修剪、除草，到采摘、摊青、保管，都要教会。西湖龙井除了我们两个巴掌上的功夫，还要守护好我们的茶叶源地，好的茶叶、好的炒茶功夫缺一不可，这才是正宗的西湖龙井，我们世世代代要传承下去的东西。"樊生华说。

四、追求卓越

（一）何为"追求卓越"

"卓越"表示高超出众，追求卓越是一种精神状态和工作要求。工匠精神体现在道技合一、追求卓越上。庖丁解牛、匠石运斤、丈人承蜩等生动事例告诉人们，古代匠人的技艺能够达到鬼斧神工的至高境界，即所谓"臣之所好者，道也，进乎技矣"。工艺美术师孟剑锋，从业二十几年来，上百万次錾刻，无一疏漏，追求极致，超越自我，其作品《和美》纯银錾刻丝巾果盘，作为国礼之一赠送给参加 2014 年北京 APEC 会议的外国领导人及其夫人，向外界展示了中国制造的精致和工匠过硬的技术。

（二）追求卓越的创新精神是工匠精神的灵魂

追求卓越的创新精神是工匠精神的灵魂。创新是引领发展的第一动力，是建设现代化经济体系的战略支撑。当今社会是一个高速发展的时代，推动高质量发展，满足人民日益增长的美好生活需要，创新是动力源。坚持创新，个人能更好地体现价值，企业能获得更多的优势，国家能获得更好的发展。现代工业条件下，对于工匠技艺的要求逐步提高，每一个产品的开发、每一道工艺的更新、每一项技术的革新，都需要以工匠精神严格自律，只有这样，才能实现从跟跑、并跑到领跑。

当然，创新也不是那么容易的事情。创新就是打破现有的思路，推陈出新。要想创新，首先，要转变观念：我们要有追求卓越的理想，把追求卓越当成信念，只有这样，才会对现有的生产技艺大胆革新，以提升生产技艺水平。其次，要打好基础：广泛地学习各种文化知识和专业知识，从多个维度全面深入地了解所要创新的事物，做生活的有心人。再次，要开放思维：勤于观察、独立思考、推陈出新，勇于突破传统思维的限制，在实践中探索，验证真伪。最后，要提升创新能力：通过参与创新活动和创新课程，培养创新精神；参加各种创新竞赛，锻炼创新技能。

▶▶▶ 拓展阅读

人生如瓷，人生如此

嵇锡贵，国家级非物质文化遗产越窑青瓷烧制技艺代表性传承人，中国陶瓷艺术大师，中国首批高级工艺美术师，担任浙江省陶瓷行业协会名誉理事长、杭州贵山窑陶瓷艺术研究室（国家级非物质文化遗产保护单位）主任、杭州西溪贵山窑陶瓷艺术馆馆长。1975 年，嵇锡贵担任中国轻工业陶瓷研究所釉下组负责人，设计并研制中南海毛主席用瓷釉下彩餐具《梅竹》（"7501"瓷），是主创者之一；设计制作上海锦江饭店接待外国元首专用釉下彩餐具《麦浪滚滚》及毛主席纪念堂陈设瓷。2013年,她被中国轻工业联合会、中国陶瓷工业协会授予"中国陶瓷艺术、设计、教育终身成就奖";2016年担任G20杭州峰会国宴用瓷画面总设计师;2017年被认定为首届"杭州工匠""浙江工匠";2019年获国家级非物质文化遗产代表性传承人"薪传奖"。她的作品被中国国家博物馆、中国工艺美术馆、浙江省博物馆等收藏。

　　明代科学家宋应星的《天工开物》记载:"共计一坯之力,过手七十二,方克成器。"制瓷工序细分起来达到72道之多,古时为了细化分工提高制作效率,每一道工序都由专人制作,可见其繁复。练泥、拉坯、修坯、装饰、上釉、烧成,嵇锡贵一手包揽,釉上、釉下、仿古、创新,各种技法无不精通。与多数陶瓷工匠不同,嵇锡贵是科班出身。15岁那年,她考入景德镇陶瓷美术技艺学校青花班;19岁,又考入景德镇陶瓷学院(现景德镇陶瓷大学)美术设计系;23岁,进入轻工业陶瓷研究所艺术室工作。一直以来,全面系统的学习使得嵇锡贵打下了扎实的专业基础,加上她勤奋好学,从不会放过任何一个向老一辈的艺人学者求教的机会:邹镇钦、聂杏生、王步、张志汤、余翰青、魏荣生、石宇初、段茂发……这些各有所长的陶瓷美术大师都曾指点过嵇锡贵,让她在国画、素描、青花、青瓷刻花、粉彩、古彩等方面博采众长。44岁那年,嵇锡贵从轻工业陶瓷研究所调回浙江工作,定居杭州,结识了美术教育家、中国书画家以及古瓷研究专家邓白先生。在他的指引下,嵇锡贵走上了越窑青瓷传承之路。"嵇锡贵善于继承传统,不以因袭模仿为能事,敢于突破成法,博采众长,不拘一格,在传统基础上推陈出新,古为今用。同时也批判地吸收外来的表现技法,经过加工融合,使外为中用……能工能写,能简能繁,有韵有神,可用可赏,撷传统艺术之精华,创陶瓷工艺之新貌……"邓白先生这样评价她。从石到土,从土到瓷,每一件精美的瓷器都要经历前后72道工序的蜕变,还要经受住上千摄氏度窑火的炙烤。人生如瓷,淬炼成器。瓷器之美,源于深埋泥土千年不变的自然秉性;人生成器,成在心无旁骛、笃定前行的初心涵养。瓷器之美,来自百次雕琢、千度烈焰的脱胎换骨;人生成器,成在栉风沐雨、千锤百炼的考验磨砺。嵇锡贵从一名青涩的学生,一路成长为中国传统工艺的国家级大师,靠的是她对陶艺执着热爱的初心,一丝不苟、持之以恒的特质,永无止境、追求极致的工匠精神。

　　对嵇锡贵来说,每一次创作都是新开始、新挑战,每一件作品都倾注了她全部的热爱。她常说:"在创作作品时要热爱我们的民族,热爱我们的国家,热爱我们的传统,热爱我们的生活。"我们可以从她的任何一件作品中感受到这种由爱而生的美,每一根线条、每一处渲染、每一个色块都刻画精微,呈现出"倾心于手、融情于艺"的气韵。对生活的热爱是嵇锡贵的创作源泉。无论是工作室还是家里,她总会种上生机盎然的植物。花鸟草虫,无不入眼;风花雪月,无不入心,所以她的作品总是充满生动的气息,充溢着天然的灵性。对传统的热爱是她创作取之不尽的养分。她的技法炉火纯青,既继承越窑青瓷的传统精髓,又独创了很多特有的表现技法。她的作品充分体现传统技艺的魅力,同时展现具有个人风格的艺术语言。崇尚传统,向传统学习,给予她无限的创造力。对祖国的热爱是她毕生创作的动力。在大大小小的展览、采访中,嵇锡贵总会强调"我们这代人的成就与国家的培养分不开"。成就一位大师的路途中，不仅需要个人自身的努力，还需要有一批同行者与追随者，更离不开支持者与扶持者。国家的培育、恩师的指引，身边的爱人、同行、学生，无不给予她前进的鼓励与支持。正因为如此，她深感传承的责任与使命，只要身体允许，她就坚持做陶瓷，还争取时间传道授业。每逢祖国有重要的大事，嵇锡贵就献出为此创作的精品。《硕果累累》《红船精神千秋万代》《百朵向阳花开贺党庆》等青瓷作品都表达了她拳拳的爱国心、报国情。人生如瓷，淬炼成器。瓷器之美，贵在器用为上、用之为美的朴实本质；人生成器，成在干事成事、有为有用的价值追求与使命担当。人生如瓷，人生如此。

执着专注、精益求精、一丝不苟、追求卓越的工匠精神既是中华民族工匠技艺世代传承的价值理念，也是我们立足新发展阶段、贯彻新发展理念、构建新发展格局、推动高质量发展的时代需要。

第二节　工匠精神的价值旨归

工匠们在具体的社会实践与体力劳动中，不断对其从事的工作进行认真琢磨和思考，将执着专注、精益求精、一丝不苟、追求卓越的工匠精神融入个人品德培养、技能学习与工作实践中。工匠精神在新时代具有新的内涵和外延，它不仅"守正"——继承古代工匠精神的内涵，更立足"创新"——我国建设制造强国的现实需要，并积极借鉴其他国家工匠文化的精髓。具体到高校，深入推进工匠文化、工匠精神价值谱系有机融入大学生思政教育，对于培育大学生敬业、乐业、精业的职业素养，进而成长为大国工匠、能工巧匠具有积极作用。

一、践行社会主义核心价值观

践行工匠精神是为了推动社会进步和个人发展，促使每一个社会个体通过自身不断的努力去创造更多的社会价值。而践行社会主义核心价值观的主要目的也是创造富强、民主、文明、和谐、美丽的社会。从这一点来看，践行工匠精神的目标和践行社会主义核心价值观的目标是一致的，最终的结果也是一样的，两者相辅相成。不管是中国古代的亭台楼阁，还是中国现代的智能机器，这些工匠们的劳动成果都为社会创造了不可估量的社会价值，都不同程度地促进了不同历史时期的社会发展、技术进步和文化传承，这些社会价值都是劳动者通过不断的改革创新所创造的。工匠精神的深刻内涵是全新的敬业精神，这和社会主义核心价值观个人层面的内容具有高度的一致性和关联性，弘扬工匠精神对于培育和践行社会主义核心价值观发挥着积极作用。

二、产业转型升级呼唤工匠精神

实现中华民族伟大复兴中国梦，离不开工匠精神的传承与大力倡导，工匠筑梦，品质圆梦，中国要实现从制造大国向制造强国的转变，需要传承和弘扬工匠精神。新时代，新起点，提升传统产业离不开工匠精神。中国制造当务之急是进行一场工匠精神的文化再造，把工匠精神注入中国制造的血液中，推动产业转型升级。在传统产业转型升级过程中，不断将工匠精神注入生产设计的每一个环节，不断提升产品质量，使传统产业在日益注重质量的当代社会发展中不断壮大。

▶▶ 拓展阅读

工匠精神各方谈

◆中国航天科工三院239厂机械加工部铣工戴天方：提高技能储备满足社会新需求

工匠精神落实到具体的实践中，就是要不断创新和学习，无论是设计、制造还是产品的质量把控，都要精益求精，用自己掌握的技能生产出符合社会需求的新产品。技能人员要深刻地理解、发扬工匠精神，创新与学习就是唯一的出路，必须做到有知识和技能储备，如此才能更好地为企业担当。与此同时，广大的企业也要为技能人才提供条件。例如，组织大家进行专业理论知识学习；让技能人才了解或参与产品设计的前期阶段，这样做能使职工有前瞻性、有目标地学习和从事制造生产。

◆南京工业职业技术学院工程技术实训中心主任王红军：改善技能人才的薪酬体系

经过改革开放40多年的快速发展，我国整体工业发展水平有了很大提升，但从制造大国走向制造强国，还有较长的路要走。其中，人才至关重要，特别是培养具有工匠精神的技能型人才。我国技能人才培养存在结构问题，总量不缺，但缺少大国工匠。建议加强职业教育的发展，提高全社会对职业教育和技能人才的认识。比如，不应把职业教育看作是"二等教育"，不应将它当作中考或高考没考好时的无奈选择。应在薪酬体系上给予技能人才足够的重视，激励他们追求工匠精神，在技能上精益求精。

◆江西气体压缩机有限公司车工组组长陈赣飞：让"匠人"成为推动智能制造的原动力

工匠精神不只是精于细节的执着，更需要几十年如一日的坚持与韧性。一个充满活力的制造强国，离不开脚踏实地的工匠精神。随着智能制造产业的高速发展，一些特种零部件的生产需要技术娴熟的工人完成，制造企业对高水平技术工人的需求在大幅提升。这就更需要弘扬和传承工匠精神，让具有专业、敬业特征的"匠人"成为推动智能产品更专业、更精细的原动力。

◆山西医科大学第二医院血液科主任杨林花：树立追求极致的工作态度

工匠精神是职业精神、职业态度最生动的诠释，医生也要有工匠精神。35年的从医经历让我深知，每一次临床经验的获得，每一位病人康复后的笑脸，都需要医生树立追求极致的工作态度以及仁心仁术的职业素养。比如血液科医生操作复杂，从每次查房、观察每一位病人的症状体征，到给病人做骨髓穿刺活检及腰椎穿刺等操作，都要做到细致、极致，给病人以最小的痛苦。同时，血液科相关治疗方法变化迅速，我们还要不断学习最先进的医学知识。正因如此，我对自己学生的要求很严格，希望他们都能成为具有工匠精神的医生。

◆国家级非物质文化遗产项目"磁州窑烧制技艺"代表性传承人安际衡：勇于创新创造

工匠精神绝不代表因循守旧、偏执地守着古老的技艺，这不是工匠精神的本义。真正的工匠精神与创新精神是密不可分的，是在传承传统工艺的基础上对创新创造保持开放姿态，乐于接受新理念、善于应用新技术、敢于开拓新领域、勇于创造新标准。如今，中国制造在全球已有了十足的影响力，但仍然处于大而不强的阶段，这与自主创新能力不足有很大关系。我们要以最开放的姿态来吸收最前沿的技术，掀起一场以自主创新和自主智造为主题的制造业革命，助力制造大国到制造强国的转型，实现"中国制造"到"中国智造"的跨越。

三、弘扬中华优秀传统文化

中华民族几千年来一直都有弘扬民族文化和崇尚时代精神的优良传统，工匠精神注重认知导向和劳动实践功能。中华优秀传统文化在强调崇高精神的同时，也强调精神对于个人、社会、民族乃至整个国家的道德影响和形象塑造。工匠精神所蕴含的敬业精神、工作态度、工作能力、创新意识对锻炼个人道德品质和健全个人人格特质具有重要而又深远的意义。

▶▶ 拓展阅读

2020年11月24日，习近平总书记在全国劳动模范和先进工作者表彰大会上的讲话指出，劳模精神、劳动精神、工匠精神是以爱国主义为核心的民族精神和以改革创新为核心的时代精神的生动体现，是鼓舞全党全国各族人民风雨无阻、勇敢前进的强大精神动力。站在实现"两个一百年"奋斗目标的历史交汇点上，我们需要一大批具有执着专注、精益求精、一丝不苟、追求卓越的工匠精神的劳动者，昂首迈向新征程，奋力实现中国梦。

工匠精神根植于中华优秀传统文化的深厚土壤。工匠精神并不是西方工业文明的"舶来品"。中国自古虽是农业大国，但从不缺少能工巧匠，鲁班、李春、李冰、沈括等世界级工匠大师成长、工作于此；也不缺少精美的中国制造产品，中国的丝绸、瓷器、金银器亦曾经是西方贵族的奢侈品。它们承载的是中国古代工艺匠人执着专注、独具匠心的精神。《诗经》中的"如切如磋，如琢如磨"，《考工记解》中的"舜微时，已陶渔矣，必至虞时，瓦器愈精好也"，还有庖丁解牛、运斤成风、百炼成钢……这些耳熟能详的诗句、成语都充分体现了我国古代匠人们所秉持的精益求精、一丝不苟的工匠精神，是新时代工匠精神的文化根基。

四、劳动实践的价值引领

工匠精神有助于在实践中培养青年大学生正确的世界观、人生观、价值观。让大学生在实践中践行社会主义核心价值观，这正是高校思想政治教育的主要任务所在。从内容来看，工匠精神所蕴含的爱岗敬业内涵要求我们热爱自己所学习的专业、忠于自己所从事的职业、敬畏自己所向往的事业，干一行、爱一行、精一行，从一而终，坚持到底。从目标来看，工匠精神所倡导的精益求精品质就是要求我们严谨认真、诚实守信、质量第一、顾客至上、服务为先。从过程来看，工匠精神所崇尚的创新创造追求就是强调我们要充分地发挥个人的积极性、主动性及创造性，通过现在的勤奋学习、刻苦钻研、苦练技能和将来在工作岗位上爱岗敬业、辛勤劳动，不断创新去获得劳动报酬，使个人价值得以体现，进而实现自己的人生追求。工匠精神充分体现和肯定了劳动实践价值及其现实意义，为整个社会传递正确价值观念奠定了坚实基础。

在全球竞争日趋激烈的时代，实现中国制造的品质革命，必须继承和大力弘扬工匠精神，培育一批又一批具有工匠精神的知识型、技能型、创新型劳动者。这是时代的需求，也是实现中华民族伟大复兴中国梦的必由之路。

第三节　新时代工匠精神的接续

工匠精神是中华精神文明的历史成果，不仅深刻反映出劳动者良好的精神风貌，也是时代精神的生动体现，更是新时代实现中华民族伟大复兴的重要精神力量。当前，我国经济已由高速增长阶段转向高质量发展阶段，更需要大力弘扬"执着专注、精益求精、一丝不苟、追求卓越"的工匠精神。作为社会主义的建设者和接班人，大学生必然要承担起接续工匠精神的重任。

▊ 一、深化工匠职业的价值认同

职业偏见在一定程度上会影响甚至妨碍人们的职业选择。由于受"劳心者治人，劳力者治于人""万般皆下品，惟有读书高"等传统价值观念和"士农工商"排序的桎梏，部分人看不起工匠，更不愿意从事工匠类职业。因此，培育和践行工匠精神首先要树立正确的职业价值观。大学是价值观形成的关键时期，作为当代大学生，要摒弃传统观念中的陈旧落后思想，树立正确的职业价值观，正确认识技能成才、技能报国的重要性，客观看待"工匠"职业，认识到工匠在现代社会建设和发展中所起到的重要作用，增强职业荣誉感和敬畏之心。

▶▶▶ 拓展阅读

平凡中不平凡的"杭州工匠"：浙江省首席技师张纪明

张纪明，浙江传化集团机修钳工高级技师，设备高级工程师。他深耕设备维修与管理、装备技术应用领域 24 年，是浙江省首席技师、浙江省技能大师工作室领衔人，第四届"杭州工匠"荣誉称号获得者，杭州市"拔尖技能人才"，杭州市职业技能带头人；获得企业科技成果奖 20 余项，杭州萧山区科学技术进步三等奖 1 项，浙江省科学技术成果 1 项，发表专业论文 2 篇，获国家专利 5 项。

张纪明认为，设备检修人员就是设备的医生，作为基层员工，在基层班组工作，只能从日常的工作中积累经验。他从解决单个设备难题入手，到能解决复杂系统装备技术难题，再到针对高速磨浆釜/转子泵等机械密封、空压系统含水含油、导热油系统中反应釜内压失稳和导热油失效等多项复杂性系统难题，历练成为输出实质有效解决方案的工匠。无论什么时候见到张纪明，总会发现他正专注于工作，从实践中寻找技术真理就是他对工作的标准。

工作中，张纪明积极思考并根据企业工艺与生产的特殊需求，设计制造了多种符合企业实际需求的新设备，在新装备设计制造、新工艺应用等方面获得多项企业科技成果奖。为实现公司硅油产品乳化的新工艺，张纪明创新地采用了定量泵输送，高剪切泵实现了连续硅油乳化工艺，使乳化产品接近纳米级，实现了小装置、高产量、高品质的目标。

2011 年，张纪明带领 11 名成员组建了一支多专业的高技能系统团队；2012 年，原萧山区劳动和社会保障局授牌成立了以他个人名字命名的"张纪明机修钳工技师工作室"，随后该工作室又被杭州市人力资源和社会保障局纳入杭州市首批 15 家技师工作室；2014 年 9 月，工作室被省人力资源和社会保障厅评定为浙江省技能大师工作室。张纪明领衔的浙江省技能大师工作室已经成功孵化培育杭州市技能大师工作室 1 家、萧山区技师工作室 1 家、萧山区创新工作室 1 家；工作室成员中，获得"萧山工匠"荣誉称号 1 人、"浙江青年工匠"荣誉称号 1 人。

20 多年风雨兼程，在张纪明身上，我们看到的工匠精神既是谦卑拼搏、专心致志、敢于创新，又是精益求精、追求极致、尽善尽美。张纪明表示，"'工匠'代表的是一个职业水准，更是一种职业精神的体现。自己唯有把本职工作做得更好，与时代同步，才能追求完美再完美"。

二、增强工匠精神的践行能力

培育和践行工匠精神，不仅需要劳动者深化职业认同，更需要不断增强践行能力。2022 年 4 月 27 日，习近平总书记致信祝贺首届大国工匠创新交流大会时强调：我国工人阶级和广大劳动群众要大力弘扬劳模精神、劳动精神、工匠精神，适应当今世界科技革命和产业变革的需要，勤学苦练、深入钻研、勇于创新、敢为人先，不断提高技术技能水平，为推动高质量发展、实施制造强国战略、全面建设社会主义现代化国家贡献智慧和力量。大学是苦练本领、增长才干的黄金时期。大学生作为实现第二个百年奋斗目标的建设者，是工匠精神传承和践行的主力。大学生要在大学里充分发挥主观能动性，努力学习专业知识，不断提升专业能力，积极参加专业学科竞赛、创新创业类竞赛，参与大学生科研项目、各类社会实践和志愿服务活动等，多钻研、多学习、多锻炼，在提升技能的同时不断提升自己的职业素养和职业操守，在点滴中培养"执着专注、精益求精、一丝不苟、追求卓越"的工匠精神。

▶▶▶ 拓展阅读

不遗余力，不厌其烦，努力坚守，精益求精

苗雨痕，都锦生实业有限公司织锦技师、国家级非物质文化遗产杭州织锦技艺新生代传人，2018 年被认定为"杭州工匠"。

"不遗余力，不厌其烦，努力坚守，精益求精，以工匠的精细严谨，将工作做到极致。"在第二届"杭州工匠"的颁奖晚会上，"杭州工匠"苗雨痕这样说。

2016 年 G20 杭州峰会，每位国家元首夫人都收到了一套特制的织锦台毯靠垫礼品，这是都锦生国礼织造团队耗时一个月赶制出来的，苗雨痕也参与其中。"杭州织锦生产过程特别烦琐，从原料准备开始，要经过 58 道传统手工工序。那段时间我们的团队三班倒，一天 24 小时不停工，终于在一个月内按时按质完成了，得到了国家的认可，真不容易。"苗雨痕说。

从 20 世纪 50 年代开始，都锦生织锦就经常作为国礼送给外国贵宾。它是我国最具代表性的传统名锦之一，也是杭州丝织业的一张"金名片"。刚到都锦生那年，苗雨痕不到 20 岁。时光荏苒，38 年过去了，苗雨痕也从初出茅庐的学徒工成长为织造技艺的老匠人。

在这家老字号里，他做过挡车工、机修工、工段长、技术员，现任生产技术部主任。他几乎干遍了所有的岗位，掌握了织锦的所有关键生产技艺。

织锦这门技艺，不仅要靠学，还要依靠不断创新，因为市场的变化会对产品提出各种各样的新要求。如何改进技艺、想出办法实现这些要求，对织锦技师来说，考验的不仅是工艺经验，还有创新的灵感和勇气。最让苗雨痕引以为傲的，是2002年在杭罗工艺中首创引入提花织法，成功研制提花纱罗，当时引起业内轰动。因为这是前辈们研究了二三十年都没有研究成功的一项技术。"提花纱罗其实是丝绸的一个品种，技术含量比较高，品质非常好，算是极品吧。"苗雨痕说。

现在，苗雨痕每天的工作依旧是扎根于织锦技艺的创新和研制。

苗雨痕的办公室里放着很多仪器，还有各式各样的丝绸织品，他常常拿着放大镜分析各种材质，研究颜色和用料。由于很多程序不能中断，经常当他结束工作时，外面早已一片漆黑。

用传统手工工艺设计生产丝绸，大多要经过58道工序纯手工制作完成，并且每一道工序都是需要记录下来的。作为掌握提花纱罗核心技术的唯一传人，苗雨痕掌握着关于提花纱罗工序的全部档案资料。

浙江理工大学重开丝绸学院，苗雨痕特别高兴："我听到这个消息真地很兴奋，终于有年轻人愿意来学这个行业，我们都锦生以后也要招大学生，要招沉得下心来的学生，把我们这项传统技艺传下去。"

因为热爱，很多时候辛苦也变得微不足道了。苗雨痕说："国家稳定、富强，是我们美好生活的保证。只有国家越来越好，都锦生才能有更好的发展，我们个人的生活也会更加富足。我们都锦生如果做不了500强，也要把它传承500年！"

三、投身工匠精神的教育实践

精于工，匠于心，品于行。工匠精神的培育对于新时代大学生的成长成才具有十分重要的现实意义，不仅可以培养学生爱岗敬业、诚实守信、一丝不苟、敢于创新的职业素养，也可以帮助学生把工匠精神内化于心，外化于行，形成良好的行为习惯和自我管理模式，提升学生就业、创业的竞争力。高校是培养具有工匠精神的高素质人才的重要阵地。目前，许多高校重视对学生科学精神、创新能力、批判性思维的培养，主动创新劳动教育新模式，科学设置劳动教育的课程体系，形成理论与实践相结合的劳动教育必修课程，并在课程中增强工匠精神培育的系统性、整体性和协同性，积极谋划、开展工匠精神的理论教育和实践教育活动，贯穿立德树人的全过程。例如：高校举办"劳模大讲堂""劳模工匠进校园"等报告会，邀请大国工匠、省市劳模工匠进校园，让师生在校园里近距离接触工匠，聆听工匠故事，观摩工匠劳动技艺，感受并领悟"执着专注、精益求精、一丝不苟、追求卓越"的工匠精神；聘请劳模工匠担任学校劳动教育导师，成立劳模工作室/技能大师工作室，让劳动教育"走出课堂小天地，步入社会大课堂"，帮助学生近距离感受工匠精神、学习工匠精神。大学生要积极参与劳动教育，认真学习专业的理论知识和通识知识，提升对技术技能的认知，熟练实践技能操作，自觉地投身各类工匠精神教育实践活动，在实际行动中体验工匠精神，积极争做工匠精神的践行者、示范者和引领者。

▶ 拓展阅读

精测工程 匠心传承——"毕业后我要成为你"劳模工匠进校园活动

2023 年 6 月 14 日，由河北省总工会主办，石家庄铁路职业技术学院、河北新闻网、纵览新闻客户端、燕赵都市报共同协办的"毕业后我要成为你"劳模工匠进校园活动在石家庄铁路职业技术学院举行。本次活动邀请了河北省水利水电勘测设计研究院副总工程师兼安全监测中心主任王海城为学生们讲述自己坚守初心的奋斗历程。

30 年来，王海城先后参加和主持了海滦河流域水准网的建立、引黄入冀、桃林口水库建设、南水北调中线及河北省配套工程、水库除险加固、河道治理、山洪灾害防治、雄安新区白洋淀及拒马河治理等 40 余项国家、省部级重点工程的测量与安全监测工作。他见证了工程测量设备、技术手段、理论与方法的发展变革，经历了从手工、半自动化、自动化、智能化到智慧化的发展历程。他先后荣获"河北省青年科技奖""河北省测绘青年科技带头人""有突出贡献的中青年专家"和全国首届十大"工程测量工匠"等荣誉称号。活动现场，王海城结合多年的工作经历以及人生感悟，用朴实真挚的语言讲述自己在岗位上默默坚守、匠心筑梦的奋斗故事。他精彩的讲述，赢得了学生们的阵阵掌声。

王海城表示，获评全国首批"工程测量工匠"后，他对工匠精神也有一番理解。"工匠精神"是一种信念，是对工作发自肺腑的热爱，是一种精益求精的工作态度，是一种默默无闻的奉献精神，是一种爱岗敬业的美好品德。精益求精是工匠精神的核心所在，敬业奉献是工匠精神的力量之源，勇于创新是工匠精神的时代要求。因此，"工程测量工匠"不仅要有扎实的理论基础和丰富的实践经验，密切跟踪工程测量前沿技术，更应有严谨求实、一丝不苟的工作作风，专心致志、持之以恒的敬业精神和精益求精、追求卓越的思想品质。他希望，他对工匠精神的诠释，能够激励同学们好好学习，传承工匠精神，做好新时代的合格测绘人。

近年来，石家庄铁路职业技术学院坚持以立德树人为根本任务，认真学习贯彻习近平总书记关于劳动及劳动教育的重要指示精神，坚持"五育并举"，持续打造"大国工匠进校园"劳动教育品牌，把劳动教育纳入人才培养全过程，贯通学生学习生涯，促进以劳树德、以劳增智、以劳强体、以劳育美，不断深化符合学生实际、贴近专业发展、促进学生成长的劳动教育长效机制。

四、传播中国特色的工匠文化

文化是民族生存和发展的重要力量。一个国家、一个民族的强盛，总是以文化兴盛为支撑的，中华民族伟大复兴需要以中华文化发展繁荣为条件。厚植工匠文化，既要大力弘扬优良传统，又应给优秀工匠的精神赋予新的时代内涵，让尊重劳动、尊重创造成为社会共识。2021年9月，劳模精神、劳动精神、工匠精神成为第一批正式纳入中国共产党人精神谱系的伟大精神，彰显着中国特色，在新时代、新征程上展现出巨大的引领价值。作为当代大学生，要深入挖掘工匠文化的时代价值，全力传播和弘扬"执着专注、精益求精、一丝不苟、追求卓越"的新时代工匠精神，讲好中国工匠故事，形成崇尚大国工匠之风，让工匠精神得到社会的认可，增强劳动者对职业理念、职业责任和职业使命的认识和理解，引领劳动者在本行业和本领域担大任、干大事、成大器、立大功。同时，大学生还要充分利用我国的宝贵文化资源，以文化人，文以载道，积极传播中国特色工匠文化，将工匠事业的魅力和价值彰显出来，增强人民群众对于工匠精神的认同感。

▶ 拓展阅读

把古老的丝绸工艺彻底发扬光大

叶建明，从事丝绸加工行业近40年，是"丝绸画缋"工艺的第四代传承人，2017年被认定为首届"杭州工匠""浙江工匠"，2019年被评为杭州市劳动模范。其作品获省、市工艺美术精品博览会金奖、银奖。

叶建明出生在普通的丝绸工匠之家。1980年，叶建明进入杭州工艺织绣品厂，成为丝绸加工大军中的一员，很快成长为技术骨干。1990年，他被公派出国，前往日本观摩当地的丝绸加工技术。2000年，叶建明创办杭州天缘布艺工作室、杭州天缘布艺有限公司，开始恢复和量产"丝绸画缋"技艺和产品。

"丝绸画缋"是融合了染、绘、绣和泥金等多种工艺的传统技艺，盛于隋唐两宋。在动荡时局中，该技艺趋于式微，清末民初仅剩江南丝绸产地少数匠人以此为生，几近绝迹。

叶建明以40年丝绸加工经验结合家传秘技，成功复兴"丝绸画缋"技艺，完整复原70多道手工工序，巧妙运用传统工艺手法，创作和加工数以万计的"丝绸画缋"产品。仅和服一类就加工5万件以上，该产品在日本市场免检出柜，享有行业盛誉。叶建明"丝绸画缋"产品包括服饰、画轴、装饰画、手包等20多个系列，工艺精美、匠心独具，已列入杭州市非物质文化遗产保护名录。

叶建明毕其半生功力，复兴传统技艺，以精湛的技艺和精美的作品将文化遗产融入现代生活，是杭州工匠"执着、担当，求美、求真"精神的杰出代表。

培育和践行工匠精神是一个全方位的复杂系统工程，需要国家层面、社会层面、个人层面的协同联动，共同参与。新时代奋进新征程，新时代的大学生有义务也有责任大力弘扬和践行工匠精神，努力使自己早日成为高技能人才、大国工匠，为实现第二个百年奋斗目标、实现中华民族伟大复兴的中国梦不懈奋斗。

课后思考

1. 如何理解工匠精神的时代价值？
2. 新时代工匠精神的价值旨归是什么？
3. 如何培育和践行新时代工匠精神？

第五章　日常生活劳动

学习目标

1. 掌握日常生活必备技能。
2. 熟知日常生活劳动的内容。
3. 领会家庭生活劳动和校园生活劳动的意义。

案例导入

"绿色环保，从我做起"

从 2003 年开始，江西省义安村邓小红一家在全村率先进行垃圾分类。因连续 15 年坚持实施垃圾分类处理，践行"绿色环保，从我做起"理念，邓小红一家被江西省评为 2018 年"最美家庭"。

邓小红是一名普通的农村妇女，十几年前的义安村垃圾乱堆、河水又脏又臭，她就提出不乱丢垃圾、要对家里垃圾进行分类。刚开始时丈夫王祥有还不能理解，觉得就是多管闲事，瞎操心。可是当他看着自家庭院越来越干净漂亮，听着路人不时的赞叹，心里感觉美滋滋，也主动加入进来，一家人就这样坚持了 15 年。一传十，十传百，村民纷纷效仿她的做法，现在全镇农户基本实现了垃圾分类处理，环保取得了实效。

很多村民都感叹："现在走在田间小道，呼吸着新鲜空气，看到的是清澈的溪水，这些年真是大变样了，自己每天的心情也格外舒畅。"

在评上"最美家庭"后，有网友表示："一个普通的农村家庭，崇尚环保，坚持垃圾分类，坚持一年两年不难，坚持 15 年难能可贵。"

日常生活劳动是学生立足于个人生活事务处理，接触最频繁、形式最多样的劳动形态。虽然涉及的任务并不十分艰巨，却非常琐碎、繁多。在家庭生活和校园生活中掌握必备的劳动知识技能十分必要。日常生活的劳动对学生劳动习惯、自理能力的养成具有十分直接和明显的作用，同时劳动习惯和自理能力也是开展生产性劳动和服务性劳动的基础及前提。

第一节　劳动知识技能

新时代特别强调劳动教育，让"五育"教育贯穿学生成长所需经历的家庭教育、学校教育、社会教育全过程，这体现了劳动的重要意义。通过活动，帮助学生树立唯有热爱劳动、尊重劳动，才会有德的建立、智的成熟、体的成长和美的显现的意识。

一、家庭保健技能

（一）家庭常用消毒方法

消毒是切断传染病传播途径的重要措施之一。家庭用可选择含氯消毒剂（如84消毒液）、含醇消毒剂（如75%的酒精）。含氯消毒剂有一定腐蚀性，达到消毒时间(30分钟)后，需要用清水擦拭。家庭常用消毒方法如下。

(1) 家居表面保持清洁。门把手、电话机、手机、电视遥控器、桌面、地面等经常接触的表面，每天清洁，必要时（如家中有身体状况不明客人来访）可以用酒精或含氯消毒剂等擦拭消毒（按产品说明书使用），也可直接使用消毒湿巾。

(2) 口鼻分泌物处理。家人咳嗽、打喷嚏时要用纸巾掩住口鼻，用过的纸巾等要放入垃圾袋并及时处理，其他家庭成员避免接触。手接触口鼻分泌物后要立即用肥皂和流动的水洗手。

(3) 外出衣物经常换洗，必要时可以煮沸消毒，或使用含氯消毒剂等浸泡消毒（按产品说明书使用）。

(4) 餐具、水杯可采用煮沸方法消毒，先将物品洗净，再放入沸水中煮（蒸)10分钟。

（二）家庭使用消毒剂注意事项

(1) 严格按照产品说明书规定的使用方法、剂量、浓度使用。

(2) 消毒剂应存放在阴凉干燥处，并远离火源。

(3) 消毒剂应存放在儿童接触不到的地方。

(4) 不要使用饮料瓶等盛放消毒剂，防止儿童或不明情况者误服。

(5) 严禁不同种类的消毒剂同时使用或混合使用。

(6) 酒精只适用于物体表面擦拭或喷洒消毒，不适于大面积喷洒，不能用于空气消毒，以免引起火灾。

(7) 含氯消毒剂要用冷水稀释，现配现用，且不能与酸性物质混合。

(8) 含氯消毒剂有腐蚀性，不能直接接触皮肤，使用时应戴橡胶手套。

（三）家庭常备药品

1. 通用配备的药品

(1) 单一安全的退烧药，如对乙酰氨基酚或布洛芬，适合感冒发热的临时处治，儿童不宜用阿司匹林退热。

(2) 外用的跌打损伤药（如云南白药、扶他林软膏）和创可贴类，一般外伤就诊，医生都会开出处方口服止痛药，因此家中可以不备口服止痛药。

(3) 治疗蚊虫叮咬的外用药，根据自己的经验选择一种有效药物，如无极膏、风油精等。

(4) 其他用品，如体温计、血压计、血糖仪等。

2. 根据家庭成员情况配备药品

(1) 家中有未成年宝宝的，应该储备儿童退烧药，如对乙酰氨基酚混悬滴剂和布洛芬混悬液。儿童高热容易引起惊厥，通常体温高于 38℃时要及时退热。即使家长带孩子到儿童医院就诊，分诊台也会先给予退热，再排队候诊。

(2) 温和安全的止泻药。儿童容易腹泻，如果不是细菌所致，而是腹部受凉、消化不良所致，可以适当给予肠益生菌，或者选择蒙脱石散来止泻。发生严重的腹泻导致脱水时，应及时到医院补液治疗。

(3) 医生确诊的皮炎、湿疹，可以备一些温和的外用软膏，不宜长期使用含激素的药膏。不建议配备抗菌消炎的软膏，因为普通人无法判断是感染所致还是病毒性的皮炎，不可盲目用这些软膏。

(4) 家中有高血压、糖尿病和冠心病的老年人，除常规的降压、降糖和冠心病药物外，应该储备硝苯地平普通片、葡萄糖粉、硝酸甘油片剂或气雾剂。

3. 科学管理家庭药箱

(1) 家中不宜储存过多、过杂的药品或保健品，盲目储存过多药品容易过期，造成浪费。一般来说，6 个月到 1 年之内都没有用过的药物，都是可以不储存的药物。

(2) 重视对家庭药箱的管理。药品尽量分类储存，做到外用药和内服药分开保管，儿童药与成人药分开保管。家中有儿童的话，药箱一定要有儿童保险装置，避免儿童误食。家中老人视力不佳的，建议用大字标识在药盒上，注明用途和有效期。

(3) 定期清理家庭药箱，查看有无药品变质（颜色变化、潮解、霉变等）。过期药品可以溶解在水中倒入下水道，也可以交给医疗机构代为销毁，不能扔到垃圾桶，避免有人捡拾误用。过期药品一定不能再服用。

(4) 家庭药箱要放在干燥、阴凉、避光处，糖尿病患者用的胰岛素等特殊药品应放在冰箱冷藏。

4. 合理用药

(1) 感冒后不滥用抗生素，因为这些抗生素对引起感冒（流感或上呼吸道感染）的病毒是无效。2 岁以下儿童不要随便服用复方感冒药，如果发热 38℃以上，要及时退热，然后去医院就诊。

(2) 在接受正规药物治疗时，不要随便自行服用保健品或者滋补品，以免药物和保健品"打架"，给身体带来损害，影响疾病治疗。孕妇和正在哺乳的妈妈切忌乱用药物，必要时医院就诊，咨询专业药师后再用药，包括非处方药物 (OTC)。

(3) 尽量对家庭药箱的药品登记造册，记录内容包括：药品名称、用途、用法用量、剩余数量、有效期（失效期）。

（四）家庭急救常识

1. 异物入眼

任何细小的物体或液体，哪怕是一粒沙子或是一滴洗涤剂进入眼中，都会引起眼部疼痛，甚至损伤眼角膜。

急救办法：先用力且频繁地眨眼，用泪水将异物冲刷出去；如果不奏效，就将眼皮捏起，然后在水龙头下冲洗眼睛；注意一定要将隐形眼镜摘掉。

绝对禁止：揉眼睛，无论多么细小的异物都会划伤眼角膜并导致感染。如果异物进入眼部较深的位置，务必立即就医，请医生来处理。

亮警报：如果是腐蚀性液体溅入眼中，必须马上去医院进行诊治；倘若经过自我处理后眼部仍旧不适，出现灼烧、水肿或视力模糊的情况，也需要请医生借助专业仪器来治疗，切不可鲁莽行事。

2. 扭伤

当关节周围的韧带被拉伸得过于严重，超出了其所能承受的程度时，就会发生扭伤。扭伤通常还伴随着紫绀与水肿。

急救办法：在扭伤发生的 24 小时之内，尽量做到每隔一小时用冰袋冷敷一次，每次半小时，将受伤处用弹性压缩绷带包好并垫高；24 小时之后，开始给患处换为热敷，促进受伤部位的血液流通。

绝对禁止：随意活动受伤的关节，容易造成韧带撕裂，恢复起来相对比较困难。

亮警报：如果经过几日的自我治疗和休息之后，患处仍旧疼痛且行动不便，那么有可能是骨折、肌肉拉伤或者韧带断裂，需要立即到医院就医。

3. 流鼻血

鼻子流血是由鼻腔中的血管破裂造成的。鼻部的血管都很脆弱，因此流鼻血也是比较常见的小意外。

急救办法：身体微微前倾，并用手指捏住鼻梁下方的软骨部位，持续 5～15 分钟。如果有条件的话，放一个小冰袋在鼻梁上也有迅速止血的效果。

绝对禁止：用力将头向后仰起，该姿势会使鼻血流进口中，慌乱中可能还会有一部分血液被吸进肺里，这样做既不安全也不卫生。

亮警报：如果鼻血持续流上 20 分钟仍旧止不住，则患者应该马上去医院求助于医生；如果流鼻血的次数过于频繁且毫无原因，或是伴随着头疼、耳鸣、视力下降以及眩晕等其他症状，那么也务必去医院诊治，因为这有可能是大脑受到了震荡或重创。

4. 烫伤

烫伤分为三级：一级烫伤会造成皮肤发红、有刺痛感，二级烫伤会看到明显的水泡，三级烫伤则会导致皮肤破溃、变黑。

急救办法：冲→脱→泡→盖→送。

(1) 冲：将伤处冲水或浸于水中，如无法浸水，可用冰湿的布敷于伤处，直到不痛为止 (至少 30 分钟)。

(2) 脱：除去伤处的衣物或饰品，若被黏住了，不可硬脱，可用剪刀小心剪开。

(3) 泡：将伤处浸泡在水中 (若发生颤抖现象，要立刻停止泡水)。

(4) 盖：用干净纱布轻轻盖住烫伤部位，如果皮肤起水泡，不要随意刺破。

(5) 送：送医院，避免用有色药物 (碘酊、龙胆紫) 涂抹创面，也避免用酱油、牙膏、蜜糖等涂抹伤口，以免增加伤口处理难度。

一旦发生烫伤，立即将被烫部位放置在流动的水下冲洗或用凉毛巾冷敷。如果烫伤面积较大，伤者应该将整个身体浸泡在放满冷水的浴缸中。可以将纱布或绷带松松地缠绕在烫伤处以保护伤口。

绝对禁止：采用冰敷的方式治疗烫伤，冰会损伤已经破损的皮肤，导致伤口恶化；弄破水泡，会留下疤痕；随便将抗生素药膏或油脂涂抹在伤口处，这些黏乎乎的物质很容易沾染脏东西。

亮警报：三级烫伤、触电烧伤以及被化学品烧伤务必到医院就医；如果病人出现咳嗽、眼睛流泪或者呼吸困难，则需要专业医生的帮助；如果二级烫伤面积大于手掌，那么患者也应去医院看看，专业的处理方式可以避免留下疤痕。

5. 窒息

真正的窒息在现实生活中很少发生，喝水呛到或被食物噎到一般都不算是窒息。窒息发生时，患者不会有强烈的咳嗽，而是不能说话或是不能呼吸，脸会短时间内变成红色或青紫色。

急救办法：迅速叫救护车，在等待救护车的同时，需要采取以下措施——让患者身体前倾，用手掌用力拍患者后背两肩中间的位置 (如果不奏效，那么需要站在患者身后，用拳头抵住患者的腹背部，用另一只手握住那个拳头，上下用力推进推出 5 次，帮助患者呼吸)。患者也可以采取自救措施：将自己的腹部抵在一个硬质的物体上，比如厨房台面，然后用力挤压腹部，让卡在喉咙里的东西弹出来。

绝对禁止：给正在咳嗽的患者喂水或其他食物。

亮警报：只要窒息发生，就需要迅速叫救护车抢救患者。

6. 中毒

发生在家庭中的中毒一般是由于误食清洁、洗涤用品，吸入一氧化碳或摄入杀虫剂。

急救办法：如果患者已经神志不清或呼吸困难，应迅速呼叫救护车，并准备好回答如下问题——摄入或吸入什么物质，量是多少，患者体重、年龄以及中毒时间。

绝对禁止：直到症状出现才叫救护车，往往会延误治疗时间；在等待救助过程中，给患者吃喝东西，帮助患者催吐（因为有些有毒物质在被吐出来的过程中可能会伤害到患者的其他器官）。

亮警报：只要中毒发生，就需要迅速叫救护车抢救患者。

7. 手指切伤

如果出血较少且伤势并不严重，可在清洗之后，以创可贴敷于伤口，不主张在伤口上涂抹红药水或止血粉之类的药物，只要保持伤口干净即可。若伤口大且出血不止，应先止住流血，然后立刻赶往医院。

急救办法：伤口处用干净纱布包扎，捏住手指根部两侧，并且高举过心脏，因为此处的血管是分布在左右两侧的，采取这种手势能有效止住出血；使用橡皮止血带效果会更好，但要注意，每隔 20～30 分钟必须将止血带放松几分钟，否则容易引起手指缺血坏死。

8. 鱼刺卡嗓

急救办法：

(1) 用手指或筷子刺激咽后壁，诱发呕吐动作，以帮助排出咽部鱼刺；

(2) 用手电筒或台灯照亮口腔内部，用筷子或勺柄将舌面稍用力向下压，同时让患者发"啊"声，以便清晰地看到咽部的全部情况；

(3) 若发现鱼刺，可用长镊子或筷子夹住鱼刺，轻轻地拔出即可；

(4) 位置较深、拔除困难的鱼刺，应立即去医院，由医生处置。

绝对禁止：囫囵吞咽大块馒头、饭团等食物，虽然有时这样做可以把一些小鱼刺除掉，但有时不仅没把鱼刺除掉，反而使其刺得更深，更不易取出，甚至引起感染。

亮警报：较大或扎得较深的鱼刺，无论怎么做吞咽动作都会疼痛，如果喉咙的入口两边及四周均不见鱼刺，就应去医院治疗；鱼刺除不掉，自己仍感到不适，到医院请医生诊治，这也是鱼刺刺伤时最恰当的处理方法。

9. 蜂蜇伤

(1) 如为蜜蜂蜇伤，其毒液多为酸性，可外涂 10% 的氨水或肥皂水；若为黄蜂蜇伤，其毒液为碱性，可外涂 5% 的醋酸，均可减轻疼痛。

(2) 被蜂蜇伤后，其毒针会留在皮肤内，必须用消毒针将叮在肉内的断刺剔出，然后用力掐住被蜇伤的部分，用嘴反复吸吮，以吸出毒素，如果身边暂时没有药物，可用肥皂水充分清洗患处，再涂些食醋或柠檬。

(3) 万一发生休克，在等待救护车前来救援的过程中或去医院的途中，要注意保持被蜇伤者呼吸畅通，并进行人工呼吸、心脏按压等急救处理。

10. 蛇咬伤

急救办法：

(1) 要看清楚蛇的样子，描述给急救人员，这样才能有针对性地选用抗蛇毒血清进行治疗，不主张把蛇抓给医生，避免遭遇二次伤害；

(2) 将伤肢进行绑扎，可以减缓毒液的扩散，为进一步救治争取时间；

(3) 及时把毒液吸出来，可用注射器针筒或嘴巴 (在口腔没有病变和溃疡的情况下) 把毒液吸出，用嘴巴每吸一次都要用清水漱口；

(4) 拨打 120 急救电话，就地等待救援，或者自行至医院就诊。

绝对禁止：紧张乱跑；饮用酒、浓茶、咖啡等兴奋性饮料；用手挤伤口的污血，实际上渗入皮肉的毒液不但挤不出来，反而会因挤压而扩散得更快。

11. 中暑急救

在发病现场，抢救中暑最重要的就是要迅速降低患者体温，在拨打急救电话后、救护车到来前的主要急救办法如下。

(1) 脱离热源环境：可以迅速将患者转移至阴凉通风处或有空调的房间。

(2) 迅速降低体温：采用加速散热的方法，如用湿凉毛巾放在患者头颈部、腋下、腹股沟等处冷敷，或将患者置于 28 ～ 30℃的水中，或用电风扇吹风的同时往患者身上洒水，等等；在实施上述措施的同时要广泛按摩患者肢体，加速散热，降低体温。

(3) 补充水分和盐分：及时饮用含盐的水。

注意：如果 30 分钟内患者情况没有改善，就应寻求医学救助；如果患者没有反应，则应开放气道，检查呼吸并给予适当处置。

亮警报：对于重症高热患者，降温速度决定预后，体温越高，持续时间越长，组织损害越严重，预后也越差；体外降温无效者，用 4℃冰盐水进行胃或直肠灌洗，也可用 4℃的 5%葡萄糖盐水或生理盐水 1000 ～ 2000 毫升静脉滴注，既有降温作用，也适当扩充容量，但开始速度宜慢，以免引起心律失常等不良反应；必要时，需进行床旁血液净化治疗，加强监测和对症治疗。

12. 触电急救

触电后现场救治应争分夺秒，尽快使患者脱离造成触电的电源，尽快拨打 120 急救电话。

急救办法：最重要的是切断电源，拉下电闸，脱离电源后神志清醒的患者立即去医院检查治疗；对呼吸停止或呼吸微弱者实施人工呼吸，对心搏停止者立即进行现场心肺复苏术，特别是心脏按压不能停顿，直到医护人员到来；如果现场有自动体外除颤器，那么应立即使用，如果没有，则应在拨打 120 时呼叫有除颤器的救护车。

注意：救护者应在确认触电者已脱离电源，且本身所处环境安全距离内无危险电源时，方可接触伤员进行抢救；在抢救过程中，不要随意搬动伤员，如确需搬动，应使伤员平躺在担架上并在其背部垫以平硬宽木板，不能让伤员身体蜷曲着进行搬运；任何药物都不能代替人工呼吸和胸外心脏按压，对触电者用药要慎重，应由有经验的医师来确定。

二、日常维修技能

（一）淋浴头出水不畅

淋浴喷头用了一段时间后，出水就不顺畅，可以用白醋来解决这个问题：用塑料袋装上一点白醋，包裹住淋浴头大约 30 分钟即可。

（二）马桶堵塞

马桶堵住了，可以尝试使用保鲜膜来解决：将保鲜膜完全盖住马桶，并贴紧边缘；按下马桶冲水的按钮，等保鲜膜慢慢鼓出一定的高度后用手轻轻下压；揭下保鲜膜看看，堵塞住的马桶立刻被疏通好了。

（三）水龙头出水小

水龙头一年 365 天都在运作，尤其是经常使用热水的水龙头，难免会被水垢堵塞。时间久了，水龙头出水越来越小，非常影响使用体验。可先取下水龙头水嘴部分，将大的杂质清洗干净，若还有卡在滤网里的杂质，建议用白醋浸泡，不要用牙签等硬质物品清理，以免损坏。

（四）大门开启不畅

若钥匙能转动门却打不开，可尝试抵住门下方，再拧动钥匙开锁。若密码锁显示屏出现闪烁，应是电池电量不足，请及时更换电池，避免门无法打开。若锁芯开启不顺畅，多半是锁芯接触到水以后，没有及时被晒干或者擦干造成的，可以用铅笔反复涂抹钥匙纹路解决。

（五）窗户、窗扇常见维修问题

平时窗户、橱柜使用久了，难免会出现窗扇异响、窗户螺钉松动、橱柜扇刮碰等小问题。若窗扇异响，应先彻底清洁导轨、合页，清除灰尘杂质，再在导轨、合页等易摩擦处涂抹润滑油。若窗户把手松动，可在把手处使用螺丝刀将小盖子打开后拧紧。若橱柜扇小面积刮碰，可对合页位置进行调试。

（六）壁纸翘边

想要打造好看又时尚的房间，壁纸便捷又美观，成为大多数人的选择。但时间久了，难免会出现壁纸翘边等小问题，需清除墙面油污、灰尘，用腻子将表面凹凸不平处刮平整；用壁纸专用胶水将壁纸贴好，用刮板擀平压实，用湿毛巾将多余的胶水擦去；也可用贴壁纸的胶粉抹在卷边处，把边抚平，用吹风机吹 10 秒左右，再用手按实，直到黏牢，再用吹风机吹到干燥即可。

（七）正确更换灯泡

更换灯泡前，务必关闭电源。切勿用湿手、湿毛巾更换灯泡。如需登高，一定要选择平稳的梯子或凳子。刚坏掉的灯泡可能还很烫手，稍等 10 分钟再更换，避免烫伤。

三、垃圾分类技能

垃圾分类一般是指按一定规定或标准将垃圾分类储存、投放和搬运，从而将垃圾转变成公共资源的一系列活动的总称。垃圾分类的目的是提高垃圾的资源价值和经济价值，减少垃圾处理量和处理设备的使用，降低处理成本，减少土地资源的消耗，具有社会、经济、生态等多方面的效益。

▶▶ 拓展阅读

环保达人刘纯的社区垃圾分类之旅

刘纯是石家庄铁路职业技术学院的一名大学生，上大学期间，他在一次给环卫工人送温暖的志愿活动当中，了解到石家庄市每天产生的垃圾总量已经超过 8500 吨，他对这个数字感到非常震惊。他的心底时常涌动着对环保话题的关注和对社会公共事务的一股热情，这种关注和热情吸引着他一直在探寻机会，去经历点什么，或改变点什么。

石家庄爱分类环保科技有限公司，是一家致力于推动城市垃圾分类及循环体系建立的环保机构，一直在坚持不懈地探索前端垃圾分类和垃圾减量的工作。刘纯在此公司的实践中明白了一件事：垃圾分类可以增加资源的再利用率，减少垃圾填埋或焚烧处理量，减少垃圾对环境造成的污染。

同祥城是石家庄的一个居民小区，平均每天都要产生 5 吨生活垃圾。刘纯想要推动同祥城小区成为开展垃圾分类工作的先行者，2023 年年初，在石家庄爱分类环保科技有限公司的支持下，同祥城小区的垃圾分类之旅拉开了序幕。

万事开头难，垃圾分类工作的开端就是社区动员，而垃圾分类工作最难的也是社区动员。要让居民们接受撤掉已经用得很习惯的垃圾桶，还要接受新的垃圾分类知识和生活方式，可以说是一个除旧纳新的过程。

刘纯在社区动员中，调动了多层次的志愿者，有党员志愿者、大学生志愿者、高中生志愿者和小学生宣传员。而刘纯所组织的大学生志愿者无疑是其中发挥了最重要作用的一支队伍，他们承担了破冰的工作。

最初居民态度十分冷淡，有时甚至十分抵触，让他和队友吃了不少"闭门羹"。刘纯始终保持着继续沟通的耐心，为了建立信任，他主动帮社区的老人提东西，不断地上门，活跃在定期举行的资源回收日活动上。渐渐地，社区居民们习惯了社区里有这样一群年轻人，对垃圾分类也变得不那么抵触。改变居民几十年的生活习惯，形成自主分类的意识，是一个长期的过程，不是一朝一夕就能实现的。

为深入贯彻落实习近平总书记关于垃圾分类工作的重要指示精神，推动全国公共机构做好生活垃圾分类工作，发挥率先示范作用，国家机关事务管理局印发通知，公布《公共机构生活垃圾分类工作评价参考标准》，并就进一步推进有关工作提出要求。从各城市对生活垃圾分类的方法来看，各城市大多是根据垃圾的成分、产生量，结合本地垃圾的资源利用和处理方式等来进行分类的，将垃圾分为可回收物、厨余垃圾、有害垃圾和其他垃圾四大类。

（一）垃圾分类标准

1. 可回收物

可回收物主要包括废纸、塑料、玻璃、金属和布料五大类。

废纸：主要包括报纸、期刊、图书、各种包装纸等。但是，要注意纸巾和厕所纸由于水溶性太强不可回收。

塑料：各种塑料袋、塑料泡沫、塑料包装（快递包装纸是其他垃圾/干垃圾）、一次性塑料餐盒餐具、硬塑料、塑料牙刷、塑料杯子、矿泉水瓶等。

玻璃：主要包括各种玻璃瓶、碎玻璃片、暖瓶等（镜子是其他垃圾/干垃圾）。

金属：主要包括易拉罐、罐头盒等。

布料：主要包括废弃衣服、桌布、洗脸巾、书包、鞋等。

这些垃圾通过综合处理回收利用，可以减少污染，节省资源。例如，每回收1吨废纸可造好纸850千克，节省木材300千克，比等量生产减少74%的污染；每回收1吨塑料饮料瓶可获得0.7吨二级原料；每回收1吨废钢铁可炼好钢0.9吨，比用矿石冶炼节约47%的成本，减少75%的空气污染，减少97%的水污染和固体废物。

2. 厨余垃圾

厨余垃圾主要指厨房产生的食物类垃圾以及果皮等，包括剩菜剩饭与西餐糕点等食物残余、菜梗与菜叶、动物骨骼与内脏、茶叶渣、水果残余、果壳瓜皮、植物的残枝落叶、废弃食用油等。

3. 有害垃圾

有害垃圾含有对人体健康有害的重金属、有毒的物质或者对环境造成现实危害或潜在危害的废弃物，包括电池、荧光灯管、灯泡、水银温度计、油漆桶、部分家电、过期药品及其容器、过期化妆品等。这些垃圾一般单独回收或填埋处理。

4. 其他垃圾

其他垃圾包括除上述几类垃圾之外的砖瓦陶瓷、渣土、卫生间废纸、纸巾等难以回收的废弃物及尘土、食品袋（盒）。采取卫生填埋方式可有效减少其对地下水、地表水、土壤及空气的污染。

▶▶ 拓展阅读

垃圾分类

垃圾分类是对垃圾收集处置传统方式的改革，是对垃圾进行有效处置的一种科学管理方法。通过分类投放、分类收集，既能提高垃圾资源利用水平，又可以减少垃圾的处置量。

如何进行垃圾分类呢？

可回收物扔进蓝色桶。

厨余垃圾扔进绿色桶，经生物技术就地处理堆肥，每吨可生产 0.3 吨有机肥。

有害垃圾扔进红色桶，需要特殊安全处理。

其他垃圾扔进灰色桶。

（二）垃圾分类意义

垃圾分类是垃圾终端处理设施运转的基础。实施生活垃圾分类，可以有效改善城乡环境，促进资源回收利用。应在生活垃圾科学合理分类的基础上，对应开展生活垃圾分类配套体系建设，根据分类品种建立与垃圾分类相配套的收运体系、与再生资源利用相协调的回收体系，完善与垃圾分类相衔接的终端处理设施，以确保分类收运、回收、利用和处理设施相互衔接。只有做好垃圾分类，垃圾回收及处理等配套系统才能更高效地运转。垃圾分类处理关系到资源节约型、环境友好型社会的建设，有利于我国新型城镇化质量和生态文明建设水平的进一步提高。

1. 减少占地

垃圾分类，去掉能回收的、不易降解的物质，可减少超过 50% 的垃圾数量。

2. 减少环境污染

废弃的电池、水银温度计等含有金属汞，会对人类产生严重的威胁；废塑料进入土壤，会导致农作物减产，因此回收利用垃圾可以减少这些危害。

3. 变废为宝

回收 1 吨废塑料，可回炼 600 千克无铅汽油和柴油。回收 1500 吨废纸，可避免砍伐用于生产 1200 吨纸的林木。因此，垃圾回收既环保，又节约资源。

▶▶ 拓展阅读

厨余垃圾变废为宝！桐乡凤鸣街道万户家庭动手做酵素

垃圾分类过程中，如何处理好厨余垃圾一直是道难题，特别是夏季水果和蔬菜的消耗量增加，随之产生大量果皮、蔬菜皮。在桐乡市凤鸣街道，居民自发地将这些厨余垃圾收集起来，将其与糖、水按比例调配后，做成环保酵素，变废为宝，从源头上助力垃圾分类减量。

制作环保酵素难吗？"做酵素的话，只要买点红糖就行了，存放的瓶子是喝完纯净水的空瓶，家家户户都能做。"桐乡市凤鸣街道中心幼儿园园长李爱芳说，将红糖、果皮和自来水按 1∶3∶10 的比例，密封发酵 3 个月，等酵素表面出现一层菌膜后，发酵就成功了。不过需要注意的是，在制作的前一个月，需要每天给酵素放放气。

果皮变身环保酵素，解决幼儿园厨余垃圾的处理难题。如今，酵素培训基地每天处理幼儿园食堂内产生的新鲜蔬菜残叶、多余果皮等厨余垃圾约 35 斤 (1 斤 = 500 克)，真正实现厨余垃圾"零出园"。

制作出来的环保酵素，也派上了大用场。通过幼儿园老师和小朋友的巧手，这些环保酵素被制作成洗洁精、洗手液、洗衣液和肥皂等，用于幼儿园日常的清洗工作。李爱芳笑言，自从有了环保酵素，幼儿园的清洁用品完全可以自给自足。

在幼儿园试点成功的基础上，凤鸣街道通过"1 + 100 + 10 000"的"酵素人家"模式，建起 100 个"酵素人家"，并将环保酵素制作覆盖到了该街道 1 万户家庭。

如今在凤鸣街道，家家户户齐做环保酵素。"接触了环保酵素后，附近水果摊的果皮都被我们承包了，有时候还抢不到呢。"桐乡市凤鸣街道新农村村民陈笑梅说，现如今，他家的果皮、菜叶再也没有出过家门，家里的洗涤产品全是酵素做的，每年能省下数百元的开支。

有了环保酵素后，直接带动街道每年 40 吨的厨余垃圾变废为宝，垃圾减量 20%。凤鸣街道党委书记沈国峰算了一笔账，如果这些垃圾按照传统模式清运处理，处理成本至少要 10 多万元，现在变成环保酵素，不但省了处理费用，还获得了日常的清洁用品。如今，环保酵素已被广泛运用到凤鸣街道的各个场所，还在小微水体水质改善中发挥功效。街道每年环保酵素制作量大约在 5 万升，接下来，凤鸣街道将探索环保酵素的产业化路径，进一步做大这一环保产业。

在桐乡，制作环保酵素已经成为全民参与的新风尚。目前，桐乡已建成 3 个环保酵素培训基地、137 个"酵素人家"推广站和制作点，推广站和制作点每天处理厨余垃圾约 650 斤。

第二节　家庭生活劳动

家庭生活劳动是人生的第一堂劳动课，可以帮助大学生树立正确的劳动价值观。家庭生活包含大量日常生活劳动的内容，做家务的习惯则蕴含着对家务劳动的看法、态度和观念。当前，在部分学生中存在家庭生活劳动能力差、不愿做家务、不喜欢做家务、认为做家务不重要等现象，其主要原因是学生未养成良好的做家务的习惯。习近平总书记指出，"青年一代的理想信念、精神状态、综合素质，是一个国家发展活力的重要体现，也是一个国家核心竞争力的重要因素。"① 大学生要弘扬劳动精神，要积极参与家务劳动，从中学会热爱劳动、崇尚劳动、尊重劳动，让劳动教育成为人生第一教育。

一、古代崇尚劳动的家风

我国自古以来就有重视日常生活劳动能力培养的优良传统，将家庭作为劳动教育的第一场所，例如，"洒扫、应对、进退"就是古代家庭教育的一贯传统。《论语》中子夏曾说过："虽小道，必有可观者焉。"教育是从小处开始的，这是一种见微知著的精神。以"洒扫"为代表的日常生活劳动，是父母与子女间双向的互动与合作，可以教会子女立身处世、待人接物的伦理关系和道德规范。

魏晋南北朝时期，颜之推的《颜氏家训》开创了后世"家训体"的先河。在治家篇中颜之推教育子孙"生民之本，要当稼穑而食，桑麻以衣"，告诫子孙生存之根本在于要自食其力，以种植庄稼的方式来吃饭，以栽种桑麻的方式来穿衣。南宋理学家朱熹认为儿童启蒙之学需要从日常生活的一点一滴做起，在《童蒙须知》中提出儿童教育的主要内容"始于衣服、冠履，次及言语、步趋，次及洒扫、涓洁，次及读书、写文字，及有杂细事宜，皆所当知"。

清朝曾国藩所著《曾国藩家训》被誉为"千古第一家训"，曾国藩治家之道强调"书蔬鱼猪，早扫考宝"八字诀。"家中种蔬一事，千万不可怠忽""子侄除读书外，教之扫屋、抹桌凳、收粪、锄草，是极好之事，切不可以为有损架子而不为也"等家训无一不体现着对清洁与卫生、整理与收纳等日常生活劳动习惯养成的重视。同样，清朝的朱柏庐编写的《朱子家训》开篇便是"黎明即起，洒扫庭除，要内外整洁"，要求家人要早起早睡，从整理收拾屋舍做起，营造一片干净舒适的家居环境。通过长辈以身作则，子女在潜移默化中增强了生活自理能力、提升了家庭责任意识。

日常生活劳动启蒙于家庭，意在使人模仿和同化，是一个人作为家庭成员涉世的生命起点。家务劳动是每个人面对的第一项系统的、需要锻炼才能掌握的技能，在看似简单的洗衣、做饭、扫地、叠被铺床、整理衣橱等劳动中，蕴藏着自身最初的科学设计与规划。比如，做一顿简单的家庭餐就涉及许多需要系统设计与规划的内容，包括时间的规划、食品的采购计划、食物制作流程、食物数量与人口数量的搭配、主食与菜品的匹配等。再比如，收拾卧室时就涉及卧室不同部位打扫顺序的排列、扫地与拖地的先后安排、衣橱里不同衣服的安放区域等。当一个人进行日常的家务劳动，通过反复的练习，将系统规划意识和思维变成一种习惯时，就能将这种思维和意识灵活地迁移到学习、生活、工作等领域中。无论面临任务多么杂乱与繁多的境况，都能处乱不惊，清晰、准确地完成任务，并在完成任务的过程中进一步提升自身的能力。

① 中共中央文献研究室．习近平关于青少年和共青团工作论述摘编 [M]．北京：中央文献出版社，2017：9.

二、家庭生活劳动的内容

家庭生活劳动是家庭成员为了维持正常生活而付出的没有任何经济报酬的劳动，是一种无偿劳动。具体的家庭生活劳动可以分为两类：一是提供给自身最终使用的家务劳动，二是提供给家庭成员的家务劳动。提供给自身最终使用的家务劳动一般包括管理家庭、照料宠物、购物、打理衣物和鞋类、自己动手进行装修维修和小规模修缮、清洁和维修住宅及周围、提供食物以及与供自身最终使用的家庭服务有关的其他劳动等。提供给家庭成员的劳动一般包括向无抚养关系的成年人提供帮助、照顾有抚养关系的成年人、照顾儿童以及与提供给家庭成员的护理服务相关的其他劳动等。

"一屋不扫，何以扫天下。"一个人要承担起推动社会和人类进步发展的重担，首先应该做到修养身心，打理好个人及周边的卫生，为自己和他人创造优美舒适的发展环境。一个人对待生活细节的态度，或多或少能够反映他的工作态度。干净整洁的生活环境能让人的身心得到放松，能获得更多积极的心理体验。要想让自己更自律、更有执行力，不妨从保持房间的整洁开始。

（一）清洁与卫生

清理书桌。整理桌面上的杂物，扔掉一些废弃的物品，把有用的物品放在恰当的地方。用湿抹布擦拭书桌，清除桌面及抽屉的灰尘，保证书桌的干净和整洁。

擦拭衣柜。清除浅色家具表面的污痕：浅色家具很容易被弄脏，只用抹布难以擦去污痕，不妨将牙膏挤在干净的抹布上，只需轻轻一擦，家具上的污痕便会被去除。

清洗门窗。用毛巾蘸啤酒或温热的食醋擦铝合金门窗，可将污垢快速消除掉；铝合金门窗上的积垢，用布或回丝蘸牙膏擦拭，可擦得洁净亮堂；铝合金门窗或镜子上染有油漆，可用棉花蘸松节油、热醋来擦拭。

清洗地板。先用扫帚将地板扫干净，再将拖把浸湿拖 1～2 遍地。对于地板砖接缝处的污垢，可以挤适量牙膏在刷子上，纵向刷洗瓷砖接缝处，然后将蜡涂抹上就很难再沾染上油污了。

▶ 拓展阅读

"扫尘"习俗

从农历腊月二十三日起到除夕为止，民间把这段时间叫作"扫尘日"，北方称为"扫房"，南方把它叫作"掸尘"。这是过年习俗中必不可少的步骤。

据《吕氏春秋》记载，早在尧舜时期，便有了春节扫尘的风俗。特别值得一说的是，扫尘时还是有讲究的，要用稻草和一根比人的身高还长的木棍扎成长扫把，将房子屋梁、墙角的灰尘和蜘蛛网等脏东西打扫干净。然后留下这些稻草，等到除夕夜吃完年夜饭后，点燃这些稻草，供男人们"跳火墩"。按民间的说法：因为"尘"与"陈"谐音，新春扫尘便有"除陈迎新"的含义，就是说人们想用大扫除这个行动，把今年的一切"穷运""晦气"统统扫地出门，期待明年好运降临。这一习俗寄托着人们辞旧迎新、期盼好运降临的愿望。

（二）整理与收纳

整理物品。按照"衣服—书—文件—小物品"的顺序将现有物品进行分类，并给每一样东西设定收纳场所。

整理玄关。第一，收纳好鞋子；第二，把抽纸、墨镜、手套、钥匙等小物件放在收纳盒置于玄关处，以便养成出门时放进包里的习惯，这样就不会落下东西了；第三，在玄关设置挂钩架，平时可以挂上外套、大衣、帽子、围巾、包包等。

整理客厅。客厅是一家人待在一起时间最多的地方，除了沙发、茶几、地毯、餐桌等必备品，放置在客厅里的东西越少越好。电视遥控器、空调遥控器等放入收纳盒中。

整理书籍。把书籍和杂志排序，使用木质书架进行收纳，可以在每个书架上贴标签或按字母顺序排列。

整理厨房。刀、叉、勺、筷是每天使用频率很高的餐具，放入抽屉收纳盒中方便拿取；铲子、漏勺、夹子、小炒锅等日常用的工具，"上墙"是一个很好的收纳方式；微波炉、电饭锅等使用频率高的厨房大件放在平视的位置，方便操作和使用；日常使用频率不太高的面包机、烤箱等物品可以放入收纳柜子里；各类不是天天使用的锅适合放在灶台下面，随手就可以取出；粉末类的调料可以装在收纳箱里，瓶装调料摆放整齐；清洁产品收纳在水槽下面。

整理卫生间。洗面台下面可以用来收纳各种清洁用品，如洗衣粉、洗衣液、洁厕剂、手套等；洗浴用品直接"上墙"。

整理卧室。卧室收纳的重中之重就是衣物收纳。每位家庭成员的衣服不要混放，最好各自都有一个区域；换季衣服、被子放在收纳袋、箱或者柜子里；内衣、领带、腰带、袜子都分类放在收纳盒里会比较好，可以贴上标签；其他的衣服可以先悬挂放置，再根据衣服的材质、大小等进行整理；帽子和包包可以放在置物架上；化妆品和护肤品分别装在不同的收纳盒里，按照整个面部修饰的顺序来摆放化妆品。

此外，隐藏的物品也需要整理，如存放在床底的物品。对于不需要的物品要及时清理和处理。

（三）烹饪与营养

中华饮食文化源远流长、博大精深。现代社会，人们按照自身的需要，根据食品中各种营养物质的含量，设计科学的食谱，使人体摄入的蛋白质、脂肪、碳水化合物、维生素和矿物质等几大营养素比例合理，达到均衡膳食。当代大学生虽然大多在学校食堂就餐，但也应该掌握一些简单的烹饪技巧。

蒸煮米饭。先将水烧开，再放入已淘洗的大米。这是因为自来水经过加氯消毒，水中的氯气会破坏米的维生素B，而水烧开后，水中的氯气会蒸发，从而减少对维生素的破坏。

米和水的比例保持 1 ∶ 2；在大米中加少量食盐、少许猪油，会使饭又软又松；往水里滴几滴醋，煮出的米饭会更加洁白、味香。剩饭重新蒸煮，可往饭锅水里放点食盐，吃的时候口感更好。

煮面条。面条做法很多，家常面条是比较常见的一种。先将西红柿洗净切小块，将卤蛋对半切开；再将菠菜放入沸水中，然后捞出备用；准备好盐、酱油和白胡椒粉等调味品。锅中烧水，待水烧开后放入面条；同时将之前准备好的菠菜和葱切碎，放入碗里。待锅中面条煮熟，先盛入几勺煮面条的水，再把面条夹到碗里，再加入适量的煮面条的水，加入适量调味品并拌匀，最后把切好的西红柿和卤蛋加进去，一碗热腾腾的家常面条就做好了。

炒菜。先按需要将原材料切成片、条、丝、块、丁、粒、泥等多种形态，放好备用。炒素菜的时候，可先倒入油，油热后放入葱、姜、蒜等相应的辅料爆香，再放入菜，让菜上的油沾匀，加入适量的盐，再翻匀，待八成熟时放入其他需要的调味料，起锅前放入味精。荤菜的做法一般比素菜只多两道程序，即将肉切成丝、片或丁，然后用生抽及料酒腌一小会，待油烧热后爆炒至六成熟，盛盘待用；之后的程序与素菜的做法基本相同。

厨房内的安全也不容小觑。比如，切菜的时候要注意用刀安全，防止切伤；煤气和燃气之类的使用要注意通风，养成随手关火、关阀门的习惯。

（四）日常家居修复

家庭住宅因年代、天气和温度等因素影响会出现一些破损，掌握一些基本的维修技巧，不仅可以大大降低房屋的维修成本，还可以提升动手能力，更能增强作为家庭成员的自豪感。一些常用的家居修复技巧有墙面修复、漏水修复、地板修复等。

修补墙面裂缝。用油灰刀（或刮刀，油漆工刮墙皮常用的工具）沿裂缝边切刮一遍除去松散的灰泥和尘土，使灰浆容易牢固，并用刷子扫去裂缝中的灰尘。再用油灰刀把灰浆填入裂缝中，直至把裂缝全部填满，并把多余的灰浆刮去。待灰浆干透后，再用砂纸将修补好的裂缝表面磨平。

修复壁纸出现的浮泡。使用美工刀，在墙纸上割出一个小"X"形。然后掀起壁纸末端，如果下面有黏合剂块，则轻轻地将其刮除。使用刷子在壁纸后面涂上少量的黏合剂，然后按下壁纸即可。

消除家具烫痕。装有热水、热汤的杯盘等器皿，直接放在漆面家具上，会给家具留下一圈白色的烫痕。可用碘酒在烫痕上轻轻擦抹，或涂一层凡士林油，隔两天再用抹布擦拭，烫痕即可消除，最后可再涂一层蜡作保护。

修补实木复合地板裂缝。找一支与地板颜色相近的蜡笔，用蜡笔在缝隙上来回涂抹，直至蜡笔屑将缝隙填满。用刀片将多余的蜡笔屑刮平，保证地板的平整即可。

修补瓷砖脱落。准备好专用的瓷砖胶（瓷砖黏结剂，黏结力为传统水泥砂浆的 2 ~ 3 倍），再将瓷砖背面和四周黏附的砂浆刮净。在瓷砖背面均匀地涂上薄薄的一层瓷砖胶，稍后压紧瓷砖即可黏牢。若瓷砖仅是局部脱落，千万不可用力敲打基础面上的砂浆，以防震松周围原本牢固的瓷砖。

解决水龙头滴水。关闭供水后，卸下在水龙头把手上面或后面的小螺丝，以拆下固定在水龙头主体上的把手。用一个完全相同的新垫圈换掉旧垫圈，将新的垫圈固定到阀芯上，然后把水龙头中的各部件装好。

修复开裂的天花板。一般有两种情况：一种是浇筑的楼板裂了或者预制板两板之间搭接的地方裂了，另一种是吊顶的造型坏了。如果是楼板裂了，需要向物业反映情况，让他们进行修补。如果是预制板两板之间搭接的地方开裂，或者仅仅只是房屋吊顶开裂，可以直接把裂口划开，将缝隙刮开几毫米左右，用腻子填好，再贴一层防裂的胶带或者牛皮纸，刮上腻子、刷上漆即可。

修复暖气熏黑墙面。可以用砂纸磨掉后补漆；为了预防熏黑墙面，可以安装搁板或者盖布，但最关键的是要勤于打扫。

三、家庭生活劳动的意义

2015年4月28日，习近平总书记在庆祝"五一"国际劳动节暨表彰全国劳动模范和先进工作者大会上强调："我们要始终高度重视提高劳动者素质，培养宏大的高素质劳动者大军。劳动者素质对一个国家、一个民族的发展至关重要。劳动者的知识和才能积累越多，创造能力就越强。提高包括广大劳动者在内的全民族文明素质，是民族发展的长远大计。面对日趋激烈的国际竞争，一个国家发展能否抢占先机、赢得主动，越来越取决于国民素质特别是广大劳动者素质。要实施职工素质建设工程，推动建设宏大的知识型、技术型、创新型劳动者大军。"因此，提高劳动者的素质，要从大学生抓起，而家庭生活劳动是人生的第一堂劳动课，做好家务劳动，是树立正确劳动观的开始，也是培养大学生养成良好习惯的起点。

（一）培养逻辑思维能力与动手能力

大学生正值各种学习能力发展的时期，适当的家庭生活劳动有助于锻炼大学生的逻辑思维能力和动手能力。在参与劳动的过程中，大学生面对不同的家务劳动，所要思考的内容和采取的行动都不一样。有的家务劳动可能只是单纯的体力活，主要锻炼大学生的行动力，比如扫地、拖地；有的家务劳动可能既需要大学生的行动力，也需要他们去思考、去发现问题、分析问题并解决问题，比如在从事做饭菜这项家务劳动的时候，不仅要求大学生自己动手去煮饭、炒菜，还要求大学生去考虑做出来的饭菜的可口程度，这就需要他们去思考切菜技术、火候、调料比例等问题。大学生在从事这些家务劳动时，要对结果有所预想，思考完成的方式。在做的过程中遇到或发现新问题，有的能靠自己思考解决，但有的不能，遇到后一情况时需要通过向家长寻求帮助以克服困难和解决问题，最终完成劳动目标。这一劳动过程，一方面锻炼了大学生的分析判断能力和动手能力，另一方面也激发了大学生的求知欲，促进大学生发散思维。

（二）培养独立生活的能力

独立能力是大学生在成长阶段中需要培养的能力，也是让大学生以后能更好地融入社会的一种能力。适当的家庭生活劳动有助于培养大学生的独立性。大学生在从事家务劳动的时候，学会了怎样打扫房间、怎样洗衣服、怎样买菜做饭、怎样修理家电这些必备的生活能力，渐渐能独立生活，不至于踏入社会后生活不能自理。会做家务是一种最基础的生存技能，适当的家务劳动不仅可以帮助大学生养成独立面对问题、不依赖别人的习惯，而且有助于增强大学生的生活适应能力和生活自信心，提升独立和自我管理的能力。

（三）培养责任感与意志力

家庭生活劳动不仅需要参与，还需要持之以恒，这是一份责任，不能半途而废。家务劳动是一种习惯的养成，不是今天做了明天就不做。家务劳动每天都有，大学生应该承担起持之以恒做家务劳动的责任；不仅如此，还应该认真做家务，不能马马虎虎或随随便便。如此一来，家务劳动一方面能够让大学生认识到自己是家庭中不可缺少的一员，和其他家人一样享有责任和义务，需要承担一部分力所能及的家务活，学会分担责任；另一方面，让大学生独立承担家务劳动，可以磨炼大学生的意志力，让大学生在家务劳动中学会坚持和精益求精，在做事时变得坚毅、有韧性。

（四）学会珍惜劳动成果

现在有部分大学生不知道衣服怎么洗、饭怎么做，平时也不注意维护衣服、珍惜粮食，只有当他们亲自劳动过后，才会知道其中的艰辛。比如，当他们洗过衣服之后，才会明白污渍怎么清洗掉、衣服怎样清洗才不会染色和缩水、需要用怎样的洗涤液或怎样的清洁方法才能清洗干净等问题。从此之后，他们不需要家长叮嘱，自己就会养成在日常生活中注意维护衣物整洁的习惯。再比如，当他们花了整整一下午的时间整理房间之后，仍然不能做到像父母那样整理得井井有条时，他们平时就会注意维护房间的整洁，而不用父母整天念叨他们勤收拾、勤整理。因此，只有大学生亲身体验家务劳动，才会明白成果来之不易，才会珍惜劳动成果，才会在日常生活中注意维护，养成良好的生活习惯。

第三节　校园生活劳动

校园是大学生劳动教育的主要场所，也是大学生树立正确劳动观的思想教育基地。日常生活劳动强化于学校，指向劳动的认知习得，是学生作为学校成员明理做人的探究课堂。学校日常生活劳动教育是家务劳动教育在学校的延续与拓展，具有以小见大的功能，即学生通过日常生活劳动教育活动形成劳动的习惯，进而形成人的自觉劳动、热爱劳动的"第二天性"。

一、古代的校园生活劳动

自古以来，我国学校教育就非常重视通过打扫教室、宿舍、学校及周边公共区域等活动培养学生的劳动态度和品格，提出了"自洒扫应对上，便可到圣人事""洒扫中亦具大段学问"等观点。我国古代学校的开办者和管理者还将日常生活劳动教育纳入学规中，使之成为教学计划、教学内容和考核评价条文的重要组成部分。《管子·弟子职》篇是战国时期稷下学宫的学规，其中既有对学生卫生习惯的要求，比如"衣带必饰""颜色整齐"；也有关于教室打扫的详细规定，比如"实水于盘，攘臂袂及肘。堂上则播洒，室中握手。执箕膺揲，厥中有帚"。此后，学规中明确规定学生应该参加主要的日常生活劳动，并使之成为常态。比如清朝学者周凯所订立的《义学规则》中要求所有学生"各拭净自己几案，方读书；别有污秽，随时扫除""每日生徒之值日者，早至学，以水洒堂上，良久，以帚扫去尘埃，以巾拭供桌及师傅几案，务须洁净"。

在科举制度下生活的古代学生，有着考取功名、光宗耀祖的压力，其假期生活远没有当代大学生丰富多彩。而对于一些家境不太好的古代学生来说，得赶紧趁着放"寒假"的时间来"勤工俭学"。例如在明代，一般九月开始，太学生们便急匆匆地往家里赶，备好冬衣后就立刻投入"勤工俭学"的活动中，书画好的学生便在街头摆个书画摊，文笔好的就在衙门口代写公文诉状，以此赚取下一学期的学费。

▶▶ 拓展阅读

管子·弟子职

先生施教，弟子是则。温恭自虚，所受是极。见善从之，闻义则服。温柔孝悌，毋骄恃力。志毋虚邪，行必正直。游居有常，必就有德。颜色整齐，中心必式。夙兴夜寐，衣带必饰。朝益莫习，小心翼翼。一此不懈，是谓学则。少者之事，夜寐早作。既拚盥漱，执事有恪。摄衣共盥，先生乃作。沃盥彻盥，汎拚正席，先生乃坐。出入恭敬，如见宾客。危坐乡师，颜色毋怍。

受业之纪，必由长始。一周则然，其余则否。始诵必作，其次则已。凡言与行，思中以为纪。古之将兴者，必由此始。后至就席，狭坐则起。若有宾客，弟子骏作。对客无让，应且遂行，趋进受命。所求虽不在，必以反命。反坐复业，若有所疑，奉手问之。师出皆起。

至于食时，先生将食，弟子馔馈。摄衽盥漱，跪坐而馈。置酱错食，陈膳毋悖。凡置彼食，鸟兽鱼鳖，必先菜羹。羹胾中别，胾在酱前，其设要方。饭是为卒，左酒右酱。告具而退，奉手而立。三饭二斗，左执虚豆，右执挟匕，周还而贰，唯嗛之视。同嗛以齿，周则有始，柄尺不跪，是谓贰纪。先生已食，弟子乃彻。趋走进漱，拚前敛祭。先生有命，弟子乃食，以齿相要，坐必尽席。饭必奉擥，羹不以手。亦有据膝，毋有隐肘。既食乃饱，循咡覆手，振衽扫席。已食者作，抠衣而降。旋而乡席，各彻其馈，如于宾客。既彻并器，乃还而立。

凡拚之道：实水于盘，攘臂袂及肘，堂上则播洒，室中握手。执箕膺揲，厥中有帚。入户而立，其仪不忒。执帚下箕，倚于户侧。凡拚之纪，必由奥始。俯仰磬折，拚毋有彻。拚前而退，聚于户内。坐板排之，以叶适己，实帚于箕。先生若作，乃兴而辞。坐执而立，遂出弃之。既拚反立，是协是稽。暮食复礼。

昏将举火，执烛隔坐。错总之法，横于坐所。栉之远近，乃承厥火。居句如矩，蒸间容蒸。然者处下，奉碗以为绪。右手执烛，左手正栉。有堕代烛，交坐毋倍尊者，乃取厥栉，遂出是去。

先生将息，弟子皆起。敬奉枕席，问何所趾。俟衽则请，有常则否。先生既息，各就其友。相切相磋，各长其仪。周则复始，是谓弟子之纪。

二、校园生活劳动的内容

校园生活劳动作为劳动教育体系的一部分，是劳动教育理论和实践的有机结合。大学生在学校学到劳动教育知识后，首先应当运用到校园劳动中。校园劳动的内容丰富多彩，大学生在学校里可以通过各种途径实现自己的劳动：可以在课堂上进行自己的劳动，发展劳动健身、劳动技能、劳动艺术等；还可以在课外开展自己的劳动，积极参加教室卫生劳动、寝室卫生劳动、校园内环境卫生劳动、勤工助学和社团活动。总体来说，大学生参加校园劳动可以分为课堂劳动和课外劳动两大板块。

（一）课堂劳动

课堂劳动的主要形式是劳动课。大学生可以在劳动课上参加劳动，提高自己的动手能力，学校劳动课程大致可以概括为劳动健身课程、劳动技能课程、劳动艺术课程和劳动实训课程。

劳动健身课程主要体现在体育课上，动起来的过程也是劳动的体现。大学生可以在课堂上参加跑步、跳高、跳远、跳绳等基础性的活动，增强弹跳力和耐力，以增强劳动体能；还可以参加游泳、体操、各种球类活动等相对有技术含量的运动，可以多方面发展大学生的能力，比如协调能力、应变能力，大学生甚至可以根据这些运动挖掘自己的潜能。

劳动技能课程是对大学生技能的开发，大学生可以在课堂上学习到农业技术、工业技术的相关知识，并且能够通过实践来巩固所学的知识。通过农业、工业体验课的开展，大学生可以亲身体验种植农作物或其他花草植物、养殖家禽或鱼类等小动物、学习操作各种零件和仪器、维修小家电或日常用品等，提高技能与动手能力，为以后进入农场、工厂从事技术类工作岗位打下坚实的基础。

劳动艺术课程能开发学生的艺术细胞，让大学生在劳动中感受到艺术的美、劳动的美。比如，大学生在课堂上可以利用纸张剪出漂亮的图样，可以利用生活废旧物制作出美丽的手工作品，可以展示自己的摄影技术及绘画功底，可以通过针线编织各式各样的毛衣、十字绣、首饰等，这些都是通过劳动创造出来的艺术，能让大学生在劳动中感受艺术、表达艺术及创造艺术。

劳动实训课程是大学生专业学习中的必备课程，很多专业都有实训课程的学习任务。劳动实训课程主要就是针对各自专业开展的实践课，比如会计专业的学生，他们除了日常的知识学习外，最重要的就是要学会做账，熟练的做账能力需要练习，因此，劳动实训课的开展有利于巩固理论课的知识。此外，实训课中对机器设备的清洁与搬放也属劳动的范畴。大学生参加这样的实训课程，既能提高专业知识，又能增强动手能力。

（二）课外劳动

课外劳动可以分为打扫卫生、勤工助学和社团活动。

打扫卫生包括教室卫生、寝室卫生和校园卫生。教室是大学生日常学习的环境，教室的卫生需要班上每一位学生打扫与维护。班级需要制订值日表，每天安排不同的学生进行打扫，共同营造干净整洁的学习环境。寝室是大学生日常生活的环境，大学生的大部分课余时间都待在寝室，寝室就是家，需要共同生活的室友一起维护。只有大家齐心协力，才能让寝室环境好、寝室文化好。校园卫生一般包括公共场所清洁、校园绿化、垃圾分类等。校园这个大环境，需要校园里的每一个人去维护，共同营造。

勤工助学主要包括助研、助教、助管、助维、助卫等。高校普遍设立勤工助学岗位，让大学生在帮助老师处理日常事务的同时，学会热爱劳动、尊重劳动。学生进入实验室给老师当助手，在办公室帮助老师做日常管理工作，在校园里帮助老师维持秩序、检查卫生等，都可以培养大学生树立校园主人翁的意识，进而自觉自愿地参加校园劳动。

参加社团活动也是大学生参与校园生活劳动的重要形式。现在高校的社团组织很多，大学生可以加入生活部，协助学校管理好学生寝室卫生；加入学习部，督促学生按时参加教学活动；加入文体部，带领学生参加各种文体活动，为校增光；加入新闻部，把校园内每天的新闻发布在校园网上，让学生及时了解到学校的发展；加入监察部，检查校园违纪违规行为，杜绝不良风气。总之，参加社团活动，不仅能够丰富学生的课外活动，还可以锻炼学生，使学生增强劳动意识。

三、校园生活劳动的意义

校园生活劳动是大学生参加的主要劳动，学校也是培养大学生树立正确劳动观的主要场所。习近平总书记在全国教育大会上对加强劳动教育作出重要部署，要在学生中弘扬劳动精神，教育引导学生崇尚劳动、尊重劳动，懂得劳动最光荣、劳动最崇高、劳动最伟大、劳动最美丽的道理，长大后能够辛勤劳动、诚实劳动、创造性劳动。校园肩负着加强大学生劳动教育的重要责任，大学生的劳动观是大学生对劳动的根本认知和态度，决定着大学生的劳动价值判断和选择，不仅直接影响大学生在各个阶段的学习，更关系到大学生优秀品德的养成。因此，大学生自觉参加校园生活劳动、接受校园劳动教育有着重要意义。

（一）养成优良的品德

勤于劳动是中华民族的优良传统。作为社会主义的接班人和建设者，大学生应该树立诚信劳动、辛勤劳动的理念，发扬劳动精神，养成热爱劳动、勤于劳动、尊重劳动、诚实劳动、爱惜劳动成果的优良品质。大学生从小就要树立起劳动最光荣、劳动最伟大、劳动最崇高的理念，在学校的教育下，培养正确的劳动观念，同时要把思想道德认识转化为实际行动，进而上升为信念，把热爱劳动、尊重劳动的信念深深根植于心中。大学生只有拥有了优良的品德，才能更好地融入社会，为社会主义建设作出贡献。

（二）学习到更多知识

书本知识相对来说要固定和局限一些，大学生参加劳动，可以让理论联系实践，在劳动实践中去理解理论知识，升华理论知识，把知识学得更加透彻。空谈误国，实干兴邦，大学生只有脚踏实地参与劳动，才能将知识融会贯通。在校园劳动的过程中，大学生能学到很多课本上没有的知识。比如，很多专业课程都配套有实训课程，学生对课堂上老师讲的理论知识能明白，但在实际操作中由于各种因素不能灵活运用，甚至还会遇到课本上涉及不到的一些新问题。因此，只有通过劳动实践，大学生才能够学习到更多、更广的知识，才能够掌握更加完备的技术。

（三）提高综合素质

素质是立身之基，技能是立业之本。大学生素质的提升，对成长成才之路影响重大，而校园生活劳动则能提高大学生的综合素质。大学生在学校，不仅要认真学习科学文化知识，还应该积极参加各种劳动以提高自己的综合素质。在校园劳动实践中，大学生可以培养自己的责任意识、岗位意识、纪律意识、团结合作意识、无私奉献意识，可以增强自信心和集体荣誉感，可以形成良好的品德和行为习惯，这些都有助于大学生综合素质的提高。综合素质是评判大学生全面发展的一个重要表现形式，大学生应积极参加各种校园劳动，以劳育德、以劳育智、以劳育体、以劳育美，让自己成为德智体美劳全面发展的社会主义建设者。

（四）培养艰苦奋斗的精神

中华民族自古以来都是勤于劳动、善于创造的民族，我们能拥有现在的美好生活，是无数劳动者艰苦奋斗出来的。大学生参加校园生活劳动，可以亲身体会劳动的艰辛与不易，也更加能够理解先辈们为了我们现在的美好生活所付出的劳动努力，会更加爱护我们的家园，更加积极主动地参加劳动，为创造更美好的明天而不懈奋斗。因此，大学生要积极参加校园劳动，体会劳动的不易，珍惜劳动成果，杜绝铺张浪费；同时要磨炼自己的耐力，学会在劳动中面对困难、挑战困难、战胜困难，发扬中华民族吃苦耐劳的品质，培养自己艰苦奋斗的精神。

▶ 拓展阅读

开展劳动教育是教育的重要方式

学生在学校适当参加劳动，不应该理解为学校要求学生劳动，而是作为学生所接受的学校教育的一部分。在衡量学生能力的"德智体美劳"五大指标中，学生的劳动技能、劳动素养不可或缺，劳动教育是教育的重要维度。

开展劳动教育，应着眼于培养学生在生活中的劳动技能。"劳动课"不是理论课，与其让教师在讲台上口若悬河，不如放手让学生亲手尝试。当然，教师也不能放手不管，要传授给学生有实践意义的劳动技能，告诉学生劳动技巧和安全防护知识。很多教师只让学生参加劳动，自己却"袖手旁观"，其教育效果显然不及亲力亲为的示范。

开展劳动教育，有利于学生提高协作能力、沟通能力等综合素质，是未成年人社会化的重要方式。很多成年人都有这样的印象，定期轮换值日，或者隔段时间教室大扫除，不仅能维持学习环境的整洁，还能和同学亲密配合、互相协作，甚至可以因此发展友谊。在劳动过程中，很多文化课学习中不会出现的实际问题被暴露，学生通过处理和解决这些问题，实现社交能力的提升与人格素养的健全。

开展劳动教育，过程比结果更重要。学校让学生参加校园劳动，不能出于某种使用"免费劳动力"的心态，以劳动教育的名义压缩学校的运营成本。中小学生毕竟是未成年人，是受教育者，不宜让他们承担过于繁重、存在一定安全隐患的劳动任务。随着社会分工的日益细化，很多劳动要么可以由机器替代，要么更多地由专业人员处理，发动大量学生参加某些非常规劳动不仅费时费力，还平添了不必要的风险。

时代在变，技术在发展，劳动的内涵与表现也在变。比如，生活中洗衣机已经包揽了许多家庭的日常洗衣工作，学校与其让学生手洗衣服，还不如添置几台公共洗衣机。学校开展劳动教育，没有必要抱残守缺，社会也要对不同年代学生的成长特性予以理解。归根结底，劳动技能是服务于生活的，适应时代需求的劳动教育才有生命力。

生活需要劳动，劳动教育关系到学生一生的幸福生活。学生参加校园劳动是劳动教育的主要形式，对此，教育者可以有更大的作为，家长与社会也应当加深对劳动教育的理解，起到支持和鼓励的作用，而不是纠缠于"学生该不该为学校进行义务劳动"这一伪命题。

课后思考

1. 你认为掌握日常生活劳动技能有哪些途径？
2. 谈一谈家庭生活劳动有何意义。
3. 谈一谈校园生活劳动有何意义。

第六章 生 产 性 劳 动

学习目标

1. 熟悉校内外服务技能。
2. 了解校内外实习实训的目的、原则和内容。
3. 掌握创新创业的意义和途径。

案例导入

奋斗成就梦想的"小巨人"——巨晓林

巨晓林，中铁电气化局一公司高级技师，现任中华全国总工会副主席（兼职）。参加工作30多年来，他先后参加了北同蒲线、鹰厦线、大秦线、京郑线、哈大线、迁曹线、京沪高铁、合福客专、石济客专等十几条国家重点电气化铁路工程的施工，创新施工方法98项，创造经济效益1000多万元；先后获得"全国五一劳动奖章""国家级技能大师""全国创先争优优秀共产党员""全国劳动模范"等荣誉，2012年当选党的十八大代表，2014年当选第十二届全国人大代表，2017年当选党的十九大代表。

我国第一条电气化铁路——宝成铁路，宝鸡至凤州段就建在巨晓林的家乡。1987年3月，家住陕西省岐山县祝家庄镇杜城村的巨晓林，得知中铁电气化局集团一公司招收农民工的消息，他辞别亲人来到北同蒲铁路电气化施工工地，成为一名工人。刚上班的时候，只有高中文化程度的巨晓林看着一张张施工图纸和一堆堆叫不出名字的接触网零部件，内心万分迷茫和焦灼。

巨晓林铆足了劲，一定要在铁路接触网这个领域干出点名堂来。他买来《钣金工艺》《机械制图》《电机学》等30多部专业书放在床头。工地转移到哪儿，这些书就带到哪儿，一有机会他就学习。跟他同寝室的工友说："巨晓林每天晚上坚持学习两个多小时。"为了支持巨晓林学习，工班长打破常规，"特批"他的宿舍熄灯时间可以推迟，工友们也自觉地给他创造安静的学习环境。他熟练掌握了接触网工程测量，能够解决接触网施工中的复杂问题，成为全国铁路电气化施工行业出类拔萃的能工巧匠。

1989年夏天，巨晓林和他的工友们在大同铁路工地进行附加线架线作业。这项工作每到一个悬挂点，都要有人上杆，肩扛电线，将其放进滑轮槽里，十分辛苦。巨晓林通过观察和测算，他用一个铁丝套子挂住滑轮，功效提高了两倍。从此，他的工作服口袋里就多了一个小本子，施工中不管碰到什么问题，都随手记下来，一有空儿就琢磨。

1998年，巨晓林参加了哈尔滨至大连铁路电气化改造工程建设。这项工程首次系统地引进了当时具有世界领先水平的德国技术，施工时间十分紧张，按照传统工艺，50天才能完成软横跨安装任务，而指挥部给他们的工期却只有30天。巨晓林带领徒弟，对原工艺进行了技术革新，创造了下部固定绳临时悬吊法，采用新工艺后，提高工效两倍以上，而且安全可靠。经专家组论证后在全线推广，大大加快了施工进度。技术革新搞多了，工友们有什么难题都爱找巨晓林帮助解决，从此，他们送了巨晓林一个外号"小巨人"。

生产性劳动，是劳动价值论的分析基础，属于唯物史观的基本范畴。从劳动的自然形态来看，生产性劳动是指创造物质财富的劳动，如工业、农业、交通运输业、建筑业等行业中的劳动。从劳动的社会形态来看，生产性劳动指体现特定社会生产关系本质的劳动。

随着人工智能时代的来临，生产性劳动不断转型升级，机器代替人的情况越来越普遍，劳动工具、劳动形式、劳动环境、劳动强度等发生了新的变化。部分劳动已被机器替代，但机器不可能完全代替人，特别是一些人机协同劳动、创造性劳动等只能由人来完成。

大学生生产性劳动实践，是指认识性和学习性的、短期参与性的职业岗位劳动。根据教育部印发的《大中小学劳动教育指导纲要（试行）》的精神，大学生生产性劳动实践大致可以分为专业服务、实习实训、创新创业三种。

第一节 专业服务

专业服务主要是指需要专业技能的服务。相对于其他劳动来说，专业服务型劳动更能发挥高校大学生群体的创造力和专业优势。专业服务将高校或社区服务与课程学习相结合，以解决现实中的问题为出发点，促进学生形成正确的劳动价值观，培育良好的劳动素养。高校可开展的专业服务有师生服务、小家电维修、实验设备维护保养、科普辅导、法律援助、义诊等。

一、校内专业服务

（一）师生服务中心

师生服务是以在校学生为工作主体，以服务广大师生为工作宗旨，面向全体师生开放的服务。目前，大部分高校有学生事务服务中心，进一步拓展其职能后，大多已升级为师生服务中心。师生服务中心致力于为全体在校师生提供高效便捷的服务，简化办事流程，同时也为在校学生提供劳动实践和专业服务的机会，让学生在实践中得到有效的锻炼，促进其成长、成才。师生服务中心有一套自我管理、自我运行、自我发展的运作体系和较为完备的规章制度。

1. 工作职能

师生服务中心以"师生至上，服务第一"为指导思想，以全心全意为广大师生服务为工作宗旨，按照"强化教育、科学管理、突出服务"的工作思路，建立一站式师生服务基地，致力于优化育人环境，便于教师发挥职能，促进学生成长、成才。

2. 组织结构和办公场所

师生服务中心下设办公室、综合事务部、就业服务部和财务部，办公场所主要在服务大厅。根据业务内容，服务大厅设有报到证办理、基本业务办理、学生证办理、中国邮政速递、挂号信受理及教师窗口等服务窗口。

3. 工作模式

师生服务中心的工作人员全部为在校学生。每学期开学前，师生服务中心根据工作人员的课表安排工作时间，以便学生既能得到有效锻炼又不影响学业。在日常工作中，师生服务中心会加强对学生的科学管理和持续性培训，以保障服务水平。

4. 业务内容

(1) 咨询服务：针对与广大师生密切相关的事务，提供相应的咨询服务，告知具体的办事流程。

(2) 手续办理：主要指经学院各职能部门授权的各类手续的办理，包括班级签到，请假条发放，考试成绩查询，学生证补办、换办及注销，海报板借用，宿舍调换，考勤表的发放与收回，学院各类通知的张贴与发放，等等。

(3) 特约服务：如英语四、六级准考证发放，计算机考试准考证发放，EMS 文件的收发，学士服借用，毕业生就业协议书收取，报到证发放，等等。

(4) 自助服务：师生服务大厅设有自助服务区域，师生们可以自助上网及查询，还可以自助进行校园一卡通补办、充值和成绩单等证明类材料的打印。可以自助打印的证明类材料有中英文成绩单、中英文学籍证明、均分证明、中英文学历证明、中英文学位证明等。同时，为了便利广大师生，针对一些常用的证明类材料，师生服务中心积极推动电子签章服务的上线使用，广大师生可以直接通过数字门户在线申请及打印。

在师生服务中心工作的成长历程

茆奕威

大一上学期，我刚进入大学校园时，对大学生活的一切还都是懵懵懂懂，在校园中看到师生服务大厅里学长、学姐认真服务的身影，我被深深地吸引了。

在组织招新活动中，我经过层层选拔和面试，终于荣幸地成了师生服务中心的一名正式员工。在加入组织的这一年里，我遇到过许多挫折，如业务办理错误、基本内容不熟悉等。但我没有动摇，经过坚持不懈的努力，终于成了一名合格的员工。

在这一年中，我通过自我学习和参加培训，了解了许多学校的规章制度。在值班的过程中，我努力克服内向的性格，主动询问、倾听同学的问题，并进行相应的解答。遇到困难时，我也会冷静下来，试着自己去解决，并且不断地积累经验，为师生更好地提供服务。给师生们办理业务的工作，提升了我的耐心和责任心。

为全院师生提供服务实属不易，在此过程中我体会到了帮助他人的快乐。不断的实践锻炼不仅提高了我解决问题的能力，还提升了我的劳动素养，使我得以更好地应对老师和同学们提出的问题。这个和谐快乐的组织，磨砺锻炼了我，成了我大学生活中难忘的记忆。

师生服务中心像一个欢乐的"大家庭"，在这个组织中，我们为同事举办生日会，组织春游、秋游等娱乐活动，当有学长、学姐任职期满时，又筹划欢送会。同事们友好相处、互帮互助，拓宽了我的交际圈，使我不仅锻炼了各方面的能力，还认识了许多同学和老师，交到了很多朋友。

今后，我还会和同事们携手共进，致力于为全体在校师生提供高效便捷的服务，并不断提升服务内容和服务品质，营造更好的服务环境，在实践劳动中有效地锻炼自己。

（二）科技服务

1. 小家电维修

在物质充裕、经济飞速发展的今天，人们生活中出现了各式各样的小家电。这些小家电为我们带来了方便，同时也带来了维修和保养的烦恼。为了帮助大家解决生活中的烦恼，具有专业技能的大学生们学以致用，推出了"家电检测维修，共创美好校园"的服务。家电维修小组成员运用自己的专业知识查线路、找元件、换零件等，探讨、分析问题之所在，再拆卸、检测、维修、安装。维修活动面向全体师生，各成员分工明确，相互配合。

小家电维修活动，不但能够为师生们提供帮助，增强学生的动手能力，提高学生的技术水平，而且很好地宣传和发扬了高校学生的服务精神，有助于学生形成正确的劳动价值观，提升劳动素养。

2. 实验设备维护保养

选拔一批优秀的学生协助管理实验室，让他们掌握实验室安全管理制度，熟知各种仪器设备的操作流程及方法，这不仅可以增加实验室技术及管理力量，还为学生科研创新提供了平台，有助于培养学生自主管理的能力。

开展这项工作，要将设备的维护纳入学生的专业学习中，使学生养成使用和维护一体化的好习惯。要将设备的故障检修过程及维修过程作为实验内容之一，让学生根据具体设备现象，学会发现问题，并利用所学专业知识维修设备甚至改造设备，充实实验课内容，解决实验设备的维护、维修问题。

要充分利用实验室的仪器设备资源，加强学生的动手操作能力，发挥实验室仪器集中、人才集中的优势，鼓励开展实验教学和科学研究，提升学生的技能，为学校教学和科研作出贡献。为鼓励实验人员带领学生开展实验教学和科研创新，可以设置专项基金及优秀奖项，以提高工作积极性，营造争优比先的氛围。在此过程中，培养学生的自我管理能力、自我学习能力、沟通协调能力、团队合作精神，使他们真正成为具有良好心理素质和进取精神的有用人才。

（三）新生入学服务

1. 参观校园

秋风送爽，丹桂飘香，在美丽宜人的 9 月，新生带着青春活力、带着对知识的追求和对大学生活的憧憬，迈进大学校园。为了更好地为新生入学提供服务，迎新生服务者会引领新生完成报到程序，热心解答有关学校和课业方面的问题，维持报到现场秩序。

在宿舍楼下，在校生们会主动为新生及家长搬运行李、指引宿舍，并主动为新生讲解每栋功能楼的作用，比如教学楼的位置、图书馆进馆须知、餐厅设置等，他们还会解答学生证、一卡通使用等方面的问题。

2. 新生入学教育

新生入学教育内容丰富、涉及面广，旨在帮助新生更好地适应大学环境，科学规划大学生活，明确学习目标，端正学习态度。

新生入学教育从学习、生活、工作三方面切入，向新生展示丰富多彩的大学生活。来自各个专业、各个年级的在校生代表会分享自己的大学生活，告诉新同学，大学生活虽然精彩纷呈，但不可避免地也会经历挫折、迷茫和低潮，要合理规划自己的人生目标，善于克服困难，善于在坚持与奋斗中找到前进的方向。

（四）党史教育服务

为贯彻落实习近平总书记在党史学习教育动员大会上的讲话精神，做到学史明理、学史增信、学史崇德、学史力行，以党史照亮前行之路，各高校都组织了一系列"党史学习教育"专题活动。为配合学校的工作，学生支部正式党员可以组成服务队伍，组建"党史宣讲团"，为学弟、学妹们宣讲党史。

开展党史教育服务，能帮助学生增强使命感和责任感，使他们以更加昂扬的斗志、更加饱满的热情，投身到各项学习、工作中去，为早日实现中华民族伟大复兴而努力奋斗。

二、校外专业服务

校外专业服务以解决现实中的问题为出发点，将社区服务与课程学习相结合，具有真实性、探索性、创造性的核心特征，是劳动教育实践的重要方面。通过校外专业服务，可以对学生的劳动观念、劳动态度、劳动知识、劳动情感、劳动习惯、劳动技能、劳动体验等施加影响，促进学生全面发展。

（一）体育及科技竞赛服务

高校可以组织大学生参与国家级重大体育活动及科技竞赛活动的服务工作，通过这些服务活动，让学生充分发挥主观能动性，运用学科知识和专业技能，创造性地完成劳动任务，体验完整的劳动过程。

1. 体育竞赛服务

2023 年 10 月 8 日，第十九届杭州亚运会顺利落幕，河北艺术职业学院文化管理系 73 名学子成为亚运会官方酒店志愿服务者，她们以专业而规范的服务和勤恳敬业的奉献精神，圆满完成接待任务，赢得服务对象一致好评。

本次河北艺术职业学院志愿服务团队依托国际金钥匙学院河北文旅分院进行招募。文化管理系 73 名同学通过面试、技能测试等环节的层层筛选加入亚运会志愿服务团队，并于 5 月底启赴杭州、宁波两地共 9 家亚运会官方酒店，为组委会官员、运动员、裁判员等提供专业接待服务工作。河北艺术职业学院志愿服务团队服务者们以饱满的热情、灿烂的微笑，充分展现了大赛东道国的风采，受到了组委会的肯定和赞赏。

2. 科技竞赛服务

2023 年 10 月，石家庄学院 100 多名在校学生作为专业服务者，参与了河北省青年志愿服务公益创业大赛决赛的志愿服务工作。大赛期间，专业服务者承担了各代表队引导牌入场、项目跑旗和重要嘉宾引导，以及重大论坛礼仪服务、颁奖礼仪引导等各项志愿服务工作。其中，有 4 位同学作为导演组成员，近距离观摩和参与了国家级大型活动的组织与执行，积累了宝贵经验。专业服务者们充分展现了自己的风采，保质、保量地完成了各项专业服务工作，受到了大赛组委会的肯定和赞赏。

（二）辅导青少年服务

1. 心理辅导服务

心理辅导服务由大学生组成专业服务团队，深入中小学，通过主题班会的形式展开。主题班会大多选择对青少年心理成长有帮助的主题，如"认识自己""学会信任""宽容""团结""坚韧之美、你我同行""我爱我的祖国""情绪""梦想""心静自然凉"等。

在主题班会中，专业服务者使用青少年感兴趣的方法，寓教于乐，围绕主题，通过互动问答让青少年在轻快的氛围中寻找自己存在的问题，在反思中得到心理成长。

主题班会融知识性、趣味性、参与性和操作性为一体，有利于帮助广大青少年提高自我心理调节能力，形成高尚的品质、人格和情操。

2. 科普辅导服务

当今时代，科学技术飞速发展。面对新科技，青少年们充满好奇。大学生在高校期间掌握了很多科学知识与技能，如果利用业余时间，学以致用，把掌握的科技知识传授给青少年们，就可以让青少年们通过参与丰富多彩的科技体验活动，感受科技的魅力。这有利于拓宽他们的科技视野，培养他们的学习兴趣和参与热情，帮助他们树立起远大的科学理想，从而为国家培养未来的创客人才。

（三）法律援助服务

法律援助是一项扶助贫弱的社会公益事业，也是实践依法治国方略、全面建成小康社会的重要举措。法律援助在保障公民合法权益、发展社会公益事业、践行"法律面前人人平等"原则、健全完善社会保障体系、维护社会主义法治、保障人权等方面有着极为重要的作用。

人们在学习、工作、生活中难免会遇到上当受骗、权益损害等恶性事件，一旦利益受损，没有专业知识的受害人大多不知道如何通过合法途径解决问题、保护自己。大学生法律援助中心就为受害人开辟了一个咨询渠道。

大学生法律援助中心是由法学专业大学生组成的专业服务法律援助团体。它一般受学生处、校团委和社团联合会领导，接受所在区司法局等法律实务部门的指导和监督。它在法学院领导和老师的大力支持与专业指导下，请司法局、法院等实务部门工作人员担任法律顾问，与所在区人民法院、看守所、法律援助中心、消费者协会长期保持工作联系与协作关系。

作为一个由学生组成的专业法律援助团队，各成员运用所学法律知识为大家提供全方位的维权咨询，接受法律求助、提供法律援助，并根据时事热点进行普法宣传等。法律援助服务活动，可以让相关专业的大学生充分发挥主观能动性，创造性地提供专业服务，既能达到劳动教育的目标，同时也可以让需要帮助的人获得有益的法律援助。

（四）义诊服务

义诊属于公益行为，一般指义务为患者诊察疾病，有时也包括施以简单的治疗。医学专业的大学生们可以结合自己的专业知识，在社区开展义诊服务，力所能及地解决当地居民的困惑，并为居民们进行身体检查，如测量血压、检查体温、测定视力等。同时，大学生专业服务者也可以配合社区开展医疗防治方面的宣传教育活动。义诊服务能够促进基层医疗卫生事业健康发展，也能激励医学专业的大学生立志成为一名"知行合一"的优秀医学生。

第二节　实习实训

实习实训是高校实践教学工作的重要组成部分，也是大学生参加劳动实践的重要方式。实习实训作为高校教学的延伸，是让学生把专业知识技能从"知道"转化为"运用"，并帮助学生掌握劳动技能、提升劳动能力的重要手段。因此，高校可以依托实习实训环节组织大学生参加专业实践劳动。

一、实习实训劳动

（一）劳动目标设定

实习实训型劳动的目标一般是由校企双方根据实际需求来确定的。在不同的劳动环境中，劳动的特点不同，因此目标也不尽相同。这就要求学校在编制实习实训型劳动目标时，一定要和岗位提供方开展广泛的论证，以确保目标的可行性。

1. 目标设定的内容和范围

(1) 劳动任务目标：如劳动作业数量指标、劳动作业面积指标、劳动作业时间指标、专业技能熟练度等与专业实习实训课程目标的契合度。

(2) 劳动教育培训目标：如实习实训型劳动教育次数和教育时间、特种作业人员上岗教育培训等。

(3) 劳动检查目标：如劳动检查次数和评价指标等。

(4) 劳动安全目标：如学生劳动内容安全系数评估和意外事故的控制指标等。

2. 目标设定的原则

(1) 可行性原则。所谓"可行"是指劳动目标必须切合实际，要结合学生的体力基础和专业技能基础条件，参照劳动单位历年来的生产统计资料，通过分析论证，确定可以达到的目标。

(2) 综合性原则。制订的劳动总目标，既要保证劳动作业指标的完成，也要兼顾实习实训环节的整个组织过程，以及每个学生的实际情况。不能顾此失彼，而要统筹协调，保证劳动效果。

(3) 可量化原则。劳动目标要尽可能做到具体、量化。这既有利于检查、评比和控制，又有利于调动学生实现目标的积极性。对于难以量化的目标，也应尽量规定具体要求。

(4) 科学性原则。劳动目标必须配备相应的保证措施，明确实现目标的实施方案，充分体现目标管理的科学性。

（二）劳动工具认知

学生参加实习实训型劳动，必须将对劳动工具的认知贯穿在实习实训环节的前期，要让学生熟悉专业所在行业领域的生产加工劳动现场，了解操作一线的基本劳动工具。例如，对于手工劳动工具，学生必须熟悉工具的属性、作用和要点等；对于机械化劳动工具，学生要能熟练操作机械工具的旋转按钮及控制开关等；对于自动化乃至智能化劳动工具，学生要加强操作界面、程序系统、生产管理程序等方面的知识储备，真正做到运用专业所学理论知识进行生产实践设计，完善自身知识结构，提升专业基本技能。

（三）劳动操作规范

规范实习实训型劳动操作，能够有效防范劳动过程中的操作风险。因此，建立完善的实习实训型劳动操作培训体系，对有效降低劳动操作风险很有必要。

一方面，在专业课程教学过程中要有意识地强化业务操作常识的学习。比如，将行业操作章程、技术指标文件、加工精度要求等方面的知识引进课堂，帮助学生熟悉实习实训环节的劳动操作章程。

另一方面，要加大校内实训力度，给学生提供大量的劳动操作训练机会，让学生有机会在校内实训环节中试错并积累劳动经验。同时，引导教师着力培养学生的实践能力，将劳动技能方面的考核作为专业实践课程考核的内容之一，促进学生在实训环节中树立劳动观念，提升自身业务操作技能。

总之，在实习实训型劳动操作中要做到按章操作、守规办理，精进业务技能，合理运用科学知识，有效防范操作失误导致的操作风险。

二、校内实训劳动

校内实训是劳动教育实践的重要平台。根据专业特点，校内实训要尽可能为学生提供劳动教育的实践机会。目前，掌握一项劳动技能已成为满足人们生存需求的基本手段，精进专业化劳动技能更成为人们提升生活质量、追求美好生活的有效路径。下面以理工科、文科、艺术三大类专业为例，分别介绍专业实训劳动实践。

（一）理工科专业实训劳动

理工科专业实训劳动贯穿专业实训教学的全过程。它从帮助学生熟悉各类仪器设备的操作和生产加工管理流程开始，特别强调磨炼工作意志，巩固和深化所学理论知识，培养从事本专业技术、业务、管理等工作所需的基本技能，可以为学生今后参加校外生产实践、就业和成长奠定良好基础。

1.电子信息类专业焊接技能实训

为了让电子信息类专业学生有能力从事半导体产业的相关工作，校内实训环节须开设

"系统实验""电子电路 AutoCAD""电路信号与系统实验""集成电路版图设计""半导体可靠性技术"等课程，这些实训环节旨在让学生熟悉线路板制作的整个程序及工艺要求。在线路板制作过程中，手工焊接是一项典型的专业实训劳动。

随着电子技术的迅速发展，电子产品日趋复杂，贴片元器件(无引线或引线很短的元器件)向精细化发展，表面安装器件本身的体积越来越小，引脚和走线越来越密，印制电路板的尺寸越来越小，对元器件焊接技术水平要求越来越高。这需要学生反复实践，并进行大量的实验测试、严格的技能考核。只有这样，学生才能熟练掌握烙铁、焊锡、元器件引线和铜箔之间的匹配操作技巧，避免虚焊、焊料堆积、焊料过少、拉尖、桥接等焊接缺陷现象。学生在操作训练过程中，既磨炼劳动意志，也不断强化自身的专业实践技能。经过专业实训劳动实践，学生能真正焊接出符合市场需求的线路板，并且从中获得成就感和劳动的快乐。

2. 机械类工程训练

机械类工程训练的课程任务是让学生了解机械制造的一般生产过程，熟悉常用零件的毛坯制造和切削加工方法、所用设备及结构、工夹量具和安全操作等方面的基本知识，了解新工艺、新技术、新设备在机械制造中的应用，具有初步的实践动手能力、创新意识和创新能力等工程技术人员应具备的基本素质。

课程实践涵盖铸造、焊接、车削加工、铣削加工、钳工、数控车、加工中心、特种加工、快速成型及内雕共 10 个环节。其中，钳工是一项典型的专业实训劳动。

在钳工实训中，学生需要掌握简单零件的划线，独立完成锯切、锉切、钻孔、铰孔、錾切、刮削、研磨、攻螺纹及套螺纹实训操作程序，按照图纸加工螺母、螺栓，完成装配及拆卸榔头的实训项目。

学生通过工程训练项目，要学会自主思考、独立操作，养成敬业和精业、自信和执着的劳动品质，逐步形成崇尚劳动、尊重劳动、热爱劳动的价值观。

(二)文科专业实训劳动

文科专业实训劳动，要求在熟练掌握常用办公软件操作的基础上，帮助学生掌握文档材料整理的技能、技巧，磨炼工作意志，巩固和深化所学理论知识，培养文字处理、管理沟通、分析总结等基本技能。

以档案学专业"档案馆实务"课程实训为例，实训环节可以作如下安排。

(1) 学生通过正确分析用户档案需求、档案利用与服务的类型、查档利用的制度与程序，熟悉档案用户接待和档案咨询技巧。

(2) 学生通过了解档案整理与著录的相关概念、档案整理的流程、档案著录的注意事项，逐渐掌握文书档案整理与著录技巧。

(3) 学生通过整理工程基建档案、AutoCAD 图纸，逐渐掌握工程档案分卷与整理技巧。

(4) 学生通过了解纸质档案数字化的目的，实际操作打印机、复印机、扫描仪等档案扫描设备和一些图像处理软件，如 AutoCAD 等，逐渐掌握档案扫描与图像处理技术。

(5) 学生通过了解档案检索系统操作、库房馆藏结构解析、各类档案装具操作使用、档案进馆上架流程，逐渐掌握档案检索与库房管理技巧。

(6) 学生通过大量参与档案文献编研、地方档案史志编研、机构沿革大事记编写、档案展览，熟悉档案编研技巧和要点。

（三）艺术类专业实训劳动

艺术类专业实训劳动，要使学生在掌握专业技能的基础上，接受传统文化熏陶，产生对传统手工艺精神的认知和认同。

以产品设计专业"手工染织（扎染、蜡染）"实训课程为例，该实训围绕扎染和蜡染工艺展开。扎染、蜡染是相当古老的印染工艺，其中，扎染是指在织物上运用扎结成绺（或缝纫）浸染技艺印染花纹的工艺；蜡染则是指在布匹上绘图涂蜡、染色、脱蜡、漂洗。

该实训课程旨在通过扎染、蜡染实训劳动，让学生了解民间传统手工印染过程，熟悉扎染、蜡染图案的艺术风格、表现形式、工具材料、制作工艺流程等。在实训过程中，学生通过手工劳动创作图案，形成自然晕纹、洇浸、泼溅、渗透、淡入或淡出的艺术效果，据此提高欣赏工艺美术作品的能力，激发对祖国工艺美术的热爱。

三、校外实训劳动

校企合作是开展校外实训劳动的重要途径。高校通过与企业、社区、工厂等开展合作，让学生走进工厂、基层、社会，参加一线生产、一线劳动，帮助学生拓展劳动知识，提升劳动技能，为今后步入社会做好职业准备。在校外实训过程中，学生能够通过劳动实践更加深刻地认识劳动的价值与意义，具备更为正确的劳动态度和劳动价值观。高校要依托校外实践教学资源，建立起稳定的合作关系，有计划、有组织地开展校外实训劳动。

（一）企业生产一线顶岗劳动

许多企业需要大量的一线操作工人，大学生既有较为丰富的文化知识，又有灵活的头脑，经过短期培训，一般都能胜任单一手工工种的重复操作。让大学生以普通劳动者身份参加企业生产实践，将学到的专业知识应用到具体工作中去，可以激发大学生投身专业一线劳动的热情，坚定大学生从事专业领域工作的信心和决心，厚植爱国主义情怀。

这里以石家庄晶显电子科技有限公司校外实习劳动为例。石家庄晶显电子科技有限公司与高校建立合作关系已超过 20 年，平均每年向高校提供近 100 个实习岗位，接收学生到公司进行专业实习劳动。公司有完备的培训体系，涉及公司级、部门级、岗位级三个岗前培训级别。学生一般进入液晶显示屏生产车间和石英晶振生产车间从事生产岗位一线工作。根据企业生产的实际情况，中途也可能进行岗位轮换。公司从安全、管理、品质、技术、制造等多方面对学生进行综合培养，让学生树立安全第一的生产观念，并跟着正式员工体验生产一线操作劳动，帮助他们加深对本专业相关知识的理解和认识。

（二）园艺类专业劳动

这里以河北一森园林绿化工程股份有限公司专业劳动为例。河北一森园林绿化工程股份有限公司是一家具备完整产业链的专业化园林企业，旗下拥有众多园林绿化基地，可提供拔草、修剪灌木等劳动实践岗位，一次可接纳劳动实践学生数百名。

学生进入该公司后，首先进行岗前培训，学习种植养护、园艺、美学等知识，再由拥有多年园艺管理经验的师傅传授经验，现场示范操作。

实习初期，学生通过修剪灌木等劳动，加强对高枝剪、落地剪、双剪、锯子等劳动工具的熟练使用，并积累灌木修剪常识，如明确剪枝要剪哪里扦插成活率才高、怎样用锯子最省力等，用实际行动锻炼解决问题的思维能力。

实习后期，学生应用专业知识，独立完成翻挖土地、调配土壤、培土、育种、防治病虫害、育苗移栽等园艺项目，强化专业核心业务能力、研究能力和适应能力，为后续从事园艺工作打下必要的基础。

第三节　创新创业

青年是国家和民族的希望，创新是社会进步的灵魂，创业是推动经济社会发展、改善民生的重要途径。青年学生富有想象力和创造力，是创新创业的有生力量。2015 年 5 月 13 日，国务院办公厅印发《关于深化高等学校创新创业教育改革的实施意见》，要求落实立德树人根本任务，坚持创新引领创业，创业带动就业，主动适应经济发展新常态，深化高校创新创业教育改革，强化创新创业实践。

一般而言，创新创业是指基于技术创新、产品创新、品牌创新、服务创新、商业模式创新、管理创新、组织创新、市场创新、渠道创新等方面的某一点或几点创新而进行的创业活动。创新是创新创业的特质，创业是创新创业的目标。它既不同于单纯的创新，又不同于传统的创业，其核心在于创业活动中是否具有创新因素。

对于大学生生产性劳动实践来说，学而优则用，学而优则创。高校要顺应"大众创业、万众创新"的新势态，搭建校内创新创业平台，开设创新创业课程，组织开展创新创业实践活动，让学生们在"学中做"、在"做中学"，努力培养学生的创新精神和创业能力。这是实现大学生劳动教育目标行之有效的重要举措。

一、创新性劳动

劳动是人类社会生存和发展的最基本条件，也是人维持自我生存和自我发展的唯一手段。而创新是以新思维、新发明和新描述为特征的概念化过程，是劳动的基本形式，是劳动实践的阶段性发展。在人类社会发展过程中，石器被青铜器取代，青铜器被工业机械取代，雕版印刷术被铅字印刷术替代，铅字印刷术被计算机胶印印刷术替代等现象，都表明创新劳动在人类社会发展中具有非常重要的意义和价值。社会的进步，科技的发展，让当代的每一位大学生都能深深地感受到大数据、人工智能、云计算、移动互联网、物联网等科技创新给社会生产和生活带来的重要影响。社会各行业的劳动者都有能力从事创新性劳动，他们的创新性劳动对社会的经济发展产生着巨大影响。也就是说，人类社会在劳动中通过物质准备与经验积累来创造社会财富，在创新性劳动中得到发展、走向未来。

（一）创新性劳动的概念

简单概括，创新性劳动就是创造性的劳动，即通过人的脑力劳动萌发出技术、知识、思维的革新，从而高效提升劳动效率、产生社会财富或成果的劳动。

创新性劳动的表现形式是技术、知识、思维的革新。通常我们所提到的人们的自主劳动、高科技含量劳动和成果回归等劳动，都应该属于创新性劳动的范畴。当今，创新性劳动的价值已经得到充分弘扬和尊重，中国已进入通过脑力劳动、技巧劳动、知识劳动等创新性劳动带动人类发展与进步的时代，而劳动内容和形式的变化与进步，也说明了创新性劳动在时代发展中的价值。劳动方式在改变，社会在进步，创新性劳动所体现出的内涵与社会价值将更加明显。

中华人民共和国成立 70 多年以来，创新性劳动的价值和意义得到了党和国家的重视，也得到了社会的认可：倪志福创造了"三尖七刃麻花钻""张百发青年突击队"创造了一专多能的"多面手"快速施工经验、王选"汉字印刷术的第二次发明"等事例，都展示了工人阶级创造的伟大力量，体现了创新性劳动的时代精神，鼓励着人们开展更多的创新性劳动。

与一般重复性劳动相比，创新性劳动具有以下四个特点。

(1) 创新具有挑战性。创新意味着挑战，创新就是在原来的基础上实现新的改变，"想别人不敢想"地突破旧的技术、知识、生产的过程，其本身就是对一般性重复劳动进行挑战。

(2) 创新具有风险性。创新就是颠覆已有的、树立全新的，因此创新存在着极大的不确定性，而这种不确定性就是风险，创新的风险性意味着开展创新性劳动之路从一开始就荆棘丛生。

(3) 创新具有革命性。创新的基础是继承，是对已有事物的改革和革新，是从思想到方法的一种深刻的变革，具有革命性的特征。

(4) 产品具有无形性。创新性劳动生产的商品是知识商品，这些知识商品表现为新的观点、新的理念、新的技能、新的创意等，没有特定的物质表现形式，具有无形性的特点。

（二）创新性劳动的意义

创新性劳动具有以下意义。

(1) 创新性劳动标志着社会文明和社会进步。创新性劳动可以使社会财富实现快速增长。劳动内容和形式的变化与进步是社会文明和社会进步的重要标志，体现了创新性劳动在时代发展中的进步价值。

(2) 创新性劳动促进了社会生产力不断发展。工业经济时代，社会财富以算术级数增加；知识经济时代，社会财富以几何级数增加。知识经济时代，知识成为生产力发展的最主要和最直接的推动力，其动力源泉在于创新性劳动推动了知识的加速更新和新知识的运用，进而促进生产力的更大发展。

(3) 创新性劳动推动了劳动者自身素质提升。创新性劳动通过创造满足人们需要的新使用价值，推动了整体社会生产力的发展，也推动了劳动者自身素质的全面提升。新时代劳动价值的表现形式，正在从传统的"出大力，流大汗""苦干加实干"向"知识型、创新型、技术型"，并能为国家创造经济效益和社会效益的方向转变，这对劳动者自身素质提出了更高的要求。

(4) 创新性劳动是培养创新型人才的重要途径。创新是一个在好奇心的驱使下、具备独立思考能力的人完成的创造，因此，创新型人才最关键的能力在于具备独立思考的能力。高等教育的重要目标是培养大量创新型人才，通过创新性劳动实践过程，培养受教育者独立思考的能力，这不仅满足了创新型人才培养的需要，还能使教育目的本身实现还原。在高校学习期间，大学生接受各种形式的创新性劳动教育，并参与创新性劳动实践的过程，就是在不断提高自己的知识能力、思维能力和技术能力，从而提升自身的创新和创造能力。

（三）创新性劳动的分类

创新性劳动有多种类型，一般包括以下四个方面。

(1) 科学创新劳动。这种劳动是通过进一步认识客观事物来获得新知识的创造性劳动。

(2) 技术创新劳动。这种劳动是通过探索更简便的方法、思想和手段来节约空间和时间、能源和资源、精力和体力的创造性劳动。

(3) 产品创新劳动。这种劳动是通过创造与设计新的使用价值来满足个人和社会新需求的创造性劳动。

(4) 人力创新劳动。这种劳动是使人自身得到全面发展的劳动，其主要包括学习及与教育相关的劳动。

二、科技活动

（一）科技活动的概念

科技活动指所有与各科学技术领域（自然科学、工程与技术科学、医药科学、农业科学、人文与社会科学）中科技知识的产生、发展、传播和应用密切相关的系统的活动。它包含两个方面的含义：第一是具有科学技术活动的性质，即这些活动必须集中于或密切关系到科技知识的产生、发展、传播和应用；第二是所涉及的领域有明确范围，即这些活动是在自然科学、工程与技术科学、医药科学、农业科学、人文与社会科学领域内进行的。

大学生要有着追求新知识和新科学的愿望，积极踊跃参加科技活动，不断培养学习的主动性和创新性、科技创新能力和创新精神、独立思考问题的能力和科学的思维习惯，不断提高勇于创新、勇于实践的能力。

（二）科技活动的分类

科技活动分为三类：研究与试验发展活动、研究与试验发展成果应用活动和技术推广与科技服务活动。

1. 研究与试验发展活动

研究与试验发展活动，是指在科学技术领域，为增加知识总量（包括人类、文化和社会方面的知识，以及运用这些知识去创造新的应用）而进行的系统的、创造性的工作。研究与试验发展活动的基本要素：创造性、新颖性、运用科学方法、产生新的知识或创造新的应用。只有同时具备这四个要素，该科技活动才能称为研究与试验发展活动。

在上述要素中，创造性和新颖性是研究与测验发展的决定因素，运用科学方法则是所有科技活动的基本特点，产生新的知识或创造新的应用是创造性的具体表现。

2. 研究与试验发展成果应用活动

研究与试验发展成果应用活动，是指为使试验发展阶段产生的新产品、材料和装置，建立的新工艺、系统和服务，以及做实质性改进后的上述各项能够投入生产或在实际中运用，解决所存在的技术问题而进行的系统的活动。研究与试验发展成果应用活动这一分类只用于自然科学、工程与技术科学、医药科学和农业科学领域，其特点是：目的是将试验发展的成果用于实际解决相关技术问题；运用已有知识和技术，不具有创新成分；成果形式是可供生产和实际使用的带有技术、工艺参数规范的图纸、技术标准、操作规范等。

研究与试验发展成果应用不包括建筑、邮电、线路等方面的常规性设计工作，但包括为达到生产目的而进行的定型设计和试制，以及为扩大新产品的生产规模和新工艺、新方法、新技术的应用领域而进行的适应性试验。

3. 技术推广与科技服务活动

技术推广与科技服务活动，是指与研究、实验发展活动相关并有助于科学技术知识的产生、传播和应用的活动。它包括：

(1) 为扩大科技成果的适用范围而进行的示范推广工作；

(2) 为用户提供信息和文献服务的系统性工作；

(3) 为用户提供可行性报告、技术方案、建议及进行技术论证等的技术咨询工作；

(4) 自然、生物现象的日常观测、监测，资源的考察和勘探；

(5) 有关社会、人文、经济现象的通用资料的收集，如统计、市场调查等，以及对这些资料的常规分析与整理；

(6) 对社会和公众的科学普及；

(7) 为社会和公众提供的测试、标准化、计量、质量控制和专利服务 (但不包括企业为进行正常生产而开展的这类活动)。

（三）学校的科技活动

科技活动是科技教育的一种重要形式，是每一个学生都值得经历和体验的一种学习方式和实践机会。它能使学生打破学科界限、改变知识存储方式、运用所学知识去解决相关的问题。学校的科技活动面向全体学生，能够更好地培养和激发学生的科技创新意识。

学校的科技活动主要分为国家级的竞赛项目，省、市、县一级的竞赛项目，学校的科技活动三个层面。一般来说，其中内容最丰富、形式最多样、最具有个性化的活动是学校的科技活动。因此，学生要重视并积极参与学校组织的有目的、有意义的科技活动，如"走进企业""走进科技馆""走进高新技术基地"等科技活动。

三、创新创业劳动

（一）创新概述

1. 创新

创新是指以提出有别于常规或常人思路的见解为导向，利用现有的知识和物质，在特定的环境中，本着理想化需要或为了满足社会需求而改进或创造新的事物、方法、元素、路径、环境，并能获得一定有益效果的行为。

2. 创新思维

创新思维是指以新颖独创的方法解决问题的思维过程。这种思维能突破常规思维的界限，以超常规甚至反常规的方法、视角去思考问题，提出与众不同的解决方案，从而产生新颖、独到、有社会意义的思维成果。

（二）创造和创新创业

1. 创造的概念

创造是指将两个或两个以上概念或事物按一定方式联系起来，主观地制造客观上能被人普遍接受的事物，以达到某种目的的行为。因此，创造的最大特点是有意识地对世界进行探索性劳动。

2. 创新创业的概念

创新创业是指基于技术创新、产品创新、品牌创新、服务创新、商业模式创新、管理创新、组织创新、市场创新、渠道创新等方面的某一点或几点创新而进行的创业活动。创新是创新创业的特质，创业是创新创业的目标。创新强调的是开拓性与原创性，而创业强调的是通过实际行动获取利益的行为。因此，在创新创业这一概念中，创新是创业的基础和前提，创业是创新的体现和延伸。

3. 常见的创业模式

(1) 网络创业。网络创业主要有两种形式：网上开店，在网上注册成立网络商店；网上加盟，以某个电子商务网站门店的形式经营，利用了母体网站的货源和销售渠道。

(2) 加盟创业。加盟创业指分享品牌金矿，分享经营诀窍，分享资源支持，采取直营、委托加盟、特许加盟等形式连锁加盟，投资金额根据商品种类、店铺要求、加盟方式、技术设备的不同而不同。

(3) 兼职创业。兼职创业指的是在工作之余创业，如教师、培训师可选择兼职培训顾问，业务员可兼职代理其他产品销售，设计师可自己开设工作室，编辑、撰稿人可朝媒体、创作方面发展，等等。

(4) 内部创业。内部创业指的是在企业的支持下，有创业想法的员工承担企业内部的部分项目或业务，并且和企业共同分享劳动成果的过程。这种创业模式的优势是创业者无须投资就可获得很广的资源，这种树大好乘凉的优势成为很多创业者青睐的方式。

(5) 团队创业。团队创业指的是具有互补性或者有共同兴趣的成员组成团队进行创业。如今，创业已非纯粹追求个人英雄主义的行为，团队创业成功的概率要远高于个人独自创业。一个由研发、技术、市场融资等各方面组成的优势互补的创业团队，是创业成功的法宝，对高科技创业企业来说更是如此。

(6) 大赛创业。大赛创业即利用各种商业创业大赛，获得创业资金资助，如 Yahoo、Netscape 等企业都是从商业创业竞赛中脱颖而出的。我国连续六届的"互联网＋"大学生创新创业大赛已成为项目转化落地获得投资支持的平台。

(7) 概念创业。概念创业即凭借创意、点子、想法创业。当然，这些创业概念必须标新立异，至少在打算进入的行业或领域是个创举，只有这样，才能抢占市场先机，才能吸引风险投资商的眼球。同时，这些超常规的想法还必须具有可操作性，而非天方夜谭。

对于在校大学生而言，无论是否创业，都应充分了解和认识创业的模式，从实际出发、从需求出发，懂得选择合适的模式进行创业。

4. 创新创业大赛

(1) 中国创新创业大赛。中国创新创业大赛是由科技部、财政部、教育部、国家网信办和中华全国工商业联合会共同指导举办的一项以"科技创新，成就大业"为主题的全国性创业比赛。大赛秉承"政府主导、公益支持、市场机制"的模式，既有效发挥了政府的统筹引导能力，又最大化聚合并激发了市场活力。

为落实党中央、国务院提出的大众创业、万众创新的重大部署，深入实施创新驱动发展战略，中国创新创业大赛聚集和整合各种创新创业资源，引导社会各界力量支持创新创业，搭建服务创新创业的平台，弘扬创新创业文化，激发全民创新创业的热情，掀起创新创业的热潮，打造推动经济发展和转型升级的强劲引擎。

(2) 全国大学生创新创业大赛。2018 年 11 月 25 日，首届"能源·智慧·未来"全国大学生创新创业大赛在青岛西海岸中国石油大学（华东）举行。来自北京大学、清华大学、上海交通大学等 91 所高校的 220 个参赛项目入围全国总决赛。军用太阳能节能环保空调、节能型城市概念车、太阳能浮岛水体净化装置、新能源预测系统……一件件作品创意十足，体现了大数据、云计算、人工智能等新一轮工业革命重点领域的前沿趋势和最新成果。

(3) 中国"互联网+"大学生创新创业大赛。中国"互联网+"大学生创新创业大赛，又称"互联网+"大学生双创大赛，大赛旨在深化高等教育综合改革，激发大学生的创造力，培养"大众创业、万众创新"的主力军；推动赛事成果转化，促进"互联网+"新业态形成，服务经济提质增效升级；以创新引领创业、创业带动就业，推动高校毕业生更高质量的创业就业。

5. 创新创业实践平台

时代在发展，大学生的教育也在逐渐完善。我国各大高校均开设了创新创业课程。然而仅有课程是不够的，没有一个相应的实践平台，学生所学的知识在没有实践的情况下无法进行演练。高校创新创业平台主要分校内实践平台和校外实践平台。

(1) 校内实践平台。校内实践平台基于校内创新创业的尝试，可以将理论变成现实，达到学以致用的效果，在培养学生创新意识、增强实践能力、加强团队合作等方面具有重要的作用。因此，高校应该注重校内实践平台的建设。首先，构建学生实验室，在虚拟公司的形式下有效组织具有创业潜力、对创业感兴趣的学生，让他们在虚拟公司中担任不同的角色，通过实践操作感受创业时期的整个流程。其次，在现有校内实训基地、模拟岗位工作室的基础上建设实习实训场地，让学生通过实习充分掌握新技术、新工艺，从而具备充足的专业知识、掌控实践操作技能，在了解社会需求的基础上不断完善自己，为今后的工作奠定基础。再次，建设创业园区，高校在原有人力资源、先进技术和设备的基础上，采取一站式服务政策，不断引进创新企业，对具有创业意向的学生给予场地、资金上的支持，从而实现创业园区的建设。最后，基于教师的指导，学生可以构建各种形式的创业工作室，这样学生可以在自身兴趣爱好、所学专业的基础上将创业意识落实到实践，真正做到学以致用。创业工作室作为创业教育平台，不仅是创业的基本形式，更是学生创业教育常态化的重要体现。

(2) 校外实践平台。高校的创新创业教育应该与校外创意产业基地相融合。首先，实现项目与课堂的融合。在创新创业教育过程中，高校应该充分发挥创意产业基地的作用，加强课堂教育与创业实践之间的相互融合。此外，创新创业教育应该打破以往的教学模式，在项目切入的基础上开展实践教学，为学生提供实践机会，对实践成果予以评价。其次，线上与线下融合。高校应该在创意产业基地平台的基础上，大力整合创新创业的理论课程教学，对其展开创业文化引导，在提出创业想法、创办企业的形式下，增强创新观念，最终变成可以实际操作的教学资源。高校应该以创意产业基地为载体，基于学生开展模拟创业实践、创业集市等实践活动，帮助学生建立创业公司及工作室，形成线下、线上的沟通渠道，进而提升学生的创新创业能力。

（三）创新创业劳动的价值

创新创业劳动的价值包括以下几点。

(1) 提升大学生综合素质，提高社会适应能力。

创新创业具有一定的风险性、挑战性，因此大学生通过创新创业活动能够增强风险意识、抗压能力，锻炼独立和自立的意识，提高妥善处理危机和困难的应变能力，同时锻炼学生的组织领导能力、沟通协调能力，从而塑造良好的心理素质，提高学生适应社会的能力。

(2) 促进大学生主动学习，完善知识结构。

创新创业劳动是综合性很强的劳动，学生的创新创业思想往往源于某专业领域或者生活中的具体问题，而解决的方案往往需要多个领域的知识，需要懂得市场、了解需求，需要知晓财务、懂得运营，需要带好团队、懂得管理，等等。大学生要做好这些，就需要主动学习，主动完善自己的知识结构，这对于学生的快速成长意义重大。

(3) 培养大学生创新能力，激发劳动创造力。

创新精神、创业意识是当代大学生必须具备的个人素质。创新是一个民族的灵魂，是一个国家兴旺发达的不竭动力。大学生通过创新创业，能够全面提升自己的想象力、提出问题和解决问题的能力、处理信息能力、整合能力、设计和实验能力等创新能力，这些能力的培养将对大学生的未来发展产生深远影响，对于发掘大学生潜能、激发创造力价值巨大。

四、创新创业教育

（一）创新创业教育的意义

创新创业教育以培养具有创业基本素质和开创型个性的人才为目标，不仅仅是以培育在校学生的创业意识、创新精神、创新创业能力为主的教育，而且是要面向全社会，针对那些打算创业、已经创业、成功创业的群体，分阶段分层次地进行创新思维培养和创业能力锻炼的教育。创新创业教育本质上是一种实用教育。

1. 顺应社会发展需求

要想实现社会的快速发展，离不开国家的创新，政府应该大力构建创新型国家，并且坚持大众创业、万众创新的原则，在此基础上，我国众创形式逐渐崛起。作为培养复合型人才的重要阵地，高校不能只沉浸在教学、科研的世界中，还应该充分了解社会需求，激发学生的创新创业意识，只有这样才能促进院校的创新发展，与社会接轨，在激烈的市场竞争中占据有利地位。

2. 创新高职院校育人模式

高职院校的根本任务是为社会培养综合型、复合型人才，最终的目的是保障学生的高效就业。所以，高职院校应该创新教育模式，实现对学生创业意识、创业能力的教育，在与社会、企业合作的基础上，使创新创业教育模式向多元化的方向发展，从而将其变成育人模式中至关重要的一部分，最终实现高职院校育人模式的创新。

3. 培养更加优秀的人才

在高职院校中开展创新创业教育，不仅能够培养学生的创新思维和创业意识，还能增强学生的创新创业实践能力。总之，创新创业教育在培养学生专业能力方面具有重要的作用，有利于提升学生的心理素质和专业素质，是增强学生综合素质的重要渠道，能够为社会培养更加优秀的人才。

4. 减轻学生就业压力

学生的就业率是检验高职院校教学、管理水平的重要手段，更是家长、学生、社会所关注的重点。而创新创业教育模式不但能够提高学生的就业能力，还能减轻学生的就业压力，对提升学生的就业率具有重要意义。

（二）创新创业与劳动教育相结合的必要性

1. 充分认识劳动教育和创新创业教育的融入关系

从顶层设计看，两类教育的融入要有科学合理的政策依据、制度体系、保障措施。从实际实施看，两类教育的融合要遵循教育教学规律，符合教育教学要求。从效果评价看，两类教育的融入要得到社会、企业的反馈和认可。

2. 新时代创新型人才培养的要求

教育与生产劳动相结合是马克思主义经典论述。著名教育理论家和实践家苏霍姆林斯基始终坚持：教育教学要与生产劳动相结合。联合国教科文组织在北京召开的"面向21世纪教育国际研讨会"上首次提出了"创业教育"的概念并指出"创业能力完全是从做中学来的，因此必须改变学习方式"。可见，创新创业教育概念的提出是基于"劳动"这一基本观点，这也对创新创业教育与劳动教育相结合提出了根本要求。

从教育内容和教育目标来看，劳动教育和创新创业教育具有内在统一性，都是为培养综合素质全面发展的开创型人才进行的教育活动。将劳动教育融入创新创业教育，不仅能为大学生综合素质的提升提供一种实践途径，也能为大学生树立正确劳动观、价值观提供方向保证和精神动力支撑。

3. 实现"以劳创新"的重要举措

创新创业教育中，劳动扮演着重要的角色：完善人才培养体系，体现德智体美劳的全面发展教育，促进精益求精的敬业风气，推动劳动光荣的社会风尚。要做到"以劳创新"，需要把劳动教育摆在人才培养的重要位置，明确劳动教育目标，采取有效措施，强化推动部署，将劳动教育贯穿创新创业教育教学全过程，不断提高劳动教育的工作水平。高校有必要在创新创业教育中融合劳动教育体系，形成更完善的人才培养体系，提高人才培养质量。将劳动教育与创新创业教育相融合，能够丰富高校创新创业教育的教学内容。

（三）创新创业与劳动教育结合的途径

创新创业与劳动教育结合的途径主要有以下几条。

(1) 培养创新精神，树立创业意识，激发劳动创造力。

大学生作为受教育程度较高、思维活跃、接受新鲜事物能力较强的社会群体，富有极强的创造性和创新精神，有较强的自觉性、能动性和敏锐性，也有巨大的潜力和强烈的创新愿望。通过在创新创业教育中融入劳动教育，大学生更能选定适合自己的学习方式。创新创业教育离不开劳动教育的正确引导。大学生通过创新思维正确认识自己，培育创业意识，发掘自我潜能，提升创新创业能力，从而创造出劳动价值、个人价值和社会价值。

(2) 丰富创新人才培养方案，使人才培养更具活力。

要将劳动教育与创新创业教育融合并贯穿人才培养的整个过程，融入校园文化当中。高校在设置人才培养方案时，应将劳动创新能力、劳动创业意识的培育作为教育的目标之一。劳动教育融入创新创业教育当中是一项复杂的系统性工程，高校要引导学生关注社会新动态，内部各部门要整合出台相应的配套措施，做到定期沟通，与时俱进，同各职能部门协调联动；同时，更要发挥高校与家庭、社会、政府协同育人的新优势，加强劳动和实践育人。

除此之外，在培养目标上，高校必须对全体大学生渗透劳动教育观念，在教学课堂和校园特色文化的双重影响下，形成学习和实践双向互动的教学模式，构建劳动教育融入创新创业教育的人才培养体系，使课程更有针对性，培养过程更具活力，激发学生的无限潜能。

(3) 完善"创新创业 + 劳动教育"的课程设置，提升学生实践能力。

劳动情怀是对劳动饱含的深厚感情，培育学生感受"劳动最光荣、劳动最崇高、劳动最伟大、劳动最美丽"的情感是劳动教育中不可或缺的重要内容。在创新创业教育中，一方面，需要引导大学生努力学习科学文化知识；另一方面，还需要教育他们坚定理想信念、培育劳动情怀，自觉把人生理想、家庭幸福融入国家富强、民族复兴的伟业中。劳动课程是育人的基本途径，在劳动教育与创新创业教育的融合过程中，除了要增强学生的劳动意识、植根学生的劳动情怀，更要有的放矢地通过"创新创业 + 劳动教育"体系，提升高校学生的实践能力。

(4) 围绕创新创业实践活动，促进学生全面发展。

劳动教育的内容具有实践性特点，而创新创业教育从根本上说是劳动实践。在创新创业实践过程中，学校通过课内教学实践、课外活动实践、校外实习实践三种形式，培养学生的创新精神、创业意识和创新创业能力，增强学生的劳动意识，提升学生的劳动能力。

① 课内教学实践。教师有效利用实践教学课，加强实操实训等体现劳动技能的课堂教学活动，立足"劳动"的学生的创新创业类科研立项，提高立项率。

② 课外活动实践。学校鼓励学生通过各种课外活动来增强劳动意识，获得劳动能力，让学生尊重劳动者、理解劳动平等；在深入开展大学生创新创业工作中，扩大学生的劳动参与度，鼓励学生参与社会劳动实践；在寒暑假和实践周让学生下基层参与生产劳动、参观实训基地，鼓励学生利用专业特点，参与讲述劳动者的故事，弘扬劳动精神。学校开展

各类创新、创业训练计划等实践活动，让学生在实践中体验劳动带来的收获。学校还可成立学生创新创业相关社团，举办创新创业讲座、路演等活动，培养学生的劳动观念。

③校外实习实践。学校鼓励学生参加创新创业项目、志愿服务、暑期社会等实践活动，培养学生"真抓实干、埋头苦干"的劳动习惯。

(5) 搭建创新创业与劳动教育融合平台，推动多方协同发力。

在创新创业教育与劳动教育相融合的过程中，要加强高校与企业、劳模共同育人的模式，建立融合平台。首先，促进高校与企业的产学研结合，引导企业将研究机构设立在高校，为学生提供劳动实践机会，将劳动教育融入其中。其次，发挥企业中劳模作为创业导师的优势，凭借其丰富的人生经验和工作经历，为在校大学生开设劳动教育课程，树立榜样形象。最后，利用劳模所在企业与高校共同搭建的平台资源，可以将教学实践场所延伸到校外，结合社会需求开展劳动创新创业项目的实践活动等，更好地推动多方协同合力，实现实践育人。

(6) 加强培育"双师型"教师队伍，提高对学生创新劳动的指导力。

加强"双师型"教师队伍建设。一方面，要加强教师劳动教育和创新创业教育结合的理论知识培训，建立指导教师培训机制。同时，组织教师到企业挂职锻炼，鼓励教师参与社会行业的劳动及创新创业实践。美国高校往往鼓励众多教师投身到社会服务当中，让教师与社会和社区保持良好的关系。对于我国高校来讲，其实就是让教师投入社会劳动过程中，或者聘请具有劳动经验的社会人士作为教师，在高校建立一支劳动教育和创新创业教育相结合的综合型师资队伍。另一方面，积极聘请优秀企业家和优秀创业者等担任兼职创业导师，聘请全国劳模担任德育导师，在创新创业指导中发挥劳动教育的榜样引领作用。此举既能让社会劳动教育与高校创新创业意识相结合，培养学生的劳动能力，又能让学生更好地汲取社会经验，成为社会需要的创新型高素质人才。

💡课后思考

1. 你参加过哪些生产性劳动？有哪些收获？
2. 你希望在实习实训中得到学校哪些方面的帮助？
3. 你认为参加创新创业大赛需要具备哪些能力？
4. 如何提升创新创业能力？

第七章 服务性劳动

学习目标

1. 了解勤工助学岗位。
2. 熟知志愿者的权利与义务。
3. 熟知社会实践的途径。

案例导入

感动中国人物——徐本禹

徐本禹，中共党员，1982年出生在山东聊城一个贫困的农民家庭。父亲是一名小学民办教师，母亲在家务农。1999年，徐本禹考入华中农业大学。大学期间，他端过盘子，扛过书架，做过家教，也受到过许多好心人的帮助。大学四年，徐本禹用自己的奖学金和生活补助资助了5名贫困学生。

徐本禹做家教时偶然看到一篇对贵州"岩洞小学"的报道，这改变了徐本禹的人生轨迹。大三暑假，他和4名志愿者来到当时没有通水、没有通电、没有通路的贵州省大方县猫场镇狗吊岩村的为民小学支教，原计划两周的支教最后变成了两个月。返回母校后，他常常接到来自为民小学的信，孩子们的惦念让徐本禹感到了被需要。

2003年7月，徐本禹高分考上母校公费研究生，但他一直牵挂着贵州的孩子们。经过再三考虑，他决定放弃读研究生的机会，重返贵州支教。华中农业大学对他的这一决定非常支持，破例为他保留了两年研究生入学资格。

重返贵州后，徐本禹先到为民小学支教一年，接着又来到条件更加艰苦的大水乡大石小学支教一年。

通过学习马克思主义劳动观，我们能够正确看待不同劳动方式，认识不同的劳动种类和社会现象。在我们的社会生活中存在着多种工作类型，其中就有其价值无法用劳动报酬来衡量的服务性劳动。大学生服务性劳动内容种类多样，包括勤工助学、志愿服务和社会实践劳动。大学生服务性劳动作为奉献劳动的高级形式，不仅能给他人生活与劳动注入新的价值和意义，还可以使大学生逐渐将公益精神内化为思想道德素质，成为融会贯通社会主义核心价值观的重要途径。同时，服务性劳动能够培养大学生勤劳节俭、关心他人、热爱集体、珍惜劳动成果的良好品质。

第一节　勤工助学

勤工助学由学校统一组织和管理，它一方面是资助家庭经济困难学生的有效途径，另一方面是提高大学生综合素质、培养大学生劳动技能、促进大学生劳动教育落地开花的重要形式。勤工助学型劳动实践，可以帮助学生树立正确的人生观、价值观，摆脱"等、靠、要"的心理，树立起自立自强的劳动精神。

一、高校勤工助学概述

（一）高校勤工助学的概念

勤工助学活动是指学生在学校组织下利用课余时间，通过劳动取得合法报酬，用于改善学习和生活条件的实践活动。它是学生资助工作的重要组成部分，是提高学生综合素质和资助家庭经济困难学生的有效途径，也是实现全程育人、全方位育人的有效手段。勤工助学活动应坚持"立足校园、服务社会"的宗旨，按照学有余力、自愿申请、信息公开、扶困优先、竞争上岗、遵纪守法的原则，在不影响正常教学秩序和学生正常学习的前提下有组织地开展。

（二）高校勤工助学的特点

1. 资助性

高校设立勤工助学的岗位是为了给贫困生提供一些勤工助学的机会，使贫困生通过勤工助学获得一定的报酬。学校通过这样的方式，可以缓解贫困生的经济压力。

2. 业余性

勤工助学是指学生在学习之余，通过自己的劳动获得一定的报酬。因此，学生勤工助学的主要时间是课余时间和节假日。

3. 育人性

勤工助学为学生提供了体验生活的舞台以及锻炼、实践的机会，同时也缓解了学生的经济压力。勤工助学可以促进学生学习的积极性，培养学生积极劳动、勤俭节约、吃苦耐劳、自强自立的优秀品质。

4. 有偿性

勤工助学可以让学生通过劳动获得一定的报酬，因此，学生可以通过勤工助学来达到缓解自身经济压力的目的。

（三）勤工助学用人单位的权利与义务

1. 用人单位权利

(1) 用人单位可根据需要设岗，在学校规定范围内自行招聘、选用学生。

(2) 对上岗学生进行岗前培训、教育、管理、考核。

(3) 根据学生岗位的工作量、工作时间及劳动表现确定工资标准。

2. 用人单位义务

(1) 合理设置岗位，安排工作时间，不得占用学生的上课时间。

(2) 组织学生开展必要的勤工助学岗前培训和安全教育，同时要注重培养学生热爱劳动、自强不息、创新创业的奋斗精神，增强学生综合素质。

(3) 为学生提供良好的安全劳动条件和环境，不得让学生从事违法的、危险的、不适宜的劳动，保证学生的身心健康。

(4) 公平、公正、公开地进行岗位招聘，实事求是地介绍单位情况及工作内容。

(5) 客观公平地对学生进行考核，确定劳动报酬的标准。

(6) 不得克扣、侵占学生的合法报酬，不得虚报学生的劳动报酬以挪作他用，违者将追究法律责任。

（四）学生的权利与义务

1. 学生权利

(1) 通过参加勤工助学活动获得相应的劳动报酬。

(2) 免费获得勤工助学相关信息及相关培训。

(3) 拒绝参加有毒、有害和危险的生产作业以及超过身体承受力、有碍身心健康的劳动。

(4) 在发生劳动争议或者合法利益受到侵害时得到合理保护。

(5) 参加各类勤工助学奖项的评选。

2. 学生义务

(1) 学生在勤工助学活动中应服从安排，遵守用人单位的规章制度及勤工助学协议的条款，工作认真，责任心强。

(2) 学生应根据自己的学习情况参加勤工助学活动，合理安排工作时间，不得以参加勤工助学活动为由旷课、逃课。

(3) 学生在勤工助学活动中，应爱护办公设备、公共设施，讲文明、讲礼貌，诚实守信，树立良好的大学生形象。

(4) 在勤工助学活动中，学生不得参与有损学校、大学生形象及有违社会公德的活动，不得从事任何形式的非法经营活动。对于在勤工助学活动中有违反纪律、破坏公物者，用人单位有权立即停止其勤工助学活动；对于给单位造成严重损失者，追究其法律责任。

二、高校勤工助学岗位设置

（一）高校勤工助学岗位设置原则

(1) 学校应积极开发校内资源，保证学生参与勤工助学的需要。校内勤工助学岗位设置应以校内教学助理、科研助理、行政管理助理和学校公共服务等为主。按照每个家庭经济困难学生月平均上岗工时原则上不低于 20 小时为标准，测算出学期内全校每月需要的勤工助学总工时数 (20 工时 × 家庭经济困难学生总数)，统筹安排、设置校内勤工助学岗位。

(2) 勤工助学岗位既要满足学生需求，又要保证学生不因参加勤工助学而影响学习。学生参加勤工助学的时间原则上每周不超过 8 小时，每月不超过 40 小时。寒暑假勤工助学时间可根据学校的具体情况适当延长。

(3) 不得组织学生参加有毒、有害和危险的生产作业以及超过学生身体承受能力、有碍学生身心健康的劳动。

(4) 各单位按需设岗。同时，安排勤工助学岗位应优先考虑家庭经济困难的学生，对少数民族学生从事勤工助学活动，应尊重其风俗习惯。

（二）高校勤工助学岗位类型

(1) 固定岗位是指持续一个学期以上的长期性岗位和寒暑假期间的连续性岗位。

(2) 临时岗位是指不具有长期性，通过一次或几次勤工助学活动即完成任务的工作岗位。2018 年 9 月，教育部、财政部公布了《高等学校勤工助学管理办法 (2018 年修订)》，明确规定将大学生参加校内勤工助学临时岗位的时薪，从 2007 年的不低于 8 元 / 小时提高到不低于 12 元 / 小时。

（三）高校勤工助学岗位的要求与职责

1. 专职辅导员助理岗位

(1) 每周随机检查本年级全体学生宿舍一次，检查本年级同学的夜不归宿情况，防止夜不归宿事件发生。将检查结果详细记录、登记造册并存档 (同时要有电子版记录档案)。

(2) 每周检查本年级学生宿舍卫生一次，督促学生养成良好的卫生生活习惯，为创建文明宿舍打下坚实基础。将每周检查结果详细记录、登记造册并存档 (同时要有电子版记

录档案)。

(3) 每两周从本年级各班班长处收集本年级各班考勤情况一次，并制成电子版考勤簿，进行存档。

(4) 主动了解和收集本年级学生的实际困难，对于确需解决的特殊困难应尽快向辅导员老师反映，以便辅导员老师能及时掌握情况，尽快给予解决。

(5) 每学期的假期 (寒、暑假) 对本年级学生的夜不归宿情况、宿舍卫生状况、存在的问题和解决办法等写一份调查研究报告。

(6) 完成辅导员交办的其他工作任务。

2. 学生工作办公室岗位

(1) 打扫整理学工组办公室的环境卫生，打水烧水，做好学工组办公室的后勤保障工作。

(2) 文明接听办公室的电话，能自己立即处理的事情立即处理；不能自己处理的，根据情况分别向学工组老师电话汇报，并按老师的安排进行处理。学工组老师不在的情况下，要将接听电话、汇报联系及处理情况在工作日志中进行记录。

(3) 文明接待外来老师和学生，对于本院老师安排的工作要尽快解决。对于来本院问询的老师、学生要文明礼貌，能简单回答解释的问题立即回答解释；不能回答处理的，联系学工组老师处理。学工组老师不在时，要将来访老师、学生的问题及处理情况在工作日志中进行记录。

(4) 做好学校和学院之间、学院各部门之间的文件传送、接收工作。

(5) 爱惜办公用品，不得损坏。熟练使用办公室软件。

(6) 完成院学工组老师交办的文字输入工作和其他工作任务。

(7) 及时主动地了解本院学生的思想动态、掌握同学们关心的热点问题和特殊困难，经常向学工组老师进行汇报。

3. 奖惩助贷中心岗位

(1) 负责并指导各年级贷款工作助理做好全院学生与贷款相关的工作 (每学年国家银行贷款和学校诚信贷款的填写、每学年银行贷款借据的填写、毕业班学生还款确认书的填写等)。每学年组织全院贷款学生至少做一次主题活动 (内容为诚信教育、感恩教育、贷款知识竞赛等)。

(2) 做好每次贷款工作的信息录入和资料存档工作 (要有纸质和电子档案)，并根据学生贷款情况的变化随时进行修订。

(3) 通过各种渠道与已毕业学生进行有效联系，做好全院已毕业贷款学生联系方式的汇总工作。每季度末主动与校勤工助学中心联系，了解本院贷款学生的违约情况，指导各年级贷款工作助理做好违约学生的联系和催缴工作。将每季度本院违约学生的名单及联系催缴情况登记造册并存档 (同时要有电子档案)。

(4) 收集掌握全院贫困生情况，对全院贫困生的详细情况进行分类归总，建立本院贫困生档案 (电子版)。每学期对贫困生档案进行更新 (获奖情况、助学金情况、受资助情况、贷款情况、勤工助学情况、学习情况等)。结合勤工助学情况,建立本院勤工助学工作档案,按学年存档保存并负责维护。

(5) 每学期初做好本院勤工助学学生上学期的考核总结工作,汇总上学期本院学生勤工助学书面总结材料 (要有上岗单位负责人签字的学期考核意见),将纸质材料归类存档;整理勤工助学书面总结材料的电子版,进行归类存档。

(6) 每学年组织本院全体勤工助学学生开展一次主题活动。宣传本院勤工助学工作的典型事例,对贫困生开展宣传教育工作。

4. 就业办公室岗位

(1) 了解并掌握本届毕业生的就业政策,熟悉本年级学生的基本情况,主动了解并掌握本年级保研、考研、签约和未签约学生的就业意向等。

(2) 对来学院了解情况的就业单位老师,应礼貌接待,并尽快和辅导员老师取得联系。

(3) 协助整理、分编毕业生档案资料,协助组织毕业生填写相关表格。

(4) 协助毕业班辅导员上传下达国家及学校相关就业方针、政策,及时反映毕业生的困难和要求,做好老师和学生联系的桥梁。

(5) 熟练使用电脑,做好老师交办的文字材料录入、整理和校对工作。

(6) 完成领导、老师交办的其他工作任务。

(7) 完成学院领导、老师交办的其他工作任务。

5. 办公室保洁岗位

(1) 每周按要求至少彻底打扫两次办公室,每次打扫时应拖地板,并将地面打扫干净。

(2) 打扫办公室时,应将办公室的计算机、桌椅、柜子、门窗等打扫干净,物品摆放整齐。

(3) 打扫卫生时,应爱惜办公室的物品、花木等,经常为花木浇水。

(4) 打扫卫生时,若发现桌椅、门窗、日光灯等有损坏的情况,应在发现当天及时向院办公室报修。

(5) 按负责老师的要求,定期打扫学院会议室、报告厅等。

(6) 完成负责老师安排的其他工作。

6. 宿舍管理员岗位

(1) 深入本院学生宿舍,及时、主动地了解同学们的思想动态,掌握同学们关心的热点问题和焦点问题;经常向辅导员老师反映所了解的情况,使辅导员老师能有针对性地做好工作,防止各类突发事件的发生。

(2) 主动了解本院学生的实际困难,对于确需解决的特殊困难应尽快向辅导员老师反映,以便辅导员老师能及时掌握情况,尽快给予解决。

(3) 每周至少巡查一次本年级全体学生的宿舍,了解并记录学生宿舍的安全、秩序、卫生等情况,及时发现、消除宿舍楼内的治安、消防隐患和学生违纪违规苗头,并及时报告辅导员。防止学生夜不归宿,留宿外来人员,在宿舍内饮酒、存放酒瓶和管制器械等情况的发生,将抽查情况记入工作日志并把主要问题、隐患及时上报辅导员。协助辅导员老师及时做好对学生违纪情况的调查、处理和教育工作。

(4) 在日常的学习生活中，主动了解本院学生的心理问题，将了解到的本院学生的心理问题及时向辅导员老师汇报，以便老师能有针对性地开展工作。

(5) 每学期对本年级学生的思想状况、关心的热点和焦点问题、学生的心理状况及存在的实际困难、需要解决的问题等向辅导员老师提供合理化建议。

(6) 完成辅导员老师交办的其他工作任务。

7. 计算机网络维护员岗位

(1) 学习掌握计算机、网络方面的相关知识，能对计算机、网络方面的简单故障进行排除。做好学院服务器、院办和学工组办公室计算机的维护工作。

(2) 熟练掌握并使用常用操作系统、办公室软件和网页制作软件。

(3) 策划并制作学院网页，定期进行改版工作。

(4) 维护本院网页的正常运行，保证网页内容的更新和逐步完善，提供及时的院内信息，宣传学院工作进展。

(5) 妥善保管各种上网软件、资料及文档，以便于定期检查、更换有故障的软件。妥善管理学院网络维护工具及其他物品。

(6) 对网络服务器的各种设施定期检查并记录，及时发现问题并上报学院办公室。

(7) 爱护机房设施，厉行节约，不得擅自带领无关人员开启网络服务器，注意防火防盗。

8. 新闻采写助理岗位

(1) 主动了解并熟悉国家、学校对在校大学生的相关政策，注意大学生关心的热点和焦点问题。

(2) 熟练掌握新闻稿件的撰写方法及新闻采访的原则和程序，对新闻工作要充满热情。

(3) 能使用相机、办公室软件等现代新闻采访与写作工具。

(4) 了解和掌握学院网络新闻、校广播新闻、校报、学生处网络新闻等的投稿和用稿程序，并主动和以上单位建立密切联系。

(5) 按负责老师的要求，对学院教师、学生每天发生的重要活动，以及学院的教学科研工作等进行新闻报道。

9. 图书馆助理岗位

(1) 协助整理、分编学院资料室的图书档案资料。

(2) 熟练使用计算机，配合完成文字材料的录入、整理和校对工作。

(3) 负责资料室内的清洁卫生，保证书架上的图书摆放整齐有序，每周至少拖地板一次，擦拭书架一次。

(4) 爱护保养办公设施，厉行节约，注意防火防盗。

(5) 负责图书的修补工作 (贴磁条、补条码、补写索书号等) 及学生图书遗失后的赔款工作。

(6) 负责做好当天归还图书的整理及送库工作。

(7) 配合做好新书上架、整架、倒架、二线图书的下架、书库管理、新生入馆教育及服务指导等工作。

10. 计算机机房维护岗位

(1) 负责学院学生机房所有计算机及相关设备的日常维护工作。

(2) 负责学院学生机房清洁卫生的打扫工作，保证机房地面干净，桌椅摆放整齐、桌椅面无污物，符合卫生保洁常规标准。

(3) 协助机房教师做好学生机房管理及开放的相关工作，协助教师保证相关课程的正常进行。

(4) 爱护保养机房设施，厉行节约，不得擅自带领无关人员进入机房上机，注意防火防盗。

(5) 遇有特殊情况，如因生病请假或参加集体活动外出而无法完成任务时，必须提前告知机房负责教师，说明情况，由机房教师做好安排，不得擅自委托他人进入机房做相关工作。

(6) 学习掌握计算机、网络相关知识，研究计算机、网络的维护；具有较强的计算机操作知识和能力，具有较高的计算机、网络知识水平；能处理计算机方面的一些简单故障和问题。

11. 科研竞赛助理岗位

(1) 学习刻苦认真，成绩优良，具有较强的责任心和奉献精神。对所参加竞赛的学科非常关注并有浓厚的兴趣。

(2) 申请参加某一学科竞赛并被批准后，能抽出相当时间进行学科竞赛参赛知识研究，积累相关知识。

(3) 积极寻求专业老师的指导，在自己准备参赛的前提下，积极发动身边对该学科竞赛有兴趣的同学一同进行研究并参赛，给别的参赛同学提供热情帮助。

(4) 以自己和身边参赛同学对学习科学文化知识的拼搏精神，感染和带动其他同学努力学习，形成努力探索、钻研科学文化知识的良好氛围。

(5) 积极寻求专业老师给予指导和帮助，并在专业老师的指导下有针对性地开展学习和研究。对所研究的科研项目或论文有了初步框架后，向院勤工助学领导小组提交开题报告。开题报告应包括科研项目或论文的题目、该科研项目目前的发展状况及有关研究成果、自己打算研究的方向、要达到的目标或要取得的成果、进展计划、自己的知识结构、知识积累情况、指导教师等。

(6) 开题报告批准后，立即进行科研论文的撰写和研究工作，如果遇到知识上的难点、论文的格式或研究的方向等问题，应积极向专业老师请教，寻求老师的指导和帮助。

(7) 阅读国内外期刊，学习和研究相关内容及其论文格式，熟悉投稿、用稿的程序。

暖心过大年——学校为百余名留校学生提供勤工助学岗位

2021年寒假不少学生选择了留校。为了丰富留校学生的假期生活，让同学们度过一个充实而有意义的寒假，中国农业大学以立德树人为根本，以学生需求为导向，面向留校学生开展勤工助学活动，精心设计，认真组织，主动联系校内相关部门，专门开辟了多个寒假勤工助学岗位，为100余名留校学子提供了丰富多样的勤工助学机会。

当你拨通心理咨询热线的电话时，总有一个声音耐心听你诉说；在校园巡逻、门卫值守、保卫校园一方安全方面，你都可以看到他们敬业的身影；新年礼包派送的路上，有他们暖心的祝福；年夜饭的操前忙后，也少不了他们的辛勤付出……心理咨询、招生热线、安全保障、就业服务、资助关怀、新春慰问，他们在参与校园管理的过程中提升自我，在服务他人的奉献中温暖过年。对于同学们来说，这个年注定是特别的。让我们走近他们，听一听他们的收获和体会，听一听他们的新年心声。

学生资助管理中心行政助理李同学："因为要准备毕业设计，在学校可以充分运用优质的学习资源和学习条件，所以我选择了留校。为了丰富假期生活，我在学生资助中心勤工助学，和小伙伴们协助老师处理一些事务，帮助同学们解答一些问题，参与学校春节慰问的各项筹备工作。勤工助学让我学到了不少的实用技能，还能挣一份工资，补充了生活费。"

后勤保障处楼宇管理助理王同学："刚刚进入大学校园近半年，我体会到许多未曾体验过的经历。作为一名大一学生，大学的第一个寒假就留校过年，说实话作出这样的决定我是有过纠结的，毕竟也会想家、想自己的家人，身边的同学都是不顾一切也要回家过年。在留校的日子里，我没有虚度时间，报名了后勤保障处东区宿舍管理中心楼宇管理助理，每天的工作让我十分充实。跟着宿管中心的老师去各个宿舍楼巡视、导出数据、监督刷卡进出情况，让我了解到宿管工作人员平日重要而琐碎的工作；后来跟着中心安保部的老师对校园各个宿舍楼的消防、供电等设备进行了巡查，去到了平日在学校中完全没有注意过的角落，也感受到我们平日安定生活的背后有着一群人的默默奉献。除了在校园中巡视，在办公室的文案工作也十分丰富，协助梳理各个岗位的工作流程，撰写新闻稿以及初拟后勤部学生投诉处理办法及流程……在各种工作中，不仅熟悉了在我们背后默默付出的宿管工作，还加强了自己书写新闻文案、人际交往的能力。在这个假期，勤工俭学工作让我学会了很多，同时丰富了自己的生活，让这个第一次离家的春节更有意义。"

开展勤工助学型劳动实践，设置校园志愿奉献劳动岗位，鼓励学生结合个人特长和兴趣爱好参与校园美化、图书资源采编、大型活动服务等校园公益岗位工作，并通过课外学分、评奖评优、志愿时长认定等形式给予学生奖励，有利于形成人人劳动、我爱劳动的勤工助学氛围，能够帮助大学生树立劳动最光荣、劳动最美丽的劳动精神，帮助大学生养成良好的劳动意识和劳动习惯，提升大学生的劳动技能，起到劳动育人的作用。同时，勤工助学也是大学生从学校向职场过渡的一个重要的中间环节，不仅能够帮助大学生完成学业，还能够提升大学生的工作能力。

第二节   志愿服务

志愿服务是社会文明进步的重要标志，是培育和践行社会主义核心价值观的有效载体。党的十八大以来，习近平总书记高度重视志愿服务工作，强调要大力弘扬奉献、友爱、互助、进步的志愿精神。《中共中央　国务院关于全面加强新时代大中小学劳动教育的意见》明确提出，支持学生深入城乡社区、福利院和公共场所等参加志愿服务。以志愿服务活动推进劳动教育的探索，对于培养德、智、体、美、劳全面发展的社会主义建设者和接班人具有重要意义。

一、学生组织服务育人

（一）学生组织概述

学生组织是在教育单位内由学生组成的，接受学校党委领导、团委指导的，自我服务、自我提高、自我管理、辅助教学的组织。目前，高校学生已逐渐步入"00 后"阶段，多元化和个性化的特点，为传统的学生组织注入了新鲜活力。新形势下，丰富多样的学生组织形态，在一定程度上要求高校在管理、教育、服务工作等方面转变传统的方式方法。通过学生组织发挥积极作用，让学生自我服务、自我管理、自我教育，已成为高校劳动育人工作中的重要内容。

（二）学生组织服务育人的目的与意义

(1) 能够起到高校学生管理工作"润滑剂"的作用。学生组织植根于不同的学生群体中，大部分成员是优秀学生干部，在学生中扮演着"意见领袖"的角色。它们能够及时发现学生中出现的问题，并将"民意""民情"汇总上报给学校行政管理部门，它们发挥着学生工作"晴雨表""润滑剂"的作用，是学校与学生、学生与教师、学生与学生之间相互沟通的纽带。

(2) 能够作为高校学生管理工作的延伸和补充。高校管理部门在实际工作中，面对学生群体多元化、多样化的特点往往存在局限性，无法面面俱到满足学生的所有诉求。学生组织来自学生群体，贴近学生日常生活，相较于高校行政管理部门更接地气。它们了解学生的所需所想，能够客观、及时地反映学生群体的诉求。学生组织能够根据学生反映的实事、要事，通过发表意见、提出建议、协商对话等方式，向高校管理部门提供建议，帮助学校精准地为学生提供各类服务和指导。因此，学生组织实际上是在学校与学生之间搭起了一座沟通的桥梁。

(3) 有助于推动高校行政部门转变职能。健全、完善的学生组织承接着高校的部分职能，它们在不同层面发挥着组织优势。通过它们，学校行政管理部门可以经常听到学生的呼声；当学校、教师与学生发生矛盾冲突时，它们也能多方协调，起到缓冲剂的作用。事实上，学生组织在学校、教师、学生三个环节实现了良好沟通，融洽了校园氛围，提高了学生对高校的认同感和归属感。从高校层面来看，学生组织能够减少行政部门对学生工作的"过度干预"，使得管理部门能够从一些烦琐的、重复的、机械的学生事务中解放出来，实现高屋建瓴的宏观管理，将更多的精力投入关心学生成长、成才的教育中。

(4) 有助于提高各行政部门的工作效率。学生组织作为大学生思想政治教育和高校学生工作的得力助手，具有提供学生服务、上传下达、规范行为等多重作用。它们组织参与高校的管理与服务，能够有效打破各行政部门间的工作壁垒，给各行政部门适当增压，提高其工作效率。另外，作为管理育人中"看不见的手"，学生组织可以与高校形成管理、服务的合力，成为高校行政管理的有效补充。

▶▶▶ 拓展阅读

山东大学学生会：扬锐气、有朝气、接地气

对于生活在山东大学的同学们来说，"有困难，找小益"已经成为校园里的共识。"权小益"（全称"山东大学权小益工作室"）是山东大学官方成立的内部媒体平台，以反映学生诉求、维护学生权益、服务学生成长为职责，是同学们身边的贴心人——它可以是大家的传声筒，替同学们表达诉求；也可以化身山大百事通，为同学们排忧解难；它可以是干货百宝箱，教同学们掌握实用技能；也是消息通知栏，让同学们不错过每一条资讯……这就是山大"权小益"的初心与使命，同时，这也是山东大学学生会组织的缩影。

"一校三地八校区"的独特办学格局，让动辄近千人的庞大体量成为山东大学学生会组织的"常态"。既要坚持精减原则，又要保证各项工作创造性地开展，成了改革过程中学生会组织面临的最大难题。为了破解这道难题，山东大学学生会在广泛深入调研的基础上，出台了改革工作推进方案，明确改革"时间表""路线图"，切实做好自我革新的"减法"。所谓"减法"即精减组织机构，重新规划职能部门，聚焦主责主业，推进信息扁平化传递，有效提高组织运转效率。在人员规模缩减方面，精减主席团、部长团人数，同时完善志愿者招募机制，出台《山东大学学生会志愿时长录入管理条例》，使学生会成员们以志愿者的身份加入各项工作。"人人都做志愿者"成为山大的一张亮丽名片。

近年来，山东大学学生会积极发挥思想引领与榜样带动作用，引导同学们形成正确的价值观。通过组织开展"一缕情丝寄山大"设计比赛、"一束鲜花祭故人"缅怀先烈、《我和我的祖国》集体观影等多种形式新颖的活动，积极引领广大同学爱国荣校，坚定理想信念，自觉把个人梦想放到实现伟大复兴中国梦的征程之中。

学生会积极借助网络新媒体平台，加强思想引领，目前，山东大学学生会微信公众平台关注人数已超过 5 万，多次在全国学联微信平台影响力排行榜中名列前茅。在做好思想引领的基础上，山东大学学生会坚持学术导向，响应山东大学"学术兴校"的发展战略，聚焦学科交叉融合的空间，推出了"山大 Seek 探访""Youth Talk"青年说等助学促学活动，让兴隆山校区的工科生也能亲身感受到人文社会学科的博大精深，让软件园校区的"码农"也能体验到医学的奇妙魅力。

教学楼下多了自动咖啡机和免费直饮水机，楼道里摆着 360 套休闲桌椅沙发；学生公寓和浴室又添新的配套设施，宿舍楼统一增加了热水器；陆续开放有声自习室和考研自习室，并在学期末开放通宵自习室；定期组织学生"走进餐厅"，当面收集同学们对于餐饮质量和菜品种类的意见……

平均每年接收 500 余份提案，认真对待每一份提案，24 小时内收录整理，3 天内开展实地调研，7 天内限时反馈。这是山东大学"权小益"对每一位同学的庄严承诺。

在此基础上，学生代表可以申请参与"权小益"开展的学生发展权益工作相关的活动（如"职能部门座谈会"），帮助同学们更好地传递心声。最近几年，山东大学学生会定期举办"代表面对面"活动，邀请校内人大代表、政协委员、妇联代表与学生代表共聚一堂，以座谈会方式展开交流，近距离传授工作经验与心得，提高代表履职能力。

二、大学生志愿服务

（一）志愿服务概述

志愿服务是指在不求回报的情况下，为促进社会进步而自愿付出个人时间与精力所做出的服务工作。奉献精神是高尚的，是志愿服务的精髓。2017 年 10 月 18 日，习近平同志在党的十九大报告中指出，要推进诚信建设和志愿服务制度化，强化社会责任意识、规则意识、奉献意识。

2017 年 6 月 7 日，《志愿服务条例》经国务院第 175 次常务会议通过，由国务院于 2017 年 8 月 22 日发布，自 2017 年 12 月 1 日起施行。《志愿服务条例》指出，志愿服务是指志愿者、志愿服务组织和其他组织自愿、无偿向社会或者他人提供的公益服务。开展志愿服务，应当遵循自愿、无偿、平等、诚信、合法的原则，不得违背社会公德、损害社会公共利益和他人合法权益，不得危害国家安全。志愿者是指以自己的时间、知识、技能、体力等从事志愿服务的自然人。志愿服务组织是指依法成立，以开展志愿服务为宗旨的非营利性组织。

志愿服务的主要领域包括：扶贫济困、助老助残、社区服务、生态建设、公益活动、抢险救灾、社会管理、文化建设、西部开发、海外服务等。

（二）志愿者的权利与义务

(1) 志愿者可以参与志愿服务组织开展的志愿服务活动，也可以自行依法开展志愿服务活动。

(2) 志愿服务组织可以招募志愿者开展志愿服务活动，招募时，应当说明与志愿服务有关的真实、准确、完整的信息以及在志愿服务过程中可能发生的风险。

(3) 需要志愿服务的组织或者个人可以向志愿服务组织提出申请，并提供与志愿服务有关的真实、准确、完整的信息，说明在志愿服务过程中可能发生的风险。志愿服务组织应当对有关信息进行核实，并及时予以答复。

(4) 志愿者、志愿服务组织、志愿服务对象可以根据需要签订协议，明确当事人的权利和义务，约定志愿服务的内容、方式、时间、地点、工作条件和安全保障措施等。

(5) 志愿服务组织安排志愿者参与志愿服务活动，应当与志愿者的年龄、知识、技能和身体状况相适应，不得要求志愿者提供超出其能力的志愿服务。

(6) 志愿服务组织安排志愿者参与的志愿服务活动需要专门知识、技能的，应当对志愿者开展相关培训。开展专业志愿服务活动，应当执行国家或者行业组织制定的标准和规程。法律、行政法规对开展志愿服务活动有职业资格要求的，志愿者应当依法取得相应的资格。

(7) 志愿服务组织应当为志愿者参与志愿服务活动提供必要条件，解决志愿者在志愿服务过程中遇到的困难，维护志愿者的合法权益。志愿服务组织安排志愿者参与可能发生人身危险的志愿服务活动前，应当为志愿者购买相应的人身意外伤害保险。

(8) 志愿服务组织开展志愿服务活动，可以使用志愿服务标志。

(9) 志愿服务组织安排志愿者参与志愿服务活动，应当如实记录志愿者个人基本信息、志愿服务情况、培训情况、表彰奖励情况、评价情况等信息，按照统一的信息数据标准录入国务院民政部门指定的志愿服务信息系统，实现数据互联互通。志愿者需要志愿服务记录证明的，志愿服务组织应当依据志愿服务记录无偿、如实出具。记录志愿服务信息和出具志愿服务记录证明的办法，由国务院民政部门会同有关单位制定。

(10) 志愿服务组织、志愿服务对象应当尊重志愿者的人格尊严；未经志愿者本人同意，不得公开或者泄露其有关信息。

(11) 志愿服务组织、志愿者应当尊重志愿服务对象的人格尊严，不得侵害志愿服务对象的个人隐私，不得向志愿服务对象收取或者变相收取报酬。

(12) 志愿者接受志愿服务组织安排参与志愿服务活动的，应当服从管理，接受必要的培训。志愿者应当按照约定提供志愿服务。志愿者因故不能按照约定提供志愿服务的，应当及时告知志愿服务组织或者志愿服务对象。

(13) 任何组织和个人不得强行指派志愿者、志愿服务组织提供服务，不得以志愿服务名义进行营利性活动。

(14) 任何组织和个人发现志愿服务组织有违法行为，可以向民政部门、其他有关部门或者志愿服务行业组织投诉、举报。民政部门、其他有关部门或者志愿服务行业组织接到投诉、举报，应当及时调查处理；对无权处理的，应当告知投诉人、举报人向有权处理的部门或者行业组织投诉、举报。

（三）志愿服务的劳动教育价值与内涵

志愿服务蕴含着丰富的劳动教育价值和劳动教育内涵，两者承载着重要的教育功能，在价值取向、发展方向、实践要求上具有内在统一性和高度契合性。

(1) 志愿服务作为劳动实践活动的一种形式，和劳动教育一样具有价值教育的属性。习近平总书记指出，学生支教、送知识下乡、志愿行动等实践活动，都展现了学生的风貌和服务社会、报效祖国的情怀。青少年在志愿服务活动中涵养家国情怀、培养劳动精神、强化实践能力，也在参与社会治理中树立起对人民的感情、对社会的责任、对国家的忠诚。这与劳动教育促进青少年养成良好劳动素养，形成热爱劳动过程、珍惜劳动成果和尊重劳动人民的价值态度，树立马克思主义劳动价值观，在价值取向上具有内在统一性。

(2) 中华人民共和国成立以来，志愿服务活动与劳动教育的历史演变高度契合。在新民主主义社会向社会主义社会过渡时期，党和国家号召广大青年积极投身以"义务劳动"为代表的重大运动，强调通过劳动教育鼓舞民众从事劳动创造的热情和积极性，蕴含着志愿服务的精髓。在社会主义建设时期，劳动教育的政治意义被提升到前所未有的高度，劳动人民知识化、知识分子劳动化，在实践中"学雷锋、做好事"的志愿服务活动成为一股热潮。改革开放后，劳动教育的重点是为社会主义现代化建设服务，科技服务、公益劳动等服务他人的社会实践活动蓬勃开展。进入 21 世纪，党和国家日益重视唤醒个体劳动意识的内在自觉和综合素质培养，积极推进劳动价值的自主建构。这一时期，国家开始依托大型志愿服务活动（如"大学生志愿服务西部计划"），正式把志愿服务活动纳入了提高公民素质的整体部署。党的十八大以来，党中央倡导"实干兴邦"的劳动实践观，客观上要求强化个体的社会责任意识、规则意识、奉献意识，这与新时代"志愿服务制度化"的发展方向高度一致。

(3) 志愿服务活动和劳动教育都强调通过社会实践育人，帮助青少年在实践活动中接受锻炼，获得才干。在实践中，劳动教育形态顺应时代发展变化，与志愿服务活动高度融合，志愿服务活动作为劳动实践形态被纳入了劳动教育内容，纳入了劳动教育的实践体系。校园勤工助学、劳动体验等志愿服务活动常态化开展，在公共场所、基层社区开展公益劳动的社会化程度越来越高。志愿服务类型的劳动教育制度性建设稳步推进，志愿服务和劳动教育的专业性特征进一步强化。志愿服务活动与劳动教育的结合，在实践中形成了整合性、开放性的劳动育人格局。

三、大学生志愿服务西部计划

（一）大学生志愿服务西部计划概述

2003 年，多部门联合实施大学生志愿服务西部计划，招募一定数量的普通高等学校应届毕业生或在读研究生，到西部基层开展为期 1 ～ 3 年的志愿服务工作，鼓励志愿者服务期满后扎根当地就业创业。大学生志愿服务西部计划志愿者，从广义上来说，是指政府相关部门通过考试或考核的方式选派到西部地区从事教育、卫生、农技、扶贫以及青年中心建设和管理等志愿服务工作的大学毕业生。从狭义上来说，是指为促进大学生就业与加快西部大开发、促进西部地区的发展，由当地政府相关部门发布需求信息，通过一系列公开、公正、竞争、择优的考试考查程序，面向广大优秀高校毕业生组织选拔，并选派到西部地区从事志愿服务工作的大学毕业生。

（二）大学生志愿服务西部计划项目

(1) 基础教育：在县乡中小学从事教学及教学管理工作。本专项包括研究生支教团。

(2) 服务三农：在县乡农业 (林业、牧业、水利) 技术单位从事农业科技工作。

(3) 医疗卫生：在乡镇卫生院以及部分县级医院、防疫站从事医疗卫生工作。

(4) 基层青年工作：在县级团委从事加强团的基层组织建设、促进青年就业创业、预防青少年违法犯罪、维护青少年合法权益等工作。

(5) 基层社会管理：围绕西部基层社会公益、社会保障、社会福利、法律援助、扶贫开发、金融开发等公共服务需求及党政、司法、综治等工作需要开展服务。

(6) 服务新疆：围绕新疆和兵团经济社会发展的需要在基层单位从事基础教育、农业科技、医疗卫生等服务。

(7) 服务西藏：围绕西藏经济社会发展需要在基层单位从事基础教育、农业科技、医疗卫生等服务。

（三）大学生志愿服务西部计划主要服务地

西部计划实施 20 余年来，已累计选派超过 30 万名大学生志愿者到中西部 20 多个省、自治区、直辖市及新疆生产建设兵团的 2100 多个县、市、区、旗基层服务，包括河北、山西、内蒙古、吉林、黑龙江、安徽、江西、河南、湖北、湖南、广西、海南、重庆、四川、贵州、云南、西藏、陕西、甘肃、青海、宁夏、新疆和新疆生产建设兵团。

▶▶▶　拓展阅读

志愿者王军扬：扎根兵团十二年追逐沙棘梦

2009 年，刚刚大学毕业的王军扬，以西部计划志愿者的身份，来到了新疆生产建设兵团第九师的边境团场一七〇团。在这个坐落于山地丘陵、荒漠戈壁之上，地处风头水尾、耕地稀缺、土壤贫瘠的团场，王军扬埋头苦干，一干便是十余年。他与一七〇团人一起见证着戈壁荒滩上的生命奇迹——沙棘，也与一七〇团人一起追逐着沙棘梦。

作为西部计划志愿者到一七〇团服务不到一年，王军扬就主动向团场申请留下工作。2010 年，王军扬被任命为一七〇团林业站副站长，主要工作是沙棘育苗、沙棘种植、沙棘新技术新品种的推广应用；两年时间里，他圆满完成了 14 000 亩沙棘林的种植任务，成活率超过 90%；成功推广了沙棘硬枝扦插技术，取得了当年出圃 60 万株沙棘苗的成果。

2012 年，年仅 25 岁的王军扬，走马上任一七〇团六连党支部书记。不熟悉的环境、不熟悉的工作，意味着一切都要从头做起。那段时间里，他与一线职工进行了有效的沟通和交流，真实地感受到了他们的淳朴、艰辛和愿望。他们渴求脱贫致富的眼神，深深印在了他的脑海中，也触动了他的心。他暗下决心，一定要不遗余力地为发展团场、建设团场、职工群众致富不懈工作。王军扬刚到任就发现职工种植大棚产量低、销售难、效益低的问题，每座大棚一年收入最高的只有五六千元，少的只有一两千元，职工的心思都放在外出打工上。面对这种情况，他挨家挨户走访职工，给职工讲党的富民政策，分析设施农业的前景，并带领职工走出去看先进地区的设施农业，开阔了职工的眼界，增加了职工的信心。任六连党支部书记的 8 年时间里，在他的带领下，六连温棚从 122 座增加到 298 座，一线承包职工从 56 人增加到 142 人，承包大棚的职工占全连的 95%。职工人均年收入从 2012 年的 16 000 元增加到 2017 年的 38 000 元。

2019 年 6 月，王军扬带着他的沙棘梦毅然辞去了六连党支部书记的职务，全身心投入沙棘产业，他牵头成立的新疆金圣果农业专业合作社吸纳社员 140 余名，服务沙棘种植户占全团总数的 90%。2019 年、2020 年销售沙棘果 5700 余吨，社员人均年收入突破 70 000 元，成为全国沙棘原料的最大供应商。一七〇团沙棘走向了全国。

王军扬说，在他心里，一直从未动摇的初心就是，不遗余力地扎根基层，不遗余力地奉献基层，始终坚持全心全意为人民服务的宗旨，保持一名共产党员的初心。在王军扬眼里，沙棘已经成为一种精神的引领、一种力量的图腾。

第三节 社会实践

接地气的劳动教育，可以唤醒学生对家乡文化的认知，是学校立德树人的有效抓手。社会实践型劳动可以帮助大学生获得成长，增强文化自信，养成勤俭、创新、奉献的精神。

一、农耕劳动

（一）农耕文化概述

农耕文化是我国人民在长期农业劳动中形成的一种特殊文化形态，体现了农业劳动中的和谐思维和奋斗精神。我国是一个农业大国，农耕文化历史悠久、内涵丰富，它不仅是我国优秀传统文化的根基，也涵养着中华民族的精神家园。青少年是国家的栋梁之材，是祖国未来的建设者，推动农耕文化融入大学生劳动教育，需要将农耕文化融入课堂教学、校园文化、社会实践等教育教学活动的全过程，让广大学生通过教育与实践获得文化关联和情感铺垫。

（二）加强大学生农耕劳动的时代意义

农耕文化并不只是春播、夏种、秋收、冬藏的简单概括，其背后蕴含了丰富的历史、文化、社会内涵，体现了艰苦奋斗、勤俭持家、重义守信等优秀品质，是中华民族宝贵的精神财富和情感依托。我国是一个历史悠久的文明古国，也是一个农业大国。千百年来，农业生产是中国传统文化产生和发展的社会基础，是中华文化的根。时至今日，农耕文化中的许多理念和认知仍具有现实意义和应用价值。加强大学生农耕劳动教育与实践，可以让他们在生产劳动中加深对农耕文化内涵的理解，形成对农耕文化的感性认识，保持本民族特色、传承本国文化传统。

▶ 拓展阅读

种菜成为大学生劳动必修课

"瞧一瞧，看一看，我们农学院学生自己种的有机蔬菜，定价合理，健康无污染，味道绝对比市场上的好。"

"我们种的萝卜、菠菜，种子是老师选育出来的最好的品种，施的是用枯枝落叶加工的有机肥，浇的是学校后山水库的山泉水。数量不多，快来买啊。"

"我们种植的所有蔬菜，浇水、播种都有时间表，种出的蔬菜一定是最好的，而且价格不贵、口感好，欢迎选购。"

在浙江农林大学校园的农作园里，一场特殊的蔬菜博览会正在举行。这里展示和出售的蔬菜，全部是由该校学生耕种的有机蔬菜，不施化肥农药，有品质保证，深受学校老师们喜爱。闻讯而至的老师纷纷"抢购"，为了能买到想要的蔬菜，有的老师甚至亲自走到地垄里采收蔬菜。

到校园农作园种菜，是该校农学院低年级学生专业实习的重要组成部分。该院每个班级在校园农作园承包了一块菜地，大家在菜地里种植菠菜、小青菜、大白菜、萝卜、香菜等近10个品种的蔬菜。每到蔬菜收获的季节，学生们就开始对外销售自己种植的蔬菜，也通过种菜、卖菜，筹集班级开展活动的班委费，这让为种菜付出辛勤劳动的学生体会到满满的幸福感和成就感。

看着自己种植的蔬菜被大家抢购，园艺181班学生温昕特别自豪："我从小到大从来没下地干过农活，甚至对很多农作物都分不清。来到学校后，下地耕作成了我们农学专业学生的必修课，让我们把课堂上学到的知识用到了实践中，提高了动手能力，掌握了基本的农业技能，体验了收获的快乐和农民劳作的辛苦，十分有意义。"

从2012年开始，学校在校园内开辟了近百亩农作园，并将土地分给大一、大二农学类专业班级，鼓励学生们利用课余时间开展生产劳动，并进行栽培学、农作学、园艺设施学等课程实践。有了班集体的菜地，除草、施肥、浇水的时候，学生们多了一个亲近自然、体验农作生活的机会。如何管理好这块菜地，自然也成了学生共同关心的话题，这既丰富了大学生活、让大家学会了农耕的基本技能，又让大家对农业更有感情。

为了更好地指导学生从事农业生产，学校还专门聘请技术指导，引导学生参与施肥、翻整、起垄等实打实的劳动，还选育了各种果蔬的小苗分配给学生耕种。技术指导叶志明表示，现在的学生大多没有从事过农业劳动。学生们干些农活、自己动手种植果蔬，不仅能够见到果蔬的种植和生长过程，增强从事农业必需的动手能力，还可以学习很多课本上学习不到的知识，对于他们更好地从事本专业的学习和研究很有帮助。

"春耕、夏耘、秋收、冬藏，可以生活化，也可以学习化，这是一种很好的实践，也是一种亲近自然的生活方式。根据师生们的反馈，组织农学类专业学生在校园农作园里种菜，目前看效果很好，下一步将继续深化相关工作。"浙江农林大学学工部副部长朱军说。

浙江农林大学党委书记周国模表示，鼓励学生到农场劳动、参与绿地养护等形式的劳动，不仅可以培养学生对劳动的热爱、增加对"三农"的感情，也有助于培养学生勤俭节约、感恩自然的品质。

目前，学校除了组织农学类专业学生参与耕作，还在学生公寓寝室里布置了二十四节气图，在活动中心布置了农耕文化展，将拥有近3000种植物、总面积将近3000亩的校园，全部"承包"给全校学生义务管护。学生通过在课余时间积极参加各类劳动，将珍惜劳动果实、尊重感恩自然的美德传承下去。

二、手作劳动

（一）手作劳动概述

手作是手与作的组合词，"手"是指手工、手艺，"作"即制作、创作。在手工业时代，所有的人造物都是手工劳作的结果。可以说，手作的雏形从人类开始使用工具时便已经萌芽了，并且随着时代的进步而不断演变。每一件手作器物都蕴含着其所属时代的信息，反映着加工方式和主要材料，让人们看到当时的生活方式和社会文化。

今天，手作已成为中国设计最热门的概念之一。它不仅代表着传统技艺，更是一种文化的象征。匠人精神是手作艺人们所独有的品质，自始至终、不忘初心、追求精进、自律自谦，这种精神品质通过持之以恒的手作劳动反映出来，体现了真诚的生活态度。2016年，在第十二届全国人大第四次会议上，"匠人精神"首次出现在政府工作报告中，凸显了它在文化传承与精神引导上的重要作用。

（二）加强大学生手作劳动的时代意义

手作艺术以传统文化为根基，随着时代的发展而不断沉淀、变迁和创新，融合了民众的愿望，记录了历史的印迹，体现了文化传承的创新性和可持续性。组织动员大学生参与手作劳动，不仅可以活跃校园文化生活，还可以充分挖掘传统文化的艺术创作资源，从高校的视角对传统文化内涵进行深度挖掘，为民族传统技艺的当代发展找到新的生存空间。

大学生手作劳动既注重"表"，也注重"里"，它在充分展现乡土风情与生态文脉的过程中，重视激活校园文化的内涵建设，提高了文化供给的可接受性与可选择性，让广大师生在传承发扬中真正感受和体验到传统文化的魅力。

▶▶ 拓展阅读

传承非遗铸就匠心　创新融合坚定自信

石家庄铁路职业技术学院始终坚持立德树人根本任务，以传承和创新发展燕赵大地上孕育的优秀非物质文化遗产为己任，把独具特色的军魂、路魂、燕赵魂的"三魂"文化育人体系与非遗传承、发展相结合，将燕赵大地上孕育的优秀"非遗"技艺融入人才培养全过程，在深厚校园文化积淀的基础上，开展特色鲜明、丰富多彩的"非遗"宣传、推广、保护等活动。

2023年5月，学院举办了"传承—发展—融合——非遗艺术作品展"暨"非遗进校园活动"系列活动。本次实践活动以石家庄铁路职业技术学院省级艺术大师工作室为基础，师生共同创作一系列展现党的历史、学院校本文化的艺术作品，形式涵盖版画、剪纸、陶艺、内画、满绣等多种类别。谭浩楠老师指导学生创新传统木刻版画技艺，创作了《习近平总书记河北行》系列作品，展现了雄安高铁站、黄骅港等习近平总书记在河北考察的重要场景，吸引了众多参观者的目光。李书青老师指导学生创作的党的二十大主题剪纸作品、李翠轻老师指导学生创作的《石铁院 24 节气》、刘敬华老师创作的《燕赵魂》等系列瓷盘作品，以及董龄烨老师创作的校园主题内画作品都融合了传统非遗技艺，并结合时代性主题进行了作品创新，展现了传统技艺的现代气息。

为了让师生零距离感受更多非物质文化遗产的魅力，实践活动设置了非遗技艺体验项目，特别邀请了马爱林、马瑞平、马跃、刘志海、贾英立、邢兰芳、高跃丽等省、市级非物质文化遗产传承人来到活动现场，进行泥塑、糖画、剪纸、绳编、烙画、刺绣、棕榈塑编、龙凤书法花鸟字非物质文化遗产技艺展示。师生饶有兴趣地观看，并不时与非遗传承人交流、互动，对非遗技艺传承人现场表演的技艺"绝活"赞不绝口。

（三）艺术实践工作坊

工作坊就是利用一种轻松有趣的互动形式，让参与者在项目创造过程中相互交流、集思广益，通过集体分析提出方案或规划，并一起实施的系统化过程。早在 1919 年，德国包豪斯学院成立之初，"集体作坊式教学"已被运用于艺术设计教学。1960 年，美国人劳伦斯·哈普林首先将"工作坊"的概念引入都市计划，逐步形成了以项目设计为中心的教学模式。大部分西方艺术设计专业都使用"工作坊"进行教学，为艺术—设计—生产的连锁性社会服务奠定了基础，也为艺术创作的理论转化提供了可以遵循的科学教学模式。

在我国，2018 年全国第五届大学生艺术展演活动首次增加了大学生艺术实践工作坊项目，47 个工作坊彰显了当代大学生传承民族文化、关注科技发展、关心生态环保、与时代同行的使命感和创新意识。它将艺术创新教育与文化传承相结合，提升了学生艺术实践的创新能力。展演活动期间，各校学生立足本专业，以新科技为手段，对传统产品进行升级改造。例如，天津科技大学"数媒包装艺术工作坊"以"交互式包装设计与体验"为核心，将艺术、科技融入包装之中，以生态思维的方式，实现包装再利用，改变了产品包装"拆后即扔"的浪费现象，表现了当代大学生改变生活的勇气与能力。

▶▶▶ **拓展阅读**

艺术实践工作坊惊艳"大艺展" 大学生用科技叩响艺术之门

美育工作是高校全面育人的重要一环，全国第五届大学生艺术展演首次设立的大学生艺术实践工作坊，成为艺展最大的亮点。

首度亮相的大学生艺术实践工作坊，分为"艺术与校园""艺术与科技""艺术与生活"三大板块，共有来自全国高校的 47 个工作坊参与展示。其中，同济大学的"创世之光 VR

艺术工作坊"将虚拟现实等新兴科技作为艺术表现手段,颠覆了传统的艺术创作和欣赏方式,给观众带来了风格独特的奇幻世界。尤其是致敬上海美术电影制片厂经典动画片《阿凡提》的 VR 电影训练营,让观众亲身体验了动画电影的制作过程。

同济大学艺术与传媒学院教师柳喆俊说:"我们的观众可以置身于一个虚拟的环境,体验拍摄动画电影的经历。通过一个个作品,可以学习镜头语言,进一步提高自己的艺术修养。"

东华大学的展区被布置成了"动物伊甸园",琳琅满目的动物装饰画和摆件,以及各种皮包、钱夹、衣服等,洋溢着青春时尚的生活气息。值得一提的是,这些作品都是利用工厂的人造皮革边角料制作而成的,经过学生们的奇思妙想和巧手加工,变废为宝。

三、三支一扶

(一)"三支一扶"概述

根据 2006 年颁布的《中共中央组织部 人事部 教育部 财政部 农业部 卫生部 国务院扶贫开发领导小组办公室 共青团中央关于组织开展高校毕业生到农村基层从事支教、支农、支医和扶贫工作的通知》,从 2006 年起,各地组织、人事、教育、财政、农业、卫生、扶贫、团委等部门,按照公开招募、自愿报名、组织选拔、统一派遣的方式,每年招募近万名高校毕业生,到农村基层乡镇从事支教、支农、支医和扶贫工作,简称"三支一扶"。"三支一扶"引导和鼓励高校毕业生到西部去、到基层去、到祖国最需要的地方去,经受锻炼,健康成长,为促进农村基层教育、农业、卫生、扶贫等社会事业的发展、建设社会主义新农村和构建和谐社会作出贡献。对大学生来说,"三支一扶"不仅可以缓解就业压力,还提供了一个施展才华的舞台,让他们能够通过基层工作积累经验,在实践中磨炼坚强意志。

(二)大学生"三支一扶"的成效与意义

"三支一扶"拓宽了高校毕业生的就业渠道,缓解了就业压力。2021 届全国普通高校毕业生总规模 909 万,同比增加了 35 万。大学生能够积极主动投身于"三支一扶"行动中,不仅可以减轻就业压力,还可以为将来更好地自主择业创造条件。

"三支一扶"在一定程度上解决了农村基层人才匮乏的问题,优化了农村偏远学校教师队伍和基层乡镇干部队伍。通过"三支一扶"计划选拔的优秀高校毕业生,学历层次较高,专业知识丰富,年龄普遍较小。他们到农村偏远学校任教、到乡镇卫生院从医、到乡镇基层一线工作,改变了农村偏远学校教师和基层乡镇干部的年龄结构,同时也给农村偏远学校、乡镇卫生院和乡镇基层一线带来了生机和活力。

▶▶ 拓展阅读

投身"三支一扶"奉献青春力量

根据《广东省 2021 年高校毕业生"三支一扶"计划实施工作方案》，全省当年招募"三支一扶"高校毕业生 3000 名，服务期为 2 年。2016—2020 年，韶关市就先后招募了 463 名"三支一扶"的高校毕业生。截至 2020 年 12 月底，全市在岗服务"三支一扶"的高校毕业生共有 247 人，遍布 80 多个乡镇（街道），为基层各项事业提供了人才智力支持，为全市实施乡村振兴战略、推动社会主义新农村和农村精神文明建设，作出了积极的贡献。

教育部高校学生司称，2021 届全国普通高校毕业生总规模达 909 万，同比增加 35 万，做好高校毕业生就业工作任务依然艰巨。对此，倘若一部分大学生能够积极主动参与"三支一扶"行动，既是为减轻国家就业压力作贡献，也是为自己将来更好地自主择业创造条件。毕竟，这些经历了"三支一扶"的大学生们，不但在基层丰富了阅历、磨炼了意志、增长了才干，而且在服务人民群众中受到了教育、加深了感情，也为人生增添了一笔宝贵的精神财富。实际上，有不少在"三支一扶"岗位上历练过的大学生在服务期满后，毫不犹豫地选择了扎根基层，有的考入乡镇基层机关事业单位后，很快就成了单位的业务骨干，在工作中能够独当一面。他们用实际行动诠释了"到农村去，到基层去，到人民最需要的地方去"的"三支一扶"精神，让绚丽多彩的青春在奉献基层中熠熠生辉。为了让"三支一扶"高校毕业生在基层留得住、流得动，国家也出台了相应的政策和措施，持续加大对"三支一扶"高校毕业生的政策保障与服务支持。这些在"三支一扶"岗位上服务期满的大学生进入市场自主择业时，各地尤其是有关部门都高度重视，采取多种形式，开辟多种渠道，积极为其就业创造条件。

广大青年要坚定理想信念、志存高远、脚踏实地，勇做时代的弄潮儿，在实现中国梦的生动实践中放飞青春梦想，在为人民利益不懈奋斗的过程中书写华彩篇章！

四、青年红色筑梦之旅

（一）"青年红色筑梦之旅"概述

青年红色筑梦之旅是第三届中国"互联网+"大学生创新创业大赛举办的同期实践活动。此次活动由教育部组织，西安电子科技大学承办。两批参赛团队分赴延安，通过大学生创新创业项目对接革命老区经济社会发展需求，助力精准扶贫脱贫。

2017 年 7 月活动期间，由西安电子科技大学创业团队"小满良仓"负责人张旺发起，并联合其他创业团队一起给习近平总书记汇报了"青年红色筑梦之旅"实践活动的感受，大学生们表示要像青年时代的习近平那样，立下为祖国、为人民奉献自己的信念和志向，把创新创业梦融入伟大中国梦，用青春和理想谱写信仰和奋斗之歌。8 月 15 日，习近平给参加"青年红色筑梦之旅"的大学生回信，信中写道："得知全国 150 万大学生参加本届大赛，其中上百支大学生创新创业团队参加了走进延安、服务革命老区的'青年红色筑梦之旅'活动，帮助老区人民脱贫致富奔小康，既取得了积极成效，又受到了思想洗礼，我感到十分高兴。"

为了学习贯彻习近平新时代中国特色社会主义思想和党的十九大精神，贯彻落实习近平总书记给"青年红色筑梦之旅"大学生的回信精神，教育部决定在第四届中国"互联网+"大学生创新创业大赛中增设"青年红色筑梦之旅"赛道，广泛实施"青年红色筑梦之旅"活动。"青年红色筑梦之旅"活动旨在推动创新创业教育与思想政治教育相融合，创新创业实践与乡村振兴战略、精准扶贫脱贫相结合，要求各高校组织大学生创新创业团队到各自对接的县、乡、村和农户，从质量兴农、绿色兴农、科技兴农、电商兴农、教育兴农等方面开展帮扶工作，推动当地社会经济建设，助力精准扶贫和乡村振兴。

（二）"青年红色筑梦之旅"的时代价值

"青年红色筑梦之旅"不仅是大学生创新创业的实践课，也是形式生动的思政课。各地大学生创新创业团队走进延安、井冈山、西柏坡、古田等革命老区，缅怀革命前辈伟大而艰辛的创业史；走进安徽小岗村、黑龙江大庆、宁夏闽宁等地，感受不畏艰辛、敢为人先的奋斗精神，构建了高校育人的新模式。

"青年红色筑梦之旅"紧扣国家创新驱动发展、乡村振兴等战略，将高校的智力资源、社会优质资源辐射到广大乡村，深入推动创新创业教育与思想政治教育相融合，创新创业实践与乡村振兴战略、精准扶贫脱贫相融合，为乡村振兴注入了新动能，推动了当地经济社会的发展。

各地各高校以"青年红色筑梦之旅"活动为抓手，推动科教结合、产教融合、校企合作，加强了教育界与科技界、产业界、投资界的合作，将更多的优质社会资源转化为育人资源，为大学生提供实践平台、指导服务和融资支持，完善了产、学、研、用结合的新机制。

▶▶ **拓展阅读**

教育部："青年红色筑梦之旅"产生直接经济效益近 100 亿元

2020 年，据时任教育部高等教育司司长吴岩介绍，自 2015 年以来，中国"互联网+"大学生创新创业大赛已成功举办了五届。四年来，累计 300 余万大学生踏上"青年红色筑梦之旅"，扎根中国大地，了解国情民情，坚定理想信念，锤炼意志品质，助力精准脱贫扶贫和乡村振兴。

2020 年的"青年红色筑梦之旅"活动作为教育活动决战决胜脱贫攻坚的关键一招，全面聚焦 52 个未摘帽贫困县，引导广大青年学生掀起了一场以电商直播带货为主基调的扶贫战役。全国共有 132 万名学生参加了"青年红色筑梦之旅"活动，其中，参加电商直播带货活动的学生达 60 万人次，销售金额超过 4.3 亿元。52 个未摘帽贫困县所在的 7 省区均举办了全国线上对接活动，积极促成全国大学生聚焦贫困县开展以电商直播或创业实践为主的精准扶贫。

"青年红色筑梦之旅"主要有三大特点。

第一，"青年红色筑梦之旅"将活动从线下发展到线上线下相结合，成功打造了新的模式。

第二，"青年红色筑梦之旅"与中国改革开放的精神不谋而合。2020年是深圳改革开放40周年，"青年红色筑梦之旅"在北京和深圳两地同时连线启动，"我敢闯、我会创"的大赛主题与40多年来深圳提出的"杀出一条血路、闯出一片天地"的改革开放精神是高度契合的。

第三，"青年红色筑梦之旅"与脱贫攻坚最后一公里的总攻紧密结合。2020年全国共有20多万个创新创业团队的132万名大学生、14.9万名教师参加了"青年红色筑梦之旅"活动，对接的农户超过46.2万户、企业1.3万家，签订的合作项目近2万项，产生的直接经济效益近100亿元。全面聚焦52个未摘帽的贫困县，形成了大学生以电商直播为主的精准扶贫。吴岩表示，我们既有顶天的高科技项目，也有接地气的产地成果，所以"青年红色筑梦之旅"为脱贫攻坚总攻的最后一公里作出了重要的贡献。

五、"三下乡"

（一）"三下乡"概述

1997年中宣部、中央文明办、国家教委、共青团中央、全国学联联合下发了《关于开展大中学生志愿者暑期文化科技卫生"三下乡"活动的通知》。这项活动旨在组织大中学生志愿者，利用暑假深入农村和乡镇企业，发挥知识技能的优势，为农村脱贫致富和农民基本生产生活需要服务，促进广大学生在实践中全面提高自身素质。"三下乡"，即让文化、科技、卫生方面的知识在农村普及，促进农村文化、科技、卫生的发展。大力开展文化、科技、卫生"三下乡"活动，是我们党全心全意为人民服务宗旨的具体体现。大学生"三下乡"社会实践是高校实践育人工作的重要手段，是加强和改进大学生思想政治教育的有效途径，对于增强大学生的社会责任感、提高大学生的综合素质都有十分重要的现实意义。

（二）大学生"三下乡"社会实践的功能

(1) 促进高等教育内涵式提升与发展。通过大学生"三下乡"社会实践，高校加强了与社会的联系，有利于突破传统学院封闭式的教学模式、拓宽校内思想政治教育的渠道、深化和改进高校德育工作。通过大学生"三下乡"社会实践，高校能够了解培养目标、专业设置、教学管理是否与社会要求相适应，从而主动进行调整或变革，有利于高校端正办学方向，发挥专业培养优势，提升知名度。通过大学生"三下乡"社会实践，高校将理论应用于实践，充实了教学内容，有利于高校巩固和提高教学、科研、社会服务的成果。

(2) 在社会经济发展中充分发挥"高校担当"。大学生"三下乡"以农村乡镇、基层企业和中小学校为服务点，开展文化、科技、卫生领域的社会实践活动，有利于发挥教育的政治功能，这表现在两个方面：一是对广大学生进行政治和意识形态教育，可以促进学生的政治社会化，使之成为社会所需要的合格公民；二是培养政治人才，以补充社会管理层的需要。同时，大学生"三下乡"社会实践也有利于全社会科学文化知识的普及和先进思想的传播，有利于推动落后地区的精神文明建设。

(3) 通过实践有效提升大学生综合素质。开展文化、科技、卫生领域的社会实践活动，可以帮助学生深入社会，感知社会，了解我国在改革开放和现代化建设中取得的伟大成就，及时把握国情政策。学生能够从实际工作中获取直接经验，特别是与所学专业相关的技术经验，也有利于专业文化素质的巩固和完善。

▶▶ 拓展阅读

不忘初心，砥砺"黔"行

苏州大学文正学院"爱·黔行"支教团队成立于2011年，是一支由大学生组建的年轻支教团体。支教对象是贵州省黔东南苗族侗族自治州天柱县竹林镇小学的孩子们。他们大多是山区里的留守儿童，兴趣爱好匮乏，性格内向，缺乏自信。支教团队每年暑期都会开设手工、陶笛、历史等特色课程，培养孩子们的兴趣，拓展他们的知识面，开阔他们的视野，帮助他们建立自信，帮助他们大胆积极地表达自我。

经过前期的备课、排班、策划，团队到达竹林镇小学的第二天便开始了宣传、招生、登记、分班等工作。在开班典礼上，支教队员们详细地作了自我介绍，期待和孩子们相处的时光。支教课程安排开始步入正轨，从科学世界到缤纷地理，从影视艺术到民俗文化，多彩的课程让孩子们应接不暇，一下课，他们便追着问，"老师老师，你知道兔子是怎么叫的吗？""你家在哪里呀？"……各种千奇百怪的问题让孩子们和老师迅速打成了一片。

心理团辅、趣味运动会、心理健康话剧、模拟法庭让孩子们摆脱了课堂上"我说你记"的教学模式。趣味运动会有"背对背夹球运送""两人三足接力""爱的抱抱""摸石头过河""水杯传递""师生接力"6个项目。尽管天气炎热，小队员们个个满头大汗，但他们激情飞扬，充满活力。他们在特色活动中认识自我、释放自我、积极大胆地表达自我，在游戏过程中增进了彼此之间的友谊，懂得了团结友爱在团队中的重要性。

支教活动的最后一天是文艺汇演，精彩的表演引得台下笑声连连。汇演过后，支教队员与孩子们合影，时间定格在大家的笑容里，所有的依依不舍都化作了一张张写满祝福的小卡片。

支教带队教师表示："'爱·黔行'贵州支教活动经过十年的发展与成长，已成为江苏省内学生志愿服务活动的品牌和标杆。本次活动，给竹林镇小学的同学们带去了温暖的陪伴，通过教育实践活动助力学生成长，使教学活动更有深度、更有温度、更有情怀。支教活动引导学生树立正确健康的生活理念，给了同学们青春正能量。"

社会实践型劳动教育，具有承载劳动教育使命的条件因素。通过开展社会实践，能培养学生的合作意识，激励学生奋发向上的精神，对学生健全人格和核心素养的培育有着重要的作用。社会实践型劳动教育使得学校教育从校内拓展至校外，能够为学生提供更为广阔的实践空间，使之掌握更多的劳动知识，端正劳动态度，养成良好的劳动习惯。

课后思考

1. 在参与服务性劳动的过程中如何保护自己的权益？

2. 新时代参与服务性劳动有什么社会意义？

3. 结合自己参与过的社会实践活动，谈一谈自己有哪些收获？

第八章 职业意识和职业精神

学习目标

1. 了解职业意识的相关概念。
2. 领会职业精神的概念和实践内涵。
3. 掌握新时代弘扬职业精神的途径。

案例导入

英雄机长——刘传健

在 9800 米的高空，飞机挡风玻璃突然爆裂脱落，在瞬间失压、驾驶舱温度达到 -40℃ 的生死关头，退役军人、机长刘传健沉着果断处置险情，靠毅力掌握操纵杆，最终成功备降，确保了机上 128 名机组人员和乘客的生命安全。2018 年 5 月，这一被称为"民航史奇迹"的川航备降事件引发全球关注。机长刘传健也因在事故处置中的出色表现，被授予"中国民航英雄机长"称号。对于社会各界的盛赞，刘传健表示："我觉得只要在平凡的岗位上做出不平凡的工作，都是英雄。"

1991 年，19 岁的刘传健光荣入伍，成为一名驰骋蓝天的空军飞行员。从成为飞行员的那一天起，刘传健就始终牢记确保飞行安全这一最高职责，安全纪录保持良好，未发生过一起人为原因导致的不安全事件。关键时刻，他敢于挑战飞行极限，勇当国家财产、人民生命的守护者。

英雄机长的成功，不是运气，也不是偶然。正如 2019 感动中国人物颁奖词中写道："仪表失灵你越发清醒，乘客的心悬得越高，你肩上的责任越重。在万米高空的险情中如此从容，别问这是怎么做到的，每一个传奇背后都隐藏着坚守和执着。"不管是当飞行员、飞行教员，还是作为机长，刘传健都具备崇高的职业意识，千锤百炼，全身心投入工作中。正是靠扎实的专业理论，精湛的专业技能，严谨、坚守、执着的职业精神和临危不惧、沉着冷静的战斗精神，才创造了奇迹。他强烈的责任意识，敬业、奉献的职业操守，刻苦训练、精益求精的职业精神，团结协作的工作作风值得我们学习。

职业素养是职业内在的规范和要求，是在工作过程中表现出来的综合品质，包含职业道德、职业技能、职业意识和职业精神等内容。职业素养是大学生走向就业、进入职场的基本条件，职业素养的高低，关系到一个人的职业成就。职业意识是职业道德、职业操守、职业行为等职业要素的总和，它对职业认知和职业活动具有导向和支配作用。职业责任是一个人对自己、自然界和人类社会，包括国家、社会、集体、家庭和他人，主动赋予积极有益作用的精神。职业精神是人们必备的品质修养，也是现代企业录用人才的第一标准。职业意识、职业责任和职业精神作为职业素养的重要内容，它们的养成至关重要。

第一节　树立职业意识

劳动是人类的本质活动，职业素养是个体与社会联系的桥梁。新时代大学生将两者融为一体，进行系统劳动教育，在富有职业情境的劳动实践中，不仅能够逐渐了解某一职业，还能潜移默化地形成自我判断能力，推断出自己与某一种或多种职业之间的关系，从而不断促使自己的职业生涯清晰化、具体化和可操作化。将两者融为一体，能使大学生获得关于劳动、职业的基本认知，形成初步的劳动情感，树立职业意识和职业精神，进而为职业规划和人生出彩提供指导。

一、职业意识概述

1.职业意识的概念

职业意识是人们对职业劳动的认识、评价、情感和态度等心理成分的综合反映，体现在个人的择业定位以及在职业活动中的情感、态度、意志和品质等方面，是全部职业行为和职业活动的调节器。

2.职业意识的内涵

职业意识包括但不限于以下内容。

(1) 责任意识。责任意识是一种自我约束的价值取向,是个人在生活或工作中对待他人、家庭、组织和社会是否负责的态度和行为。它是衡量一个人是否成熟的重要标准，是一个人立足社会、获得事业成功和家庭幸福的至关重要的人格品质。一个人有了责任意识，就不会对工作掉以轻心，就会一丝不苟、信心十足地做好工作，遇到困难，也决不轻易放弃；有了责任意识，才会勇于担当，乐于奉献。相反，一个责任意识淡薄的人，不可能全身心地投入工作，他的潜能也不可能被激发出来。

(2) 敬业意识。敬业意识是在实践活动中所形成的一种热爱专业、钻研本职的职业观，是对人们工作态度的一种普遍要求。具备敬业意识就意味着人们能够对自己所从事的职业充满热情，专心致志，恪尽职守。敬业就是用一种恭敬严肃的态度对待自己的工作，认真履行岗位职责，兢兢业业、一丝不苟地对待工作。要做到敬业，首先要热爱自己的工作岗位，热爱本职工作，积极主动地投入到工作中。

(3) 规则意识。规则意识也称为规矩意识，是指发自内心的、把规则作为自己行动准绳的意识。规则一般是指规定出来供大家共同遵守的制度或章程，制定规则是为了规范人们的行为，保障社会的和谐与稳定。现代社会充满规则，如交通规则、竞争规则、游戏规则、家庭规则、教师规则、学生规则等。规则意识是现代社会每个公民都必备的一种意识。培养规则意识要从生活细节入手，从严格自律开始，要认识到生活中处处充满规则，自觉养成落实规则的良好习惯。

(4) 团队意识。团队意识是指团队个体为了团队的整体利益和目标而协同合作的大局意识，它表现为成员对团队目标的认同、对团队的强烈归属感和团队成员之间紧密合作、融为一体的意识。团队意识的形成是保证团队成员共同完成任务目标的基础和内生动力。

(5) 质量意识。质量意识是生存和发展的思想基础，是一种自觉地去保证工作质量和服务质量的意志力。对质量和质量工作的认识和理解程度，会对质量行为产生极其重要的影响和制约作用。

(6) 服务意识。服务意识存在于我们每个人的思想认识中，是发自内心的一种本能和习惯，是可以通过培养、教育训练形成的。只有提高对服务的认识，在服务过程中激发主观能动性，才能搞好服务，增强服务的意识。

(7) 创新意识。创新意识是人类意识活动中的一种积极的、富有成果性的表现形式，是人们根据社会和个体生活发展的需要进行创造活动的出发点，引起创造前所未有的事物或观念的动机，或在创造活动中表现出的意向、愿望和设想。

3. 职业意识的重要性

职业意识是用法律法规、行业自律、规章制度、企业条文来体现的。职业意识有社会共通的，也有行业或企业相通的。职业意识既影响个人的就业和择业方向，又影响整个社会的就业状况。

职业意识对职业认知和职业活动具有导向和支配作用。对即将从事的职业的认识、看法，不仅会影响个人的职业定位，还会对以后的职业生涯产生很大影响。如果缺少相应的职业意识，则会表现出不思进取、得过且过、拈轻怕重等负面的工作状态。

二、提升职业意识的途径

1. 在日常生活中培养

"千里之行，始于足下""不积小流无以成江河，不积跬步无以至千里""勿以恶小而为之，勿以善小而不为""水滴石穿"，这些道理告诉我们应以小见大。职业意识的培养和提升应从日常生活中的小事开始，从约束自我做起。只有认真对待自身的言行举止，以积极的态度处理身边的小事，才能逐渐养成良好的职业意识并不断提升。

2. 在专业学习中培养

在专业学习和实习实训中增强职业意识，遵守职业规范，是干好工作、实现人生价值的重要前提。青年学生要深入钻研、精益求精，充分发挥主观能动性，争取更好的学习成绩和工作效果；在顶岗实习、生产性实训等环节，做到按时出勤、谦虚好学，主动向工人师傅请教，向劳动模范、先进人物学习，刻苦钻研，培养过硬的专业技能，提高自己的职业素养。

3. 在社会实践中培养

社会实践是培养职业意识的重要舞台。青年学生要积极参与社会实践，深入了解社会，适应社会，在实践中不断培养职业意识。

4. 在自我修养中培养

"修"是指陶冶、锻炼、学习和提高，"养"是指培育、滋养和养成。青年学生要善于认识自己，客观地看待自己，勇于正视并改正自己的缺点，学会扬长避短，不断提高自我修养，从而更好地培养职业意识。

▶▶ 拓展阅读

小董适合做什么工作

小董2022年从一所职业院校毕业后，找到了一份商场销售员的工作。舒适整洁的环境，使小董感到工作很舒心，每天总是提前到岗、最后一个下班。可是，一个多月过去了，业绩没有明显提升，小董总结分析了原因，认为销售员工作虽然是一项简单的服务性工作，在服务过程中却必须积极主动，尤其是与客户沟通交流的能力要特别强。但是，这方面恰恰是自己的短板。工作两个月后，她辞去了这份工作。后来，经朋友介绍，小董又找到了一份公司文员的工作，朝九晚五的上班节奏、相对自由宽松的工作方式使她感到比第一份工作好多了，打算长久做下去。小董虽然具有一定的写作基础，但是工作任务量大，常常因为没有处理好工作的急缓关系，而影响公文的质量，受到领导的批评。三个月后她又辞职了。再后来，小董又通过中介来到一家企业的车间做流水线工作。半年多的时间，她又觉得如此简单、重复的工作没有挑战性。现在的小董经常在想：自己到底适合做什么工作呢?

　　小董为什么难以适应职场生活,可以从以下几个方面来分析。第一,小董对自己的职业定位不明确。她对自己的职业兴趣、适合做什么工作没有准确的定位。第二,小董没有树立敬业、奉献、团结、竞争等良好的职业意识,缺少责任感,不能全身心投入工作中。第三,她缺少干一行爱一行、爱一行钻一行的职业精神,不注重提升职业技能和自我修养,有不思进取、拈轻怕重等负面的工作心态,不能体会到工作带给自己的愉悦和满足感。

第二节　担当职业责任

一、职业责任概述

(一)职业责任的概念

　　职业责任是指人们在一定职业活动中所承担的特定的职责,它包括应该做的工作和应该承担的义务。职业责任是由社会分工决定的,是职业活动的中心,也是构成特定职业的基础,往往通过行政的甚至法律的方式加以确定和维护。

(二)职业责任的内涵

　　新时代职业责任内涵丰富,包含个人责任、集体责任、社会责任等层面。其中,个人责任最为重要,是其他一切责任的基础。

1. 个人责任

　　个人责任是自我产生的责任意识,是由自己而不是因为其他主管或制裁机构强迫个人产生的责任意识,是对自己一举一动、一言一行的责任。它要求自己对自己负责,自己就是自己的主管,能够对自己进行评判。深刻的自我责任意识是一切行为的根基。

2. 集体责任

　　集体责任是从业人员对自己供职单位所承担的职责和义务,凝结了劳动者对工作的关注与参与。不同职业或同一职业不同岗位的人,所承担的责任大小也是有差别的,一名管理者的职业责任一般要大于一个员工的责任。然而,不论在职业行为中承担着怎样的责任,每个从业者都必须在实施职业行为之前就建立起明确的集体责任,在职业行为中都有同等的道德责任,对工作都应该尽心尽力。是否清楚自己在职业行为中的责任,会直接影响从业者以怎样的态度和方式从事职业活动。

3. 社会责任

所有从业者都是社会的一分子，都承担着一定的社会责任。社会正是通过分工把各种职业的社会责任和义务赋予每个从业者。因为每一种职业的具体工作都要由从业者来操作完成，每个从业者都须承担一定的社会任务，为社会作出应有的贡献，所以从业者必须明白自己所从事的职业与社会之间的关系，从而认清自身所肩负的社会责任。

▶▶▶ 　拓展阅读

敷衍的方案书

小陈的公司主要提供网站建设服务，为企业提供电子商务产品平台。小陈最近和某小公司谈业务，来来回回提交了4份网站建设框架方案书，客户依然不满意。由于是小公司，所以网站建设的费用不是很高，而客户的要求又高，小陈已经有些不耐烦了。于是他就向经理汇报，准备放弃这个客户。

经理让小陈把方案书拿过来看一下，是不是哪些地方还不完善。经理拿过几份方案书一看，基本上是大同小异，就是零星几个栏目名称有些变动。经理问小陈，是否和客户进行过详细交流。小陈说因为要跟其他客户谈业务，所以没有时间。经理又问小陈，是否对该企业的平台需求进行过调研。小陈说宣传型网站基本上就是这个框架，所以没有调研。

经理说："你这是对工作负责的态度吗？没有经过调研，没有和客户交流就提交方案书，让你改方案书你就敷衍了事，如果我是客户，我也不接受。"小陈嘟囔着说："不是我的责任，主要是客户太挑剔了。就那么点钱，还要这要那的，差不多就可以了。就没碰到过这么难缠的客户……"

小陈这样的工作态度是很难签下这笔业务的，这是典型的对公司不负责、对客户不负责的表现。我们应对自己在企业中所承担的责任和义务高度自觉，在工作中充分发挥自己的积极性、主动性和创造性，对本职工作尽职尽责。担当起自己该承担的职业责任才能赢得公司、客户、同事的尊重。

▌二、职业责任的承担形式

每一种职业都有相关的法律法规和职业道德规范来规定从业者的职业行为，以及其因违规违纪而应承担的责任。职业责任的承担形式不一，主要有道德责任、纪律责任、行政责任、民事责任和刑事责任五种。

（一）道德责任

道德责任是指从业人员在履行职业职责过程中，由于违反职业道德而受到同行的批评、社会舆论的谴责或自己良心的谴责。这是从业人员承担职业责任最基本的一种形式。

（二）纪律责任

纪律责任是指从业人员在履行职业职责过程中，因违反职业规范、职业纪律而应当受到的纪律处分，纪律处分一般有警告、记过、记大过、降级、降职、撤职、开除等。

（三）行政责任

行政责任是指从业人员在履行职业职责过程中，因违反行政法规而依法应当承担的责任。对律师的行政处罚就有警告、没收违法所得、停止营业、吊销执业证书等方式。

（四）民事责任

民事责任是指从业人员在履行职业职责过程中，因故意或过失而违反了有关法律法规或职业纪律，构成民事侵权、形成债权债务关系等依法应当承担的责任。

（五）刑事责任

刑事责任是指从业人员在履行职业职责过程中，因个人行为给国家、集体或个人造成损失、伤害，并触犯了刑法的有关规定依法应当承担的责任。

三、提升职业责任感的途径

职业责任感是职业人的第一素质。不管从事什么职业，缺乏职业责任感的后果都是非常严重的。提升职业责任感的途径有以下四种。

（一）强化思想道德意识

由于人与人之间在政治素质、经济状况和文化素养等方面存在差别，每个人的道德觉悟和道德水平会有所不同。但是责任心是国家对每个公民、社会对每位成员、企业对每个员工共同的道德要求。我们评价一个人的道德状况，关键是看他有没有承担起相应的责任、遵守相应的道德规范。如果他承担了相应的责任、遵守了相应的道德规范，那么他就是一个有道德的人，否则，他的道德觉悟和道德水平就有问题。职业责任感的强弱，是衡量一个人思想道德品质的重要尺度之一。

（二）培养责任意识

认真履行职业责任是当今职场的必然要求。职业责任意识引导人们把职业理想同远大理想结合起来，寻求个人需求、个人能力同社会需求的结合点，使每一名社会成员都能忠实地在自己的岗位上履行对社会、对他人的责任。如果一个人有了强烈的责任意识，就会自觉地遵守法纪，遵守道德规范，对自己、对他人、对社会负责，妥善处理好不同利益主体的关系，严格自律。相反，缺乏责任意识的人，往往对自己的言行极不负责，有的甚至不顾最基本的道德准则，损害他人和社会的利益。任何高尚的德行，都是以某种责任感为支撑的。

（三）提高主动性

职业责任感与工作的主动作为是相辅相成、辩证统一的关系，责任感支配着主动作为，主动作为是责任感的具体实施，责任感因为主动作为而有价值。我们必须明确工作到底是为了什么。为了维持生活？为了实现自己的理想？还是为了通过满足他人和社会的需求来体现自身价值？作为一个有高度责任感的从业者，只有正确处理好三者的关系，才会真正激发起职业责任感，在工作中自觉发挥主动性，更好地挖掘自身潜力，以更积极、更强烈的工作热情投入工作。

（四）坚持诚信做事

诚信，是社会主义核心价值观对社会公民的基本道德要求。作为企业员工，不仅要做事，更重要的是坚守职业道德，做到诚信做事。一个人是否可靠，是否可以委以重任，是通过一件件具体工作的执行来评判的。弄虚作假的做事方式不可取，偷奸耍滑早晚会被察觉，工作中一定要坚持诚信做事的原则。

▶▶▶ 拓展阅读

洗盘子的故事

网上流传过这样一个故事：一家餐馆来了一名打工者，这家餐馆有一个规矩，即一个盘子一定要洗满6遍。这个打工者一开始老老实实地和其他同事一样，按照规矩来，每洗一个盘子一定洗满6遍。如此几天过去了，打工者发现一个问题，这里的老板从来不检查洗盘子的员工是否每个盘子都洗满6遍。于是，这个"聪明"的打工者便减少了操作次数，每个盘子只洗5遍，这样，他的效率就"高"了一些。老板见到他短短几天内进步很快，很高兴，奖励了他。打工者得到了鼓励，愈发证明了自己的"正确性"。没过多久，便又减少了操作次数——每个盘子只洗4遍，后来是3遍，两遍……直到被同事们发现，告到老板那里。这名打工者的后果，就不言而喻了。

（五）重视结果

对企业来说，能够做事情、出结果的员工才是好员工。做负责任的好员工，至少要干得比说得漂亮，做得比答应得精彩。把结果带回来，做一名负责任的员工，这是走向事业成功的前提。想象一下，几个人同时去企业面试，有人有学历，有人有经验，有人有创意，有人能把结果带给企业，面试官会选择哪一个？

（六）想方设法履行承诺

在工作约定进行过程中，遇到事先没有预想到的困难如何保证兑现承诺呢？不重视约定的人，总是强调客观原因；而遵守约定的人，则能够承受个人利益的牺牲，千方百计地履行承诺。

▶▶ 拓展阅读

男孩的担当

一个 8 岁的小男孩，与一些十几岁的孩子做游戏。游戏虚拟了一个"警戒活动"，大一些的孩子扮演军官，小男孩扮演一个站岗的哨兵。大孩子严肃地命令，"严守岗位，不得离开"。小男孩愉快地接受了站岗的任务，他站了很久很久，也没有得到新的指令，小男孩身体有点吃不消了，但仍英姿飒爽。一位真正的军官路过，奇怪地询问了小男孩。听了小男孩的讲述，看着执着、有担当、认真的 8 岁孩子，军官满意地笑了，并马上敬了个军礼，大声说："我命令你，现在解除警戒。"

这个孩子的行为让人感动。这种认真、执着的精神，对任何年龄阶段、任何岗位的职业人来讲，都极为可贵。在工作中承担自己那部分责任的时候，需要一点故事中孩子的傻气。既然答应了的事情，就一定要做好。

第三节　培养职业精神

一、职业精神概述

（一）职业精神的概念

职业精神是与人们的职业活动紧密联系、具有自身职业特征的精神，是民族精神和时代精神体系的重要组成部分，其本质是为人民服务。职业精神由多种要素构成，它们相互配合，形成严谨的职业精神模式。在全面建成小康社会、实现中华民族伟大复兴的征程中，从事不同职业的人们都应当大力弘扬职业精神，尽职尽责，贡献自己的聪明才智。

（二）职业精神的实践内涵

1. 敬业

敬业是职业精神的首要实践内涵。即社会成员对自己所从事的职业的尊敬和热爱。敬业是从业者希望通过自身的职业实践，去实现自身核心价值观追求和职业伦理观念。敬业与人的存在方式、人的本质、人的全面发展都有着直接的联系，并与它们共同构成职业精神的完整价值体系，承载着强烈的主观需求和明确的价值取向，构成从业者实践活动的内在尺度，规定着职业实践活动的价值目标。

2. 勤业

古人云："业精于勤荒于嬉，行成于思毁于随。"勤业就是勤奋努力做好本职工作。天道酬勤、勤能补拙，辛勤劳动、不贪安逸的人，才能成就大事。勤业要求从业者始终保持张弛有序的工作状态，保持昂扬向上的奋发精神，做到腿勤、手勤和脑勤。培养勤业精神，需要从业者在推进改革开放和现代化建设的实践中强化意识，在完成本职工作和特殊任务的实践中端正态度，在解决复杂矛盾和突出问题的实践中提高能力。

3. 创业

职业发展的动力在于创新创业，创新是新时代新发展理念之首。历史反复证明，推进职业发展，关键要敢于和善于创新创业。有没有创新创业能力，能不能进行创新创业，是新时代世界范围内经济和职业竞争的决定性因素。

4. 立业

新时代，我们的国家有了新的目标任务。广大青年所要"立"的根本大业，就是要在全面建成小康社会的基础上，在各自的工作岗位上奋发劳动，为建设富强、民主、文明、和谐、美丽的社会主义现代化强国奉献自己的才华和智慧。

（三）社会主义职业精神的基本要素

社会主义职业精神是社会主义核心价值观的具体要求，由多种要素构成。这些要素分别从特定方面反映着社会主义职业精神的本质和基础，同时又相互配合，形成严谨的职业精神模式。

1. 职业理想

社会主义职业精神所提倡的职业理想，主张各行各业的从业者，放眼社会利益，努力做好本职工作，全心全意为人民服务、为社会主义服务。这种职业理想，是社会主义职业精神的灵魂。

2. 职业态度

树立正确的职业态度是从业者做好本职工作的前提。一个从业者积极性的高低和职业行为的完成情况，在很大程度上取决于他的职业态度。因此，职业态度对于培育社会主义职业精神有着十分重要的意义。

3. 职业责任

职业责任包括职业团体责任和从业者个体责任两个方面。我们要把客观的职业责任变成自觉履行的道德义务，这是社会主义职业精神的一个重要内容。

4. 职业技能

新时代，各行各业对职业技能的要求越来越高。社会不但需要科学技术专家，而且迫切需要受过良好职业教育的技术人员、管理人员和其他具有一定科学文化知识和技能的熟练从业者。我国经济建设的实践证明，良好的职业技能具有深刻的职业精神价值。各级科技人员之间以及科技人员和技能人才之间都应有恰当的比例，生产建设才能顺利进行。

5. 职业信誉

职业信誉是职业责任和职业精神的价值尺度，是对职业行为的社会价值所作出的客观评价和正确认识。从主观方面看，职业信誉鲜明地体现着"全心全意为人民服务"的职业理想和主人翁的职业态度。从客观方面说，职业信誉是社会对从业者的肯定性评价，包括从业者的职业技能、职业纪律、职业责任等。

6. 职业作风

职业作风是从业者在其职业实践中所表现的一贯态度。从总体上看，职业作风是职业精神在从业者职业生活中的习惯性表现。

▶▶ 拓展阅读

第12块纱布

丹丹是一名刚从学校毕业的护士，在一家医院当实习生。在实习期内，如果能让院方满意，她就可以获得这份工作。否则，她就只能离开。一天，来了一名因车祸而生命垂危的患者，丹丹被安排作外科专家该院院长王教授的助手。复杂的手术从清晨进行到黄昏，眼看患者的伤口就要缝合，丹丹突然严肃地盯着院长，说："王教授，我们用了12块纱布，可是你只取出11块。""我已经全部取出来了。一切顺利，立即缝合。"院长头也不抬地回答。"不，不行！"丹丹高声抗议起来："我记得清清楚楚，手术中我们用了12块纱布。"院长没有理睬她，命令道："听我的，准备缝合。"这位实习护士毫不示弱，她几乎大叫起来："您是医生，您不能这样做！"直到这时，院长冷漠的脸上才浮起欣慰的笑容。他举起左手，手心里握着第12块纱布，并宣布："她是我最合格的助手。"

丹丹作为一名实习护士，面对权威，敢于坚持，以她负责的职业精神顺利通过了实习考察。我们每一个人都应该培养负责任、有担当的职业精神，这会使我们的职业生涯之路越走越宽。

二、职业精神的培养途径

（一）坚持理论与实践相结合

理论课的开设使人们从认知层面了解什么是职业精神，怎样培养职业精神。在实习实训过程中，青年学生可以获得其他任何渠道都无法获得的道德实践与体验；深刻体会企业文化的魅力，高效的工作、团结的队伍、进取的精神、敬业的态度，尤其是对自己未来从事职业、所在岗位所要求的职业精神的体悟；真正感受企业管理者的才干和人格魅力；加深对职业人的形象认识，明确未来关于职业理想、职业态度、职业纪律等因素的认识，使自己提前认识到职业精神对于个人职业生涯的重要性。

（二）主动加强自身职业修养

在接受学校课堂理论知识传授和实训教育的学习中，青年学生要注重自身职业素养的内化和素质的提升，增强职业竞争能力；要充分了解自我、认识自我，发掘自己的兴趣所在；要知晓自己所学专业和相关行业的职业素养要求，培养良好的学习、生活习惯，有意识地提升自己的综合素质；要利用课余时间参加各种学术讲座和学生讨论会，多读课外书，提升自己的基本文化修养。

（三）努力践行职业精神

马克思主义关于人的全面发展观强调："造就全面发展的人的唯一方法就是教育和生产劳动相结合。"对于职业精神的培养，需要将理论付诸实践。在实际行动中践行职业精神，是培养和检验人才质量的根本。践行职业精神，要坚持以德为先、勤学好问、知行合一、守正创新。

▶▶ **拓展阅读**

马班邮路上的忠诚使者

在大山里孤身行走360千米，至少需要露宿6个晚上，对许多户外运动爱好者来说，这样的一次经历也许充满趣味，但每月都风雨无阻走上两趟，是不是难以想象？有一个人把这件事做了20年。他叫王顺友，是四川凉山彝族自治州木里藏族自治县的一位邮递员，共产党员。从1985年开始，他就在大山里奔波送信。20年的时间里，每年投递报纸8000多份，投递准确率达到100%，跋涉26万千米，相当于绕地球6圈。

位于青藏高原和云贵高原接合地带的凉山彝族自治州木里藏族自治县面积约1.32万平方千米，人口为12万多，县内相对高度差为4000多米。29个乡镇中，除县城外都不通座机电话，多数乡镇不通公路。在人迹罕至的大山深处，绵延着总长3500多千米的15条依靠骡马驮运邮包的小道——马班邮路，这些马班邮路就是木里藏族自治县的"信息生命线"。王顺友和他的同事们在这15条邮路上，常年跋涉着。

"当我把信、包裹送到老百姓手里，把文件、报纸送到乡政府时，看到他们高兴的笑容，我就觉得自己很值得。"王顺友这样评价自己的工作。"不过，这个工作真地很苦啊！"王顺友感叹道。

王顺友的职业精神令我们感动，值得我们尤其是将要步入职场的青年人学习。

三、大力弘扬职业精神

人是要有一点精神的，一个行业更是如此。党的二十大报告指出，推进文化自信自强，铸就社会主义文化新辉煌，要在全社会弘扬劳动精神、奋斗精神、奉献精神、创造精神、勤俭节约精神，培育时代新风新貌。

也许你是坚守在平凡岗位的蓝领工人，也许你是服务群众、为民办事的人民公仆，也许你是追求卓越、精益求精的科技工作者，也许你是新兴行业的快递小哥……无论你从事哪种工作，都在自己的岗位上践行着崇高的职业精神，爱岗敬业，默默奉献，为实现自己的人生价值而加油助力。

（一）为民服务、淡泊名利的奉献精神

"江山就是人民，人民就是江山"，只有把个人价值融入为民服务的大舞台中才会有意义，把人民群众关心的焦点问题，特别是住房、医疗、就业问题作为头等大事来抓，从群众中来，到群众中去，切实解决好人民群众的疾苦。无论是在新疆边境无私奉献巡线50年的魏德友，还是植树治沙40年的石光银，都是为民服务的优秀代表，他们都是我们学习的榜样。

（二）刻苦钻研、迎难而上的工作态度

任何事物的发展都不是一帆风顺的，而是螺旋式发展的，在前进和挫折中不断取得新的突破，因此，在工作中更需要知难而进、迎难而上的开拓精神。如果遇到困难就畏缩不前，那么事业将会停滞不前。我国的科技事业实现了"上九天揽月，下五洋捉鳖"伟大成就的背后是无数科技工作者日夜攻关、勤学苦练、攻坚克难。无论何种职业，都需要从业者树立不怕苦、不怕难的决心和态度，才能在追求事业的道路上行稳致远。

（三）精益求精、精耕细作的工作作风

没有过硬的本领和作风就不会取得可喜的成绩。毛泽东同志曾说过，在战略上要举重若轻，在战术上要举轻若重。精益求精、精耕细作的务实作风是战术层面的具体要求。艾爱国是我国焊接领域的"领军人"，他是工匠精神的杰出代表，秉持"做事情要做到极致、做工人要做到最好"的信念，在焊工岗位奉献50多年，集丰厚的理论素养和操作技能于一身，多次参与我国重大项目焊接技术攻关，攻克数百个焊接技术难关。坚持务实的工作作风，让我们每个人都有创造奇迹的机会。

树立和弘扬职业精神，是每个从业者义不容辞的责任，是践行社会主义核心价值观的基本要求。三百六十行，行行出状元，只有树立了良好的职业道德，才能为实现中华民族伟大复兴添砖加瓦，贡献自己的力量！

▌▌▶ **拓展阅读**

全国敬业奉献道德模范——艾爱国

1950年，艾爱国出生在湖南攸县农村，家庭并不富裕，但是他的父亲十分重视子女们的教育，家中5个孩子不论男女都接受过教育。艾爱国读中专时，响应国家号召成为一名知青。1968年，年仅19岁的他，通过招工进厂成为湘钢一名普通的管道工人。艾爱国说："父亲在临行前跟我说，不要待在机关，去学一门技术，当一个好工人。"

1970年，首都钢铁援建湘钢的队伍来到湘潭，他主动帮着首钢焊接专家马有芬师傅干杂活儿，艾爱国说："马师傅看我勤快踏实，干起活儿来卖力，就问我想不想学焊接，我也觉得焊工有技术含量。"此后，他便跟随马师傅勤学苦练，走上了焊工之路。

学一行、爱一行、钻一行。在湘钢艾爱国有一个绰号，叫"艾劳模"。他每天7点30分准时"打卡"上班，为了焊接事业，他翻阅了几百本焊接专业书，啃下了焊接领域许多"硬骨头"。寒冬腊月，他在800℃的高温旁持续奋战。每当工程到了攻关的重要时刻，他都坚守现场，曾经创下连续工作40小时的纪录。50多年的焊接生涯中，他为冶金、矿山、机械、电力等行业攻克400多项焊接技术难题，改进焊接工艺100多项，创造直接经济效益8000多万元。

在艾爱国焊接实验室的展柜中，有18本记录了艾爱国学习、工作、成长与思考的笔记本。从接触焊接工作开始，他就养成了一个习惯——搜罗一切他能找到的焊接专业书与资料，并做好笔记。为了更好地开展科研教学，没有电脑基础的他，58岁时还在坚持学习CAD制图软件，学习制作PPT，电脑中的上千个教学课件，全都由他自己独立完成。

2021年11月，艾爱国荣获第八届全国敬业奉献道德模范。他感谢党和国家给的这份沉甸甸的荣誉，把荣誉看作一个起点，并表示要坚持爱岗敬业，为湘钢继续服务。

平凡铸就伟大，伟大蕴于平凡。从无名学徒到大国工匠，艾爱国数十年如一日在平凡岗位上默默坚守，精益求精，追求卓越，勇于自主创新，攻克了数百项技术难关，成为拥有一身绝技的焊接行业领军人。2008年，艾爱国焊接实验室正式成立，它是湖南省焊接工艺技术重点实验室，总面积约为800平方米，实验室以科研、教学、成果展示为主，研究、实验和评定湘钢板材焊接性能，为新品开发和客户服务提供技术支撑。

2021年6月29日，在北京人民大会堂，艾爱国被授予"七一勋章"。"七一勋章"作为党内最高荣誉，全国仅有29位受勋者，他是湖南省唯一一位，也是钢铁行业的唯一。

如今，70多岁的艾爱国，依然每天到实验室"打卡"上班，奋斗在他热爱的焊接生产的第一线，用他的话说，"我要做一把永不熄灭的焊枪"。不少企业高薪聘请他，每次都被他坚定拒绝，"我坚持一辈子只做一件事，湘钢需要我，我不能离开湘钢"。

择一业，爱一生，退而不休，初心不改；手把手，传技艺，敬业奉献，绘就不凡。

💡 **课后思考**

1. 结合自身兴趣爱好，谈一谈职业规划应注意些什么。
2. 如何将自己的职业规划与中华民族伟大复兴中国梦的实现相结合？
3. 如何培育自己的职业精神？
4. 结合自己的专业，你认为职业精神包括哪些要素？

第九章　劳动者法律权益保护

学习目标

1. 了解劳动法和劳动合同法中保护个人权益的基本内容。
2. 熟知劳动争议及处置措施。
3. 构建自身劳动保护及职场安全应对能力。

案例导入

劳动关系不能随意解除

　　小张刚毕业时入职某软件公司担任技术员，双方签订了劳动合同，在合同期内，公司删除了小张的工号，并发出了"关于解除与小张劳动关系的通知"，但并未直接送达小张本人，小张亦表示从未收到该通知。双方因劳动关系的解除产生争议诉至法院，小张要求软件公司支付违法解除劳动关系的赔偿金 27 160 元；软件公司则表示小张无法胜任其工作岗位，公司与其解除劳动关系属于合法行为。经审理，法院认定该软件公司未能有效证明其解除与小张的劳动关系时已提前 30 日以书面形式通知小张，亦未额外支付小张 1 个月的工资，其行为属于违法解除劳动关系，应当向小张支付 27 160 元。

　　根据法律相关规定，用人单位认为劳动者不能胜任工作岗位的，不能立即解除劳动关系，用人单位以"不胜任工作"为由单方解除劳动关系时，须满足以下条件：① 有证据证明劳动者在原工作岗位上无法胜任工作；② 有证据证明对该劳动者进行了培训或调岗，且在培训或调岗后该劳动者均无法胜任工作；③ 有解除劳动合同的书面通知；④ 提前 30 日发出书面通知给该劳动者，或者在额外支付了 1 个月的工资后当天发出通知；⑤ 依法给予经济补偿。

保护劳动者在生产劳动过程中的安全与健康，是中国共产党和我们国家的一项基本方针，是坚持社会主义制度的本质要求，是发展生产、促进经济建设的一项根本性大事，也是社会主义物质文明和精神文明建设的一项重要内容。在构建和发展和谐劳动关系的过程中，要依法保障职工基本权益，健全劳动关系协调机制，及时正确处理劳动关系矛盾纠纷。

第一节　劳动法规常识

在社会主义市场经济条件下，任何专业的学生都应该了解我国的劳动法律法规体系并掌握该体系基本的法律知识。《中华人民共和国劳动法》以劳动关系及与劳动关系密切联系的关系为调整对象，其基本理念是为了维护劳动者的合法权益。因此，不管工作岗位如何，都应当熟悉劳动法律法规，并能够运用劳动法专业知识解决劳动关系中的实际问题，做一个知法、守法、懂法的好公民。

一、劳动法律法规体系概述

劳动法律法规体系是由各项劳动法律制度及劳动法律规范组成的有机联系的整体。

（一）劳动法律法规体系内容

劳动法律法规体系主要包括《中华人民共和国劳动法》《中华人民共和国劳动合同法》《中华人民共和国社会保险法》《中华人民共和国就业促进法》《中华人民共和国劳动争议调解仲裁法》《中华人民共和国劳动合同法实施条例》《工伤保险条例》《国务院关于职工工作时间的规定》《工资支付暂行规定》等相关法律法规。

（二）劳务关系和劳动关系

1. 劳务关系的特点

劳务关系是劳动者与用工者根据口头或书面约定，由劳动者向用工者提供一次性的或特定的服务，用工者依约向劳动者支付劳务报酬的一种有偿服务的法律关系。它是两个或两个以上的平等主体之间就劳务事项进行等价交换过程中形成的一种经济关系，各方之间没有管理与被管理的隶属关系，劳务的提供者自主管理、自由支配劳动力、自行承担风险。

2. 劳动关系的特点

劳动关系，就是劳动力的所有者一方（劳动者）将自己的劳动力有偿交给另一方（用人单位）使用，劳动者的人身在一定程度上受到用人单位的控制，劳动关系呈现人身关系的特征，进而成为一种隶属主体间的以指挥和服从为特征的管理关系。用人单位对于劳动者的管理与支配主要体现在"从属性",这也是劳动关系与一般的民事关系最基本的区别,该从属性主要分为人格上的从属性及经济上的从属性。

人格上的从属性主要指劳动者对用人单位的指示有服从的义务,表现为:① 用人单位对劳动者的工作时间、地点和业务内容具有广泛的指示权;② 劳动者成为用人单位组织中的一员,必须服从用人单位组织中的内部劳动规则,即必须遵守该单位的规章制度;③ 劳动者有接受用人单位的检查以及接受合理制裁的义务。

经济上的从属性主要表现为:① 生产工具或器械由用人单位所有,原料由用人单位供给;② 劳动者的工作是作为用人单位所经营的事业整体的、不可分割的一部分,劳动者是为用人单位的事业提供劳动而不是为自己提供劳动;③ 责任与危险负担由雇主负责。

"事实优先"原则对于判断劳动关系是否存在有至关重要的作用,即不管双方当事人是否订立合同,或以何种名义订立合同,主要考察的都应是双方之间的权利义务关系是否具有劳动关系的特点,而不能拘泥于各方或双方如何描述这种关系。

3. 劳务关系与劳动关系的区别

劳务关系与劳动关系的区别主要有以下四点。第一,当事人地位不同。前者当事人之间无组织、隶属关系,地位平等;后者当事人之间存在隶属关系,劳动提供方是接受方的组织成员。第二,标的不同。前者的标的是物化或非物化的劳动成果,后者的标的是劳动力的使用过程。第三,风险责任不同。前者由劳务提供方自担风险,后者由劳动接受方承担劳动过程中的风险。第四,报酬性质不同。前者的劳务报酬与商品交换中的价款具有同样性质,遵循等价有偿规则,通常由劳务接受方一次性或分多次支付;后者的劳动报酬是生活消费品的一种分配形式,遵循按劳分配原则,由劳动接受方持续、定期支付。

二、劳动合同

劳动合同是劳动者与用人单位之间确立劳动关系,明确双方权利和义务的书面协议。劳动合同是确立劳动关系的普遍性法律形式,是用人单位与劳动者履行劳动权利义务的重要依据。《中华人民共和国劳动合同法》(以下简称《劳动合同法》)第十条规定:"建立劳动关系,应当订立书面劳动合同。"

(一)劳动合同分类

1. 固定期限劳动合同

固定期限劳动合同是指用人单位与劳动者约定合同终止时间的劳动合同。用人单位与劳动者协商一致,可以订立固定期限劳动合同。劳动合同期限届满,劳动关系即告终止。如果双方协商一致,还可以续订劳动合同,延长期限。固定期限的劳动合同可以是较短时间的,如半年、一年、两年,也可以是较长时间的,如 5 年、10 年,甚至更长时间。不管时间长短,劳动合同的起始和终止日期都是固定的。具体期限由当事人双方根据工作需要和实际情况确定。固定期限劳动合同到期终止后,权利义务不再约束用人单位和劳动者,用人单位负有通知劳动者续订劳动合同的义务。只有在劳动者不同意用人单位维持或者提高劳动合同约定条件、拒绝续签合同的情况下，用人单位才不用向劳动者支付经济补偿金。

2. 无固定期限劳动合同

无固定期限劳动合同是指用人单位与劳动者约定无确定终止时间的劳动合同。用人单位与劳动者协商一致，可以订立无固定期限劳动合同。有下列情形之一，劳动者提出或者同意续订、订立劳动合同的，除劳动者提出订立固定期限劳动合同外，应当订立无固定期限劳动合同：劳动者在该用人单位连续工作满 10 年的；用人单位初次实行劳动合同制度或者国有企业改制重新订立劳动合同时，劳动者在该用人单位连续工作满 10 年且距法定退休年龄不足 10 年的；连续订立两次固定期限劳动合同，且劳动者没有《劳动合同法》第三十九条规定的过错性辞退和第四十条第一项、第二项规定的非过错性辞退情形，续订劳动合同的。用人单位自用工之日起满一年不与劳动者订立书面劳动合同的，视为用人单位与劳动者已订立无固定期限劳动合同。

（二）劳动合同的订立

劳动合同订立是指劳动者和用人单位经过相互选择和平等协商，就劳动合同条款达成协议，从而确立劳动关系和明确相互权利义务的法律行为。

订立劳动合同要做到"四合法"。一是订立劳动合同的主体必须合法，即双方当事人必须具备法律法规规定的主体资格。作为用人单位，应是依法成立的企业、个体经济组织、国家机关、事业组织、社会团体等。作为劳动者，必须具有劳动权利能力和劳动行为能力，即应是年满 16 周岁、具有劳动行为能力的中国人、外国人和无国籍人，双方主体在签约时，主体资格必须合法。二是订立劳动合同的内容必须合法，即双方当事人在劳动合同中所设定的权利和义务条款必须符合国家法律法规和有关政策的规定。如有的劳动合同规定："发生工伤事故，单位概不负责""旷工 3 天予以除名""不享受星期天休假"等，均属于内容违法而无效的条款。对此，用人单位应承担由此而产生的法律责任。三是订立劳动合同的程序必须合法。有的地方性法规对劳动合同签订的程序，除了要求当事人签订书面合同并签字盖章外，还规定由劳动行政主管部门的劳动合同管理机构进行鉴证，方能生效。四是订立劳动合同的行为必须合法。

劳动合同应当具备以下必备条款。

(1) 劳动合同期限。即劳动合同的有效时间。

(2) 工作内容。即劳动者在劳动合同有效期内所从事的工作岗位（工种），以及工作应达到的数量、质量指标或者应当完成的任务。

(3) 劳动保护和劳动条件。即为了保障劳动者在劳动过程中的安全、卫生及其他劳动条件，用人单位根据国家有关法律法规而采取的各项保护措施。

(4) 劳动报酬。即在劳动者提供了正常劳动的情况下，用人单位应当支付的工资。

(5) 劳动纪律。即劳动者在劳动过程中必须遵守的工作秩序和规则。

(6) 劳动合同终止的条件。即除期限外其他由当事人约定的特定法律事实，这些事实一出现，双方当事人之间的权利义务关系即终止。

(7) 违反劳动合同的责任。即当事人不履行劳动合同或者不完全履行劳动合同所应承担的相应法律责任。

除以上必备条款外，劳动者与用人单位还可以在法律法规允许的范围之内，协商约定其他内容作为劳动合同的约定条款，如试用期限、商业秘密的保护等。《中华人民共和国安全生产法》规定，生产经营单位与从业人员订立的劳动合同，应当载明有关保障从业人员劳动安全、防止职业危害的事项以及依法为从业人员办理工伤社会保险的事项。生产经营单位不得以任何形式与从业人员订立协议，免除或者减轻其对从业人员因生产安全事故伤亡依法应承担的责任。违法订立这类协议的，协议无效。

（三）劳动合同的终止和解除

劳动合同的终止，是指符合法律规定情形时，双方当事人的权利义务不复存在，劳动合同的效力消失。劳动合同的终止不存在约定终止，只有法定终止。用人单位与劳动者不得再另行约定其他的劳动合同终止条件。有以下情形之一的，劳动合同终止：① 劳动合同期满的；② 劳动者开始依法享受基本养老保险待遇的；③ 劳动者死亡，或者被人民法院宣告死亡或者宣告失踪的；④ 用人单位被依法宣告破产的；⑤ 用人单位被吊销营业执照、责令关闭、撤销或者用人单位决定提前解散的；⑥ 法律、行政法规规定的其他情形。

劳动合同的解除，是指当事人双方提前终止劳动合同的法律效力，解除双方的权利义务关系。劳动合同解除分为：意定解除、劳动者提前通知单方解除即劳动者主动辞职、劳动者随时单方解除即被迫解除、用人单位单方通知解除、用人单位提前通知单方解除。除意定解除以及劳动者在人身受到威胁、被强迫劳动情形下解除劳动合同，不需要履行相应的法定程序外，其他均需履行相应的程序。

▐▌▶ **拓展阅读**

电子劳动合同来了，你知道怎么签吗？

2020 年 5 月，北京市人社局发消息称将推广使用电子劳动合同。据悉，电子劳动合同内容与纸质劳动合同相同，电子劳动合同便民利企、节省成本、提高效率，有利于优化用工管理；纸质合同则签署时间长，还涉及人员往返、快递邮寄及存储等成本。

2020 年 3 月，人社部向北京市人社局发出《关于订立电子劳动合同有关问题的函》，允许北京率先推广使用电子劳动合同，"用人单位与劳动者协商一致，可以采用电子形式订立书面劳动合同"。

同时，文件还明确了采用电子形式订立劳动合同，应使用符合《电子签名法》等法律规定的可视为书面形式的数据电文和可靠的电子签名。用人单位应保证电子劳动合同的生成、传递、存储等满足《电子签名法》等法律要求，确保其完整、准确、不被篡改。符合

《劳动合同法》规定和上述要求的电子劳动合同一经订立即具有法律效力。

电子合同是双方或多方当事人之间通过电子信息网以电子的形式达成的设立、变更、终止财产性民事权利义务关系的协议。电子合同是被法律认可的一种合同签订形式，一份加载了可靠电子签名、防篡改等技术的电子合同具有同纸质合同一样的法律效力。相对于传统纸质合同，电子合同更加便捷安全、节省成本、方便存储，助力企业降本增效。电子合同加速普及，未来劳动合同将逐步电子化。

三、劳动基准法

劳动基准法是有关劳动报酬和劳动条件最低标准的法律规范的总称，用人单位可以采用高于但不能低于基准法所规定的标准。

（一）工作时间和休息休假

劳动者每日工作时间不超过 8 小时、平均每周工作时间不超过 44 小时的工时制度。对实行计件工作的劳动者，用人单位应当根据《中华人民共和国劳动法》（以下简称《劳动法》）第三十六条规定的工时制度合理确定其劳动定额和计件报酬标准。用人单位应当保证劳动者每周至少休息一日。企业因生产特点不能实行《劳动法》第三十六条、第三十八条规定的，经劳动行政部门批准，可以实行其他工作和休息办法。用人单位在下列节日期间应当依法安排劳动者休假：元旦、春节、国际劳动节、国庆节、法律法规规定的其他休假节日。用人单位由于生产经营需要，经与工会和劳动者协商后可以延长工作时间，一般每日不得超过一小时；因特殊原因需要延长工作时间的，在保障劳动者身体健康的条件下，延长工作时间每日不得超过 3 小时，每月不得超过 36 小时。有下列情形之一的，延长工作时间不受《劳动法》第四十一条的限制：发生自然灾害、事故或者因其他原因，威胁劳动者生命健康和财产安全，需要紧急处理的；生产设备、交通运输线路、公共设施发生故障，影响生产和公众利益，必须及时抢修的；法律、行政法规规定的其他情形。用人单位不得违反本法规定延长劳动者的工作时间。有下列情形之一的，用人单位应当按照下列标准支付高于劳动者正常工作时间工资的工资报酬：安排劳动者延长工作时间的，支付不低于工资的 150% 的工资报酬；休息日安排劳动者工作又不能安排补休的，支付不低于工资的 200% 的工资报酬；法定休假日安排劳动者工作的，支付不低于工资的 300% 的工资报酬。国家实行带薪年休假制度，劳动者连续工作一年以上的，享受带薪年假。

（二）工资

工资是指用人单位根据国家的有关规定或者劳动合同的约定，以货币形式直接支付给本单位劳动者的劳动报酬。劳动者的工资应不低于当地最低工资水平。

工资是劳动者劳动收入的重要组成部分，但不是收入的全部。劳动者的以下收入不属于工资的范围：单位支付给劳动者个人的社会保险福利费用，如丧葬抚恤救济费、生活困难补助费、计划生育补贴等；劳动保护方面的费用，如用人单位支付给劳动者的工作服、解毒剂、清凉饮料费用等；按规定未列入工资总额的各种劳动报酬及其他劳动收入，如根据国家规定发放的奖项以及稿费、讲课费等。

▶▶ **拓展阅读**

你的工资达到最低工资标准了吗？

河北某企业所在地法定最低工资标准为每月 1800 元 / 人，该企业职工蔡某 8 月份全勤，领得全部工资收入为 2020 元。其中，冷饮费 50 元，合理化建议奖 100 元，独生子女补贴 10 元，交通补贴 40 元，午餐补贴 58 元。

该企业支付给蔡某的"工资"有违法之处：首先，冷饮费属于劳动保护方面的费用，合理化建议奖属于按规定未列入工资总额的报酬和其他劳动收入，独生子女补贴属于支付给劳动者个人的社会保险福利费用，它们都不属于工资的范围，这部分收入共计 160 元；其次，午餐补贴 58 元，交通补贴 40 元，共计 98 元，属于福利待遇，不包括在最低工资之内。这样，蔡某全勤劳动却没有得到最低工资 1800 元，只有 1762 元，低于当地最低工资标准。用人单位应予补发并支付赔偿金。

第二节　劳动争议及处置措施

一、劳动争议及其特征

劳动争议亦称劳动纠纷，是指劳动关系双方当事人之间因劳动权利和劳动义务的认定与实现所发生的纷争。劳动争议实质上是劳动关系当事人之间利益矛盾、利益冲突的表现。只有在劳动关系存续期间，才会发生此类争议。

▶▶ **拓展阅读**

职场小白巧留证　投机用工终败诉

段某 2021 年 7 月毕业后，于 2022 年 3 月经他人推荐参加并通过了某动画公司的面试，开始在该公司渲染部门工作。双方未签订劳动合同，口头约定每月工资为 8000 元。段某称其在职期间，动画公司未向其发放工资，段某一直通过微信方式要求办理入职手续。2022年12月，动画公司口头要求段某离开单位。后段某申请仲裁，要求确认双方在2022年3月至2022年12月期间存在劳动关系，动画公司支付违法解除劳动关系赔偿金、工资、未签订劳动合同二倍工资差额等。动画公司主张段某是在公司进行实践学习，身份是运营实习生，实习期间不发放工资。仲裁委出具裁决书后，双方均不服并起诉至法院。

法院判决确认段某与动画公司自2022年3月至2022年12月期间存在劳动关系，动画公司支付段某工资、未签订劳动合同二倍工资差额、违法解除劳动合同赔偿金共计16万元。

《中华人民共和国劳动合同法》第十条规定："建立劳动关系，应当订立书面劳动合同。已建立劳动关系，未同时订立书面劳动合同的，应当自用工之日起一个月内订立书面劳动合同。"劳动关系是指劳动者与用人单位之间，依法所确立的劳动过程中的权利义务关系。劳动者接受用人单位的管理，从事用人单位安排的工作，成为用人单位的成员，从用人单位领取劳动报酬。本案中，段某向法院提交了大量的微信聊天记录、工作文档、视频照片等证据证明其在职期间接受动画公司领导安排从事了模型制作、会议记录、后期渲染等工作，并且多次向部门负责人催办入职手续。动画公司虽主张段某系"实习生"，但考虑到段某进入动画公司时并非在校大学生，动画公司亦未就双方已约定段某以实习生的身份进入公司进行举证，故法院对动画公司的陈述不予采纳。综合以上信息，最终法院认定段某与动画公司存在劳动关系。因动画公司未依法与段某签订劳动合同，未发放工资，且无正当理由口头通知段某离开公司的行为属于违法解除劳动关系，故应当向段某支付相应的赔偿金。

本案中，段某在完成正常工作的同时有意识地保留了相关的工作档案、微信记录等证据，而这些证据也成为维护自身合法权益的有力武器。

二、劳动争议处置

（一）协商

发生劳动争议，劳动者可以与用人单位协商，也可以请工会或者第三方共同与用人单位协商，达成和解协议。

（二）调解

劳动争议调解是指对用人单位与劳动者之间发生的劳动争议，由企业劳动争议调解委员会、依法设立的基层人民调解组织或在乡镇、街道设立的具有劳动争议调解职能的组织依照国家劳动法律法规，以及依法制定的企业规章和劳动合同，通过民主协商的方式，推动双方互谅互让、达成协议、消除纷争的一种活动。

（三）仲裁

劳动仲裁是指劳动争议仲裁机构对劳动争议当事人争议的事项，根据劳动方面的法律法规、规章和政策等的规定，依法作出裁决，从而解决劳动争议的一项劳动法律制度。劳动争议仲裁实行地域管辖。劳动争议由劳动合同履行地或者用人单位所在地的仲裁委员会管辖。劳动争议申请仲裁的时效期间为一年，从当事人知道或应当知道其权利被侵害之日起计算。

（四）诉讼

劳动争议的诉讼是指劳动争议当事人不服劳动争议仲裁委员会的裁决，自收到裁决书之日起15天内，向人民法院起诉，人民法院依法受理后对劳动争议案件进行审理的活动。此外，劳动争议的诉讼，还包括当事人一方不履行仲裁委员会已发生法律效力的裁决书或调解书，当事人另一方申请人民法院强制执行的活动。劳动争议的诉讼，是解决劳动争议的最终程序。

▶▶▶ 拓展阅读

2019年11月，土耳其航空公司委托北京外航服务公司，在北京外航服务公司发布了土耳其航空公司在中国招聘中国籍空乘的广告。6位女性于2019年12月至2020年2月，参加并通过了初试、复试和体检并被确认录用。2020年2月至6月间，这6位女性应土耳其航空公司和北京外航服务公司的要求办理了相关政审手续，并将政审材料和办理土耳其工作证所需的材料寄给了北京外航服务公司。之后6位准空姐多次询问土耳其航空公司和北京外航服务公司，两公司均称正在办理手续。直到2021年9月8日，土耳其航空公司和北京外航服务公司告知这6位准空姐，土耳其航空公司放弃对其的聘用，同时要求她们在其拟好的内容为"我自愿放弃土耳其航空公司的聘用，自愿放弃向土耳其航空公司索赔的权利"的中英文"放弃书"上签字，而且声称如果原告签署了"放弃书"便可拿到11 000元的"礼物"，否则便无法获得该"礼物"。因"放弃书"显失公平，6名准空姐毅然拒绝签署。2022年9月，6名准空姐将土耳其航空公司和北京外航服务公司告上法庭，要求两被告继续聘用并连带赔偿经济损失42 900至93 200元不等。

招聘者与应聘者在合同的订立过程中均享有订约自由，但是，磋商过程中双方应遵从诚实信用原则。如果在订约过程中招聘单位以其行为导致应聘者形成合理信赖，应聘者依据该合理信赖从事相应行为导致损失的，应聘单位应对该损失承担损害赔偿责任。北京外航服务公司受土耳其航空公司要求为其招聘空乘人员，与土耳其航空公司之间系劳务派遣关系。因此，土耳其航空公司对北京外航服务公司在按其要求进行招聘的活动中，对应聘者应承担连带的民事责任。鉴于除法定情形外，不应强制招聘单位与应聘者建立劳动关系，因此原告要求两被告继续聘用的请求未获支持。

第三节　劳动保护及职场安全

　　劳动保护是国家和组织为保护劳动者在劳动生产过程中的安全和健康所采取的立法、组织和技术措施的总称。劳动保护旨在消除危及人身安全健康的不良条件和行为，防止事故和职业病，保护劳动者在劳动过程中的安全与健康。

　　进入新时代，国家不断完善健全党和政府主导的维护群众权益机制，抓住劳动就业、技能培训、收入分配、社会保障、安全卫生等问题，关注一线职工、农民工、困难职工等群体，完善制度，排除阻碍劳动者参与发展、分享发展成果的障碍，让劳动者实现体面劳动、全面发展。

一、劳动损害

（一）体力劳动对身体的损伤

1. 引起体力劳动身体损伤的原因

　　(1) 长期重复一定姿势。长期从事站姿作业或坐姿作业、站立或行走的职业、强迫体位作业等的劳动者容易导致腰肌劳损、下肢静脉曲张、神经血管疼痛、视力下降等身体损伤。

　　(2) 不良劳动环境条件。如高温、寒冷、潮湿、光线不足、通道狭窄等，增加了劳动者的劳动负荷，提高了劳动强度，容易产生疲劳和损伤。

　　(3) 劳动组织和劳动制度安排不合理。劳动时间过长、劳动强度过大、休息时间不够、轮班制度不合理等，也容易导致过度疲劳，造成身体损伤。

　　(4) 劳动者身体素质不强。劳动者身体状况不适应所安排的劳动强度。

2. 预防体力劳动身体损伤的措施

　　(1) 采取合理的工作姿势。改善作业平台和劳动工具，加强自身作业训练，使自己能够采取正确的工作姿势和方式，尽量避免不良作业姿势，避免和减少负重作业，使身体各部位处于自然状态，减轻身体承受的压力。

　　(2) 改善劳动环境。要求单位科学合理地设计劳动环境并控制劳动环境中各种有害因素，创造良好的劳动环境，如适宜的温度、湿度、光照、空间等。

　　(3) 科学优化劳动组织和劳动制度。根据参与劳动的每个个体情况合理安排适当的工作，并安排适当的工间休息和轮班制度。

　　(4) 适当运动锻炼，增强身体素质。体力劳动者往往长时间重复一个劳动动作，容易使用力部位劳损，而其他部位得不到锻炼，可以通过适当的运动来使身体各部位得到锻炼，提高身体素质，消除疲劳。

▶▶ 拓展阅读

体力劳动的等级划分

体力劳动强度分级是我国制定的劳动保护工作科学管理的一项基础标准，是确定体力劳动强度大小的根据，如表9-1所示。应用这一标准，可以明确工人体力劳动强度较高的重点工种或工序，以便有重点、有计划地减轻工人的体力劳动强度，提高劳动生产率。

表 9-1　体力劳动强度分级表

强度等级	举　　例
Ⅰ(轻劳动)	坐姿：手工作业或腿的轻度活动(正常情况下，如打字、缝纫、脚踏开关等)； 立姿：操作仪器，控制、查看设备，上臂用力为主的装配工作
Ⅱ(中等劳动)	手和臂持续动作(如锯木头等)；臂和腿的工作(如卡车、拖拉机或建筑设备等运输操作)；臂和躯干的工作(如锻造、风动工具操作、粉刷、间断搬运中等重物、除草、锄田、摘水果和蔬菜等)
Ⅲ(重劳动)	臂和躯干负荷工作(如搬重物、铲、锤锻、锯刨或凿硬木、割草、挖掘等)
Ⅳ(极重劳动)	大强度的挖掘、搬运

（二）脑力劳动对身心的影响

1. 生理健康失常

长期过度脑力劳动，使大脑缺血、缺氧、神经衰弱，从而导致注意力不集中、记忆力下降、思维欠敏捷、反应迟钝；睡眠规律不正常，白天瞌睡、大脑昏昏沉沉，夜晚卧床后大脑兴奋异常、难以入眠，醒后大脑疲劳未缓解、精神不振。

2. 心理健康失常

由于上述生理功能的失衡，造成心理活动失衡，出现忧虑、紧张、抑郁、烦躁、消极、敏感、多疑、易怒、自卑、自责等不良情绪，表面上强打精神，内心充满困惑、痛苦、无奈和彷徨，继而对工作和学习丧失兴趣，产生厌倦感，甚至产生轻生念头。

▶▶ 拓展阅读

李某的悲剧

2023年3月24日一早，石家庄36岁的IT男李某被发现猝死在公司租住的酒店马桶上面，这件事经过媒体报道，在网上引起广泛关注。李某的法医学死亡证明书显示，李某符合猝死特征。当日凌晨 2 点他还发出了最后一封工作邮件。死前一天，他曾对妈妈说："我太累了。"李某是某重点大学毕业的计算机硕士，生前就职于一家通信公司，负责一个项目的软件开发。李某妻子田女士说，他经常加班到凌晨，有时甚至到早上五六点钟，第二天上午又接着照常上班。田女士认为，李某猝死与长时间连续加班有关，"他为了这个项目把自己活活累死了"。考勤显示他连续 5 天凌晨打卡。

现代社会由于生活、工作压力越来越大，人的精神常常处于高度紧张、焦虑、恐惧等压抑状态。在脑力劳动时，脑组织需要消耗大量氧气和葡萄糖，并且大脑的代谢较其他器官高。尤其是紧张的脑力劳动，其消耗会更高，容易出现缺氧和缺血，使心率加快、血压升高，严重者甚至会诱发心脑血管意外，造成猝死。

二、女职工劳动保护

为保护女职工的合法权益和身体健康，减少和解决女职工在劳动中因生理特点造成的特殊困难，创造积极、健康、和谐的社会经济环境，我国对女职工实行特殊劳动保护制度。《劳动法》对女职工禁忌从事的劳动范围的规定，如表 9-2 所示。

表 9-2《劳动法》对女职工禁忌从事的劳动范围的规定

适用对象	法 律 条 款
女职工	第五十九条规定："禁止安排女职工从事矿山井下、国家规定的第四级体力劳动强度的劳动和其他禁忌从事的劳动"
经期女职工	第六十条规定："不得安排女职工在经期从事高处、低温、冷水作业和国家规定的第三级体力劳动强度的劳动"
孕期女职工	第六十一条规定："不得安排女职工在怀孕期间从事国家规定的第三级体力劳动强度的劳动和孕期禁忌从事的劳动"
哺乳期女职工	第六十三条规定："不得安排女职工在哺乳未满一周岁的婴儿期间从事国家规定的第三级体力劳动强度的劳动和哺乳期禁忌从事的其他劳动"

三、安全标志和危险源识别

要保证职场的安全，需要运用各种方法、技术和手段辨识职场中的各种安全隐患（危险源），评价职场的危险性，并采取控制措施使其危险性最小，使事故的发生降到最低程度，从而使职场达到最佳的安全状态。

1. 安全标志识别

安全标志是职场中最常见、最明显的安全提示信息，是规范作业、安全作业的基本要求。常见的安全标志如图 9-1 所示。

图 9-1　常见的安全标志

安全信息一般可以通过以下方式识别。

(1) 安全色。安全色是传递禁止、警告、指令、提示等安全信息含义的颜色，包括红、黄、蓝、绿 4 种颜色。安全色用途广泛，主要用于安全标牌、交通标识、防护栏杆及设备机器的部位等。

(2) 安全线。安全线是为维持秩序、保证安全而画的或拉起的禁止越过的线。

(3) 安全标志。安全标志是用以表达特定安全信息的标志，由图形符号、安全色、几何形状 (边框) 或文字构成。具体可以查阅《安全标志及其使用导则》(GB 2894—2008)。

(4) 文字辅助标志。安全标志下方的文字辅助标志的基本形式为矩形边框，包括横写和竖写两种形式。

▶▶ 拓展阅读

差点造成的悲剧

2023 年 8 月 15 日上午，某厂检修人员检修水源地升压泵。该厂工作许可人将泵停止运行，在做停电措施时，开关未拉至"检修"位，仍在"运行"位。工作许可人与工作负责人现场确认后，经商定，挂上"禁止合闸有人工作"标示牌后，小马开始检修工作。

在检修过程中，运行班长巡视开关室，发现该升压泵开关仍在"运行"位，擅自取下标示牌，试图拉开关至"检修"位。在拉开关时按动了"合闸"按钮，开关合闸，已解体的升压泵启动，3 名检修人员急忙躲闪，险些造成重大人身伤害。

现实中很多人经常会存在侥幸心理，认为安全事故不会发生在自己身上。其实，只要安全这根弦放松，危险就会随时降临。人们只有按章操作才能预防职场危险。

2. 危险源识别

危险源是指一个系统中具有潜在能量和物质释放危险的、可造成人员伤害、在一定的触发因素作用下可转化为事故的部位、区域、场所、空间、岗位、设备及其位置。危险源识别是指将生产过程中常见的危险源，通过正确的方法准确、及时地识别出来，进而对其进行管理和控制，避免事故的发生。

▮▮▶ 拓展阅读

海因里希法则

美国著名的安全工程师海因里希在 20 世纪 30 年代研究了事故发生频率与事故后果严重度之间的关系，其统计结果表明：在同一个人发生的 330 起同种事故中，300 起事故没有造成伤害，29 起造成了轻微伤害，1 起造成了严重伤害，即事故后果分别为严重伤害、轻微伤害和无伤害的事故次数之比大约为 1 ∶ 29 ∶ 300。这就是海因里希法则，它反映了事故发生频率与事故后果严重度之间的一般规律，即事故发生后带来严重伤害的情况是很少的，造成轻微伤害的情况稍多，而事故发生后无伤害的情况是大量的，如图 9-2 所示。

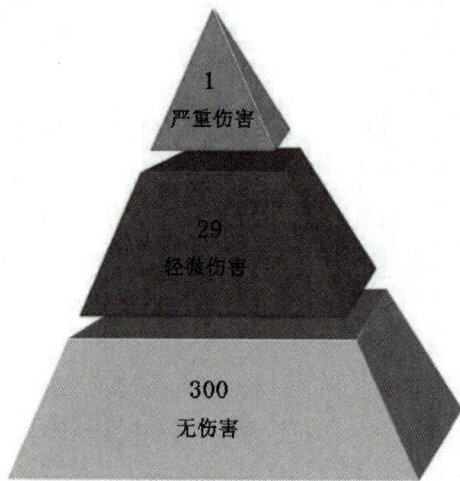

图 9-2　海因里希法则

💡 课后思考

1. 劳动合同必备的条款有哪些？
2. 劳动者享有哪些权利？应该履行哪些义务？
3. 解决劳动争议的途径有哪些？

第十章　创新创业中实现劳动价值

📖 **学习目标**

1. 厘清劳动与创新的相关概念及关系。
2. 培育创新意识，熟知创业模式。
3. 掌握创业计划书的编写技能。

案例导入

劳动光荣，创造伟大

　　赵某是位"90后"创业者，他的梦想源于一段叫《葵花的第七十三封信》的视频。视频讲述了留守儿童葵花写给外出打工父母的 73 封信的故事，故事里孩子无助的呼唤让当时在石家庄读书的赵某萌生投身教育公益活动的想法。于是他在大三时组建起了自己的创业团队，并带领团队分别赴新疆、甘肃的学校搭建在线支教基地。在学校的支持下，凭借自主研发的 5 项国家专利，赵某注册并成立了 3 家教育创业公司。

　　当前，在教育研究的热门话题中，创新创业能力的培养问题，已越来越受到人们的关注。创新是一个民族不竭的动力，没有创新就没有科技的进步，就没有社会的发展。然而，随着科技的进步和社会的发展，创新创业能力不再是天才的标志，而是一种生存技能，创新创业能力也不仅是一个民族、一个社会富有生机与活力的条件，还是一个民族、一个社会文明发展水准的标志，是一个国家的综合国力与国际竞争力的重要组成部分。新时代的劳动者要树立终身学习的理念，不断提高科学文化素质；要适应新一轮科技革命和产业变革的需要，密切关注行业、产业前沿知识和技术进步，不断提高创新创业水平；要练就一身真本领，干一行、爱一行、专一行、精一行，在劳动中拼搏奋斗，在创新创业中实现劳动价值。

第一节 劳动中创新能力的培养

当前，我国正处于科技创新、产业升级的重要机遇期，新产业、新业态、新模式纷纷涌现，全社会对知识型、技术型、创新型劳动者的渴求前所未有。放眼全球，综合国力的竞争归根结底是人才的竞争、劳动者素质的竞争，要想抢占先机、赢得主动，就必须有强大的人才队伍做支撑。这一切都对劳动者的素质提出了更高的要求。正是一批批、一辈辈劳动者勤于创造、勇于奋斗，用知识和汗水浇灌梦想，才创造出历史的辉煌与今日的成就。从青藏铁路通车到港珠澳大桥落成，从"两弹一星"的研制到载人航天的成功，每一个超级工程，每一件大国重器，每一次零的突破，每一步历史性跨越，都离不开劳动者的辛勤付出与创新创造。

一、劳动与创新的关系

劳动是实现创新的基本条件，劳动激发创新。创新一直是引领社会发展的第一动力，古往今来，勤劳的人们在日常劳动中不断深化认知与实践，无论是在田间地头随处可见的耕犁、水车，还是在新时代网民津津乐道的高铁、网购，都是人们在生产、生活中面对困难时，通过劳动解决问题、实现创新与创业的鲜活体现。

劳动与创新的关系主要体现为以下三方面。

(1) 劳动是创新的主要资源和核心动力。

劳动作为人类生存和发展的基础，是生产物质资料的过程。在工业经济时代，资源的有限性与经济社会发展需求的无限性之间一直存在尖锐的矛盾，解决这一矛盾的唯一选择就是劳动创新，特别是科技劳动创新。劳动创新可以通过知识的应用实现以富有资源替代短缺资源、以可再生资源替代非可再生资源，逐步实现对物质资源和能源的节约化和循环化。

(2) 劳动是创新成果价值追求和财富分配的依据。

知识经济时代，人们对社会价值的追求主要体现在知识上，知识的占有和创新是关键。"按劳分配"的"劳"，不再只是非知识性劳动和重复劳动的贡献，而是包括知识创新在内的知识性劳动的贡献；"按要素分配"的"要素"，也不再只是资本和物质要素，还包括科技、文化等在内的知识要素。

(3) 劳动是创新人才成长和发展的依托。

无论是农业经济、工业经济还是知识经济的发展都离不开人力资本和创新人才。作为知识经济主导和支柱的智力和高新科技产业，其发展必须依靠创新人才，特别是实践创新人才。现在经过劳动实践而成长起来的创新人才已成为各个国家、各个企业之间竞争的焦点。

二、创新的内涵

"创新"一词早在《南史·后妃传·上·宁世祖殷淑仪》中就曾提到过，是创立或创造新东西的意思，后引申为新思维、新发明和新描述。

随着社会的不断变化发展，"创新"一词的意义也在不断扩展和深化。总的来说，结合东西方国家对它的定义，我们将创新理解为三层含义，即更新、改变和创造新的东西。将创新概念精细区分，有狭义和广义两个层次。狭义的创新，立足于把技术和经济结合起来，也就是说创新是一个从新思想的产生到产品设计、试制、生产、营销，再到市场化的一系列行动。广义的创新，不再局限于技术和经济的结合，它力求将科学、技术、教育等许多方面与经济融会起来，也就是说创新应该表现为在由不同机构(比如企业、政府、学校、科研机构等)相互作用形成的大网络空间中，人们去改进或创造新的事物、方法、元素、路径、环境等，并获得一定有益效果的行为活动。

三、创新的分类

创新类型理论是由世界四大会计师事务所之一的德勤会计师事务所旗下一家专门从事创新咨询的机构——德布林(Doblin)公司研究总结出来的。该公司发现成功的创新行为基本是由3个大类的10种创新类型组成的。

1998年起，德布林公司就开始致力于找到成功创新案例之间的相似之处和规律，公司收集了大约2000个优质的创新案例，包括福特的T型汽车、戴尔的直销模式、丰田的精益制造以及吉列的抛弃型剃刀等，最终发现了图10-1展示的创新的10种类型。

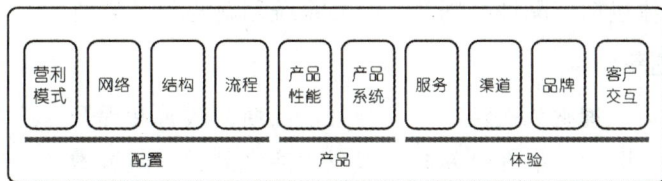

图 10-1　创新的 10 种类型

这10种创新类型并不是一个流程表，没有先后顺序，不涉及高低等级，企业创新可以从任意一种类型开始。

（一）配置

第一大类创新——配置，关注的是企业最核心的运营和业务系统，具体包括4种子类型：营利模式创新、网络创新、结构创新、流程创新，这些都是产品运作营销方面的创新。

1. 营利模式创新

营利模式又叫商业模式，是营销学概念，指找到一种将企业的产品、服务和其他价值转化为利润的全新的方法。出色的营利模式往往反映了企业对用户真正需求的深层次理解与把握。比较创新的营利模式，是对行业内已有的产品体系、定价策略以及收益模式的一种挑战。

2. 网络创新

在当今高度互联的时代，没有一家企业能够独立做所有的事情。网络创新中的"网络"一词并不是指平时用的互联网之类的概念，而是指企业在发挥自身优势的同时可以借助其他企业的能力和资产，在彼此间形成的关系网络。网络创新的方法很多，企业不仅可以设置奖励或采用众包的形式实现网络创新，还可以建立特许经营权，将专有的公司思想、能力和内容特许授予合作伙伴。

3. 结构创新

结构创新是指打乱原有的结构去重塑，或采用特有的方式去组织企业的资产、人才等来创造新价值。结构创新可以是针对人才进行管理系统创新，也可以是针对设备进行独创的配置，还可以是改善企业的部门职能，比如对人力资源部、研发部和 IT 部等进行结构上的改善。

4. 流程创新

流程创新即如何采用独特或卓越的方法运营企业。流程创新不同于结构创新：结构创新突出的是企业生产经营涉及的职能部门的创新，流程创新突出的是生产经营涉及的顺序、方法的创新。流程创新的经典创新法是化繁为简，采用"精益生产"系统来减少企业运营的浪费，以降低成本。

（二）产品

产品创新是创新的 10 种类型中第二大类的创新，即有关企业所提供的核心产品或服务方面的创新，具体包括产品性能创新、产品系统创新两种子类型。

1. 产品性能创新

产品性能创新可以理解为关注产品自身性能品质的改善和提升。这是最容易被竞争对手复制的创新类型，因为人们在创新时一般只关注产品或者服务本身，认为创新就是做出最好的产品。

2. 产品系统创新

产品系统创新在于不拘泥于售卖单一产品，而是思考如何将产品与其相关的服务联系组合起来，形成强大的、可扩展的整体系统，以增强产品的竞争力。产品系统创新通过互通、模块、整合和其他方式将原本明显不同的产品与服务联合在一起，能有效地帮助企业建立起拴住客户并能抵御竞争的生态系统。产品系统创新中最常见的是产品捆绑。比如去超市购物时经常会遇到买油赠酱油、买洗衣粉赠拉杆推车、买衣服赠干洗服务等捆绑销售现象，这些都是产品系统创新。

（三）体验

体验是创新的 10 种类型中第三大类的创新，是企业业务系统中面向客户的元素，属于客户"体验"类的创新，具体包括 4 种子类型：服务创新、渠道创新、品牌创新和客户交互创新。

1. 服务创新

服务是用户体验中最突出和最显著的部分，客户虽然无法看到，但却能切身感受到。服务创新能够确保并提升产品的效用、性能和表现价值，展示出客户可能忽视的产品特点和功能，解决客户在使用过程中所遇到的问题和难题，包含着围绕核心产品所提供的额外支持和增强功能。

最为常见的服务创新包括产品维护计划、客户支持、信息和教育、提供担保和质量保证等的创新。虽然现在的服务大多是以人工服务为主，但也有越来越多的服务是通过电子界面、远程沟通、自动化等无人方式将产品理念及售后服务传递给客户的。

2. 渠道创新

在互联网时代，虽然电子商务已成为主导力量，但传统门店销售渠道因能够给顾客带来身临其境的体验，所以仍然非常重要。经验丰富的创业者往往能够找到并采用多种互补的方式来为客户提供产品和服务。渠道创新的目标是确保用户能够在任何期望的时间，以任何想要的方式买到自己所需的产品或服务，同时享受最大程度的便利、最低的成本和最大的愉悦。比如，某品牌企业开旗舰店，能够创造标志性场地并展示企业的品牌和产品，有一些游击店可以做成短期或节假日快闪性质的店铺。再比如，电子化的渠道或现在比较流行的直销能够减少企业日常管理费用，实现销售利润和成本优势的最大化。

3. 品牌创新

品牌创新有助于确保客户和用户记住企业的产品和服务，它要求企业以不同的方式去设计和表达自己的品牌价值。品牌创新一般源自企业的精心策划，包括与客户的沟通、打广告、营造渠道环境等行为。当然，品牌代表着良好的信誉，经营品牌可以降低运营的风险。

4. 客户交互创新

客户交互创新在于了解客户的深层次需求后，利用这些需求，发展客户与企业之间的关系。比如，主动帮助客户包装商品，可以提升客户的购物体验。

四、创新劳动的方法

笛卡尔曾说："最有价值的知识是关于方法的知识。"一个人掌握了创新的方法，就可以更加得心应手地开展创新活动。

创新方法又称创造技法，是指人们在具体的创新活动中，为了克服各种思维障碍、增加信息刺激、提高思维效率，从而达到创造性地解决问题的目的所采用的一种思维程序。创新方法包括列举法、组合法、智力激励法、奥斯本检核表法、TRIZ 法等。

（一）列举法

列举法是美国内布拉斯加大学教授克劳福特创造的，是在属性列举法基础上形成的创造技法。它通过列举事物各方面的属性，并从所列举出来的事物的性质、特征中归纳出一般的问题，来探求改造更新的落脚点和方案。

一般人们对熟悉的事物不太会进行认真仔细的观察和分析，这从主观上来讲就有感知障碍。而列举法要求人们以一丝不苟的态度，对一个熟悉的事物进行重新观察，将每个细节都列举出来，并从中发现存在的问题，提出改进意见和建议，由此产生新的创造。

按照所列举对象的不同，列举法可以分为属性列举法、缺点列举法、希望点列举法、成对列举法和综合列举法，这里只简述属性列举法。

属性列举法是指列举事物的所有属性，针对这些属性来进行创造思考的方法。此方法通过对需要革新改进的对象进行观察分析，尽量列举该事物的不同特征或属性，然后确定加以改善的方向及措施。

一般来说，要解决的问题越小、越简单，所需列举的内容越少，属性列举法就越容易获得成功。它适用于革新或发明一项具体事物，特别适用于轻工业产品的改革，也适用于行政措施、机构体制及工作方法的改进等。

属性列举法实施步骤如下。

(1) 将对象的属性全部写出来，列成表。如果对象特别复杂，则应该先将对象分解，选出一个目标较为明确的发明或题目，切记题目宜小不宜大。

(2) 可以从名词属性、形容词属性、动词属性三方面进行属性列举。这里的三方面借鉴了日本学者上野阳一的观点，根据名词属性可以用整体、部分、材料、制作方法等来区分，根据形容词属性可以用性质等来区分，根据动词属性可以用功能等来区分。

(3) 在各属性下面可以尝试用可替代的其他属性加以置换，引出具有独创性的方案。要注意的是，进行这一步的关键是要力求详尽地分析每一个特性，提出问题，找出缺陷，加以改进。

(4) 提出方案，并对方案进行评价和讨论，使新的产品能符合人们的需要。

▶▶ **拓展阅读**

应用属性列举法对烧水壶进行创新改进

用属性列举法对烧水壶进行改进。

首先，分析烧水壶的名词属性。从整体来看，这是一个"水壶"；拆分各部分来看，水壶有壶嘴、壶把手、壶盖、壶体、壶底、蒸汽孔等；从材料来看，水壶有铝制、铁皮、搪瓷、铜材等；从制作方法来看，有冲压、焊接、浇铸等。这些都是名词属性。

其次，根据所列的名词属性，我们尝试用其他名词替代，那就可以作如下提问：壶把手可否改成塑料材质，以免烫手？壶体的工艺可否一次成型？有没有更适合的制作材料？……通过思考与探索，发现烧水壶就名词属性方向可以进行许多创新改进。

再次，通过烧水壶的形容词属性来思索如何进行创新改进。从性质来看，有轻重之分；从状态来看，有美观、清洁、高低、大小等；从颜色来看，有黄色的、白色的等，还有多种颜色组合成各种图案的；从形状来看，有圆形的、椭圆形的等。由这些形容词属性也可找到烧水壶的许多可供改进的地方，比如怎样更便于清洁，颜色可以作何变化，壶底用什么形状更利于吸热、传热等。

最后，看烧水壶的动词属性。从功能来说，有烧水、装水、倒水、保温等行为动词。那么我们就可以考虑是否可以在壶体外加保温材料，提高热效率并增强保温性能；是否还可以在壶嘴上加一汽笛，使水开时听到鸣笛声等。

通过对产品名词、形容词、动词属性的列举，逐个进行分析，研究其改进方案，就能化弊为利，创造出产品的新形态或新产品。

（二）组合法

"组合"在《辞海》中解释为"组织成一个整体"的意思。那么何为组合法呢？此方法是将两个及两个以上的技术或者不同的物质，通过巧妙的组合或重组，获得具有统一整体功能的新产品、新材料、新工艺的一种创造技法。

日本创造学家菊池诚曾说过："我认为搞发明有两条路，第一条是全新的发现，第二条是把已知的原理、事实进行组合。"当然，组合法并不是将研究对象进行简单的叠加或初级的组合，而是在分析各个构成要素基本性质的基础上，综合其可取的部分，使综合后形成的整体具有更加优化的特性和创新的特征。

比如，轮子与椅子的组合产生了轮椅，刀、钳子、开瓶器的组合产生了瑞士军刀。这些产品都是组合法的产物。

根据组合的事物不同，组合法可以分为四种类型，分别是主体附加法、异类组合法、同类组合法和重组组合法。

1. 主体附加法

主体附加法也称为内插式组合法，指的是在原有的技术中补充新的内容，在原有的产品上增加新附件，从而使新得到的物品性能更好、功能更强的组合方法。此方法宣传"多一个功能就多一分竞争力"。主体附加法的特点如下。

(1) 附加物主次分明，比如手机的功能，无论是录音还是拍照功能，都不能脱离手机本身接打电话的主要功能而存在。

(2) 把功能或性能扩大。

(3) 主体附加法的目的主要是克服主体功能的缺陷，比如足球门的网，主要是为了防止进球后，找球困难，是对球门功能的一种补足。

主体附加法主要可从以下两方面添加：主体可以添加具体事物，比如在行李箱上加滑板组成滑板行李箱，从而更省力；主体还可以添加理念，比如将西瓜与方形相结合，满足人们对新颖事物的追求，产生新的卖点。

2. 异类组合法

异类组合法又称异物组合法，是将两种或两种以上的技术或具有不同功能的产品进行组合的方法。异类组合法的特点体现在以下两方面。

(1) 组合的对象来自不同的方面，一般没有明显的主次关系。

(2) 组合过程中，参与组合的对象从意义、原理、构造、成分、功能等方面可以互补和相互渗透，产品整体功能的变化会比较显著。

异类组合法是异中求同，寻求相同的特性，因此创造性较强。此方法宣传一加一大于二的价值。

3. 同类组合法

同类组合法是将两种或两种以上相同或相近的事物进行组合。此方法的特点是参与组合的对象与组合前相比，基本性质和结构功能没有发生根本变化，只是通过数量的变化来弥补功能上的不足或产生新的功能。所以此方法宣传的是量变产生质变。

比如多头插座，这个产品是日本松下公司采用同类组合法获得成功的典型，它将原来人们使用的电源单头插座改为双头插座、三头插座，为公司掘得了第一桶金。

继续将同类组合往精细延伸，还可以分为共享组合、补代组合、概念组合等。

(1) 共享组合：把事物中具有相同功能的要素组合到一起，达到共享之目的。例如，吹风机、卷发器、梳子共用同一个带插销的手柄，形成了吹卷梳一体的机器。

(2) 补代组合：通过对事物的要素进行摒弃、补充和替代，形成一种在性能上更为先进、新颖、实用的新事物，比如使用银行卡代替存折。

(3) 概念组合：以词或命题进行的组合，如绿色＋食品、音乐＋餐厅等。

4. 重组组合法

重组组合法是在原有元素不增加数量的情况下，改变原有事物的排列顺序、性质的组合方法。比如，大家都听过田忌赛马的故事，同样的马匹，由于调换一下比赛的出场顺序，就得到了转败为胜的结果。

（三）智力激励法

智力激励法又称头脑风暴法、集思广益法，是通过集体讨论、互相启发、互相激励产生的一种激发人的创造性思维的创造方法。智力激励法目前在世界上应用最为普遍。智力激励法的有效性很大程度上取决于对以下原则的执行情况。第一，要求与会者解放思想，无拘无束地思考问题，尽可能提出新奇的设想，其核心是求新、求异、求奇。第二，延迟评判是一条重要的原则，过早地进行评判、下结论，就等于把许多新观念拒之门外，这是极其有害的。日本创造学家丰泽丰雄说："过早的判断是创造力的克星。"第三，谋求尽可能多的设想，理想答案的获得常常是逐渐逼近的，在设想问题时，越是增加设想的数量，就越有可能获得有价值的创意。在后期提出的设想中，有实用价值的设想所占比例也相当高。第四，鼓励与会者借题发挥，对别人所提出的设想进行补充、完善并形成新的设想。奥斯本曾经指出："最有意思的组合大概是设想的组合。"在现实职场中，会后还要对所有设想做综合改善的工作。

(四)奥斯本检核表法

奥斯本检核表法又称检核表法、设想提问法或分项检查法，它引导主体在创意思考过程中对照九个方面的问题进行思考，以便启发思路、开阔想象空间，促进人们产生创意、新方案。它是创造学界有名且受欢迎的创意思考方法。检核表的设计特点之一就是多向思考，用多条提示引导人们进行发散思考。奥斯本创造的检核表法中有九个问题，就好像有九个人从九个角度帮助人们思考，使人们突破了不愿提问或不善提问的心理障碍，在进行逐项检核时，强迫人们把思路打开，突破旧的思考框架，有利于开阔思路，增加发现创意的机会。它主要针对现有事物的特性从九个方面着手进行提问，即有无其他用途、能否借用、能否改变、能否扩大、能否缩小、能否代替、能否调整、能否颠倒、能否组合。

(五)TRIZ法

TRIZ意译为发明问题解决理论。该方法源于苏联，于1946年由著名的教育家、发明家根里奇·阿奇舒勒及其团队在分析专利的基础上总结而成并最先提出。TRIZ理论的发明原理特别适合劳动者开展岗位创新，用有限的原理来解决无限的发明问题，每个原理单独使用还是多个原理组合使用，取决于对矛盾的分析、对参数改变的分析和对资源的分析。使用TRIZ法的发明原理可以高效产生解决方案，达到理想解，如表10-1所示。

表 10-1 TRIZ 理论发明原理一览表

序号	发明原理	序号	发明原理
1	分割	21	极速通过
2	抽取	22	变害为利
3	局部质量	23	反馈
4	不对称性	24	中介物
5	组合合并	25	自我服务
6	通用性	26	复制
7	嵌套	27	一次性物品
8	重量补偿	28	替代机械系统
9	预先反作用	29	气动或液压结构
10	预先作用	30	柔性壳体或薄膜
11	预先设置起保护作用的事物	31	利用多孔材料
12	等位性	32	改变颜色
13	倒置	33	均质性
14	曲面化	34	抛弃或再生
15	动态性	35	改变物理/化学状态
16	局部或过量作用	36	相变
17	多维运作	37	利用热膨胀
18	机械振动	38	利用强氧化剂
19	周期性作用	39	采用惰性环境
20	有效动作持续	40	利用复合材料

第二节　劳动中创业意识的初现

劳动带动创业。创业是创业者及其搭档对他们拥有的资源或通过努力对能够拥有的资源进行优化整合，从而创造出更大经济价值或社会价值的过程。创业是一种劳动方式，是一种需要创业者及其搭档组织经营管理并运用服务、技术、器物作业进行思考、推理和判断的行为。创业不仅需要外在完善的客观条件，还需要创业者具有清醒的认识和足够的能力，辨别出创业机会并发掘出其中的价值。

一、创业活动过程

我们通常所说的大学生自主创业是指大学生在校期间或毕业后利用自己的知识、才能和技术，以自筹资金、技术入股、寻求合作等方式开办自己的企业，创造财富、创造就业机会的过程，如图 10-2 所示。

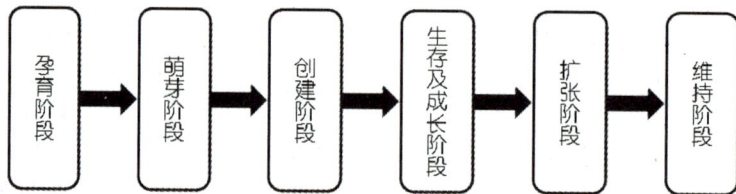

孕育阶段 → 萌芽阶段 → 创建阶段 → 生存及成长阶段 → 扩张阶段 → 维持阶段

图 10-2　创业活动过程

因此，我们认为创业是一个发现和捕获机会并由此创造出新颖的产品、服务或实现其潜在价值的创业企业成长和发展的全过程。

二、创业要素

创业包含创业者、创业机会、创业组织和创业资源四个方面的要素。

（一）创业者

创业者是指实施创业活动的个人或团队。创业者是创业的主体，是创业过程的核心。毫无疑问，如果没有人愿意做创业者要做的事情，那么也就没有了创业。创业者在创业过程中起着关键的推动和领导作用，在企业的创建和运营、对商业机会的选择和把握以及对企业资源的运作等方面都具有决定权。创业者在享有企业带来的财富和荣誉的同时，也要承担创业活动中的一切风险。

（二）创业机会

创业机会是指创业者可以利用的商业机会或市场机会。市场机会一般具有潜在性和隐蔽性，所以创业机会识别是创业领域的关键问题之一。从创业过程的角度来看，它是创业的起点。创业者往往从发现和识别商业机会开始创业，及时地发现、识别和抓住有价值的创业机会是成功创业的第一步。

（三）创业组织

创业组织是指一个完整的创业活动系统，包括企业内系统与企业外系统。企业内系统是以创业者为管理核心的员工网络；企业外系统是创业者构建的关系网络，包括客户、供应商、投资商等。组织强有力的企业内系统，营造与企业外系统创业的载体。创业活动是在组织中进行的，离开了创业组织，创业活动就无法协调，创业资源就无法整合，创业者的领导作用也就无从谈起。

（四）创业资源

创业资源是创业者在组织中的各种投入，包括人、财、物等因素。创业资源不仅包括有形资产，如厂房、机器、设备等，还包括无形资产，如品牌、专利、企业声誉等，这些资源都属于投入。创业就是创业者整合和利用这些资源，将其转化为市场需要的产品和服务，从而提高创业绩效和获得创业的成功。能否以最少的资源投入获得最多的价值

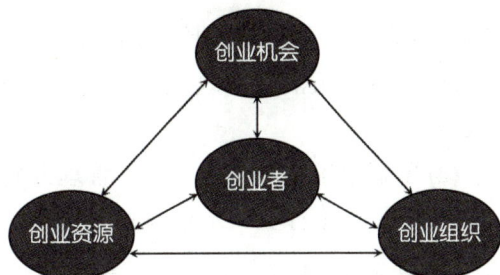

图 10-3　创业要素及其关系

产出，使企业在市场上具有更大的竞争力并获得盈利，是衡量创业活动成败的主要指标。

创业者是整个创业过程的关键要素，起着主导作用；创业机会是整个创业活动的起点；创业资源是创业活动的必备要素；创业组织是创业活动成败的重要影响因素。这四个要素之间的关系如图 10-3 所示。

三、成功创业者应具备的素质

创业者是创业的主体，在创业过程中始终起主导作用。创业者的素质直接决定了创业的结局。创业者所面临的一定社会经济、政治、法律、文化环境等外部条件，往往表现为自己创业的时势、机会、境遇、运气以及创业者所能利用的物质资源、财力（资金）资源、人脉（人事关系）资源等。创业活动就是创业者运用自身智慧、能力、气魄、胆识，并充分利用一切资源的过程。创业是极具挑战性的社会活动，一个人要想获得创业成功，必须具备以下基本的创业素质。

（一）身体素质

身体是革命的本钱，一切工作的顺利进行应建立在身体健康的基础上。只有拥有良好

的身体素质，体力充沛、精力旺盛，创业者才能有机会取得成功。

（二）心理素质

心理素质是指对人的心理和行为起调节作用的个性意识特征。创业者的心理素质就是创业者在社会实践活动中全面稳固地表现出来并发挥作用的身心组织要素、结构及其质量。创业的成功总是属于那些有思想准备的人，特别是具有强烈创业意识的人。具有强烈创业意识的创业者将创业作为自己的人生奋斗目标，不断激励自己克服创业道路上的各种艰难险阻，最终取得创业的成功。

在变化莫测的激烈竞争中，创业者必须保持一种积极、沉稳的心态，具有良好的创业心理素质，才能迅速而正确地解决所遇到的各种各样的问题和矛盾。创业者具有良好的心理素质和愈挫愈勇的顽强意志，才能在创业的道路上锐意进取、顽强拼搏，克服各种各样的困难，闯出属于自己的一番事业。

（三）知识素质

创业者需要了解和掌握一定的知识，主要包括：

(1) 了解相关法律与政策，用足、用活政策，依法行事，并懂得用法律维护自己的合法权益；

(2) 了解市场经济、企业经营管理方面的知识和方法，具备商业思维；

(3) 掌握与本行业、本企业相关的科学技术知识，依靠科技进步增强企业的竞争力。

（四）能力素质

创业能力是一种特殊的能力，这种特殊能力往往影响创业活动的效率和创业的成功。创业能力由决策能力、经营管理能力、专业技术能力、创新能力、社会交往能力及法律意识和基本法律条款的理解能力等组成。

1. 决策能力

决策能力是创业者根据主客观条件，正确地确定创业的发展方向、目标、战略以及具体选择实施方案的能力。创业者的决策能力通常包括分析能力和判断能力。从错综复杂的现象中发现问题、分析问题、正确解决问题，这就是创业者良好的分析能力。所谓判断能力，就是能从客观事物的发展变化中找出因果关系，并善于从中把握事物发展方向的能力。分析是判断的前提，判断是分析的目的。

2. 经营管理能力

经营管理能力是指对人员、资金的管理能力，它包括对企业人员的选择、使用、组合及优化人力资源的管理能力，还包括对企业资金的聚集、核算、分配、使用及对企业流动资金的管理能力。经营管理能力是一种较高层次的综合能力，也是一种运筹型能力。

3. 专业技术能力

专业技术能力是创业者掌握和运用专业知识进行专业生产的能力，具有很强的实践性。

创业者要重视在创业过程中对专业技术方面的经验积累和职业技能的训练，并且不断提高自己的专业技术能力。

4. 创新能力

创新能力是创业能力的重要组成部分。创新能力是指能够根据市场需求灵活运用所学知识开发出新产品和新技术的能力。创新能力不仅注重对知识的学习能力，还更加强调发现问题和解决问题的能力。它包括两方面的含义：一是大脑活动的能力，即创造性思维、创造性想象、独立性思维和捕捉灵感的能力；二是创新实践的能力，即人在创新活动中完成创新任务具体工作的能力。创新能力是一种综合能力，与人们的知识、技能、经验、心态等有着密切的关系。具有广博的知识、扎实的专业基础知识、熟练的专业技能、丰富的实践经验以及良好心态的人容易形成创新能力。

5. 社会交往能力

社会交往能力是指能够妥善地处理与公众（政府部门、新闻媒体、客户等）之间的关系，以及能够协调下属各部门成员之间关系的能力。成功学家卡耐基说："一个人的成功，15% 靠他的专业技术，而 85% 要靠他处理人际关系的能力。"创业者要擅长搞好内外部团结，处理好各方面的人际关系，建立一个有利于自己创业的和谐环境。

6. 法律意识和基本法律条款的理解能力

市场经济本质上就是法治经济。随着市场经济的逐步成熟与完善，法律规范已经渗透到了经济领域生产、分配、交换、消费的各个环节和层面。与国际市场接轨、诚信风险投资、企业股份制改造、法人治理结构的建立以及各类新型市场的培育与发展都离不开法律。因此，创业者必须熟悉和了解有关市场、社会和企业等内外部环境的法律法规及其运行机制，规范企业的行为，维护企业的合法权益。

俗话说，"没有金刚钻，不揽瓷器活"，作为一名创业者，自身的基本素质是非常重要的。现在创业成功的大学生不是很多，失败的却数不胜数，就是因为很多大学生在创业初期没有规划好自己的创业之路，加上自身各方面的创业素质不够突出、不够全面，才出现了创业不理想的局面。因此，我们要在各个方面提升自己的能力，注重培养自己的创业素质，而且要重视其整体结构的优化。

第三节　劳动者向创业者的转变

1889 年 7 月，由恩格斯领导的第二国际在巴黎举行代表大会。为纪念美国芝加哥城的工人大罢工，会议宣布把 5 月 1 日这一天定为国际劳动节。在中国，随着经济结构的调整和企业改革，工人群体以更多元的身份在不同行业为社会进步做着力所能及的事情。从经济社会发展来看，创业是充分利用社会资源和科学技术，同时为社会创造就业岗位、经济价值的过程。在"大众创业、万众创新"的浪潮下，为了帮助更多的大学生劳动者向创业者转变，近年来，我国各地相继制定出台了一系列支持劳动者创业的政策，比如，政府对中小企业减税降负，降低大学生的创业门槛。学校作为创业教育的实施者，开设了系统的创业类课程对学生加以指导，开启众创空间为学生群体创业助力。同时，高职院校大学生经过劳动锻炼，技术技能与实践经验不断提升，身份由劳动者向创业者转变已逐渐成为一种普遍现象。

一、大学生就业与创业的区别及创业的优劣势

大学生创业，即大学生创办自己的企业。大学生创业是一些有胆识、有理想的大学生为自己开辟的一条择业新路，是大学生主动参与社会竞争的一种尝试。

从目前来看，选择先就业后创业的大学生越来越多，因为大部分毕业生的创业条件不太成熟，需要从职场上增长和丰富各方面的经验和阅历。其实，就业与创业并不矛盾，就业还有助于创业。大学生离开校园，就业使其融入社会和适应社会。在初入职场的过程中，大学生各方面的能力得以提高，心智得以成长，思想得以成熟，而这些都将成为其未来创业的宝贵财富。因此，先就业后创业，先在就业中生存，充分融入社会、适应社会，再提升自我、准备创业，也是一个良好途径。

（一）大学生就业和创业的区别

(1) 就业看位置，创业看平台。就业指的是依靠别人的平台，利用他人的资源来展示自己的能力，关注的是自己在某个平台上所处的位置。创业指的是创业者依靠自己付出辛酸、汗水和苦痛，打造自己的平台。

(2) 就业积累资源，创业整合资源。在工作中，就业者通过学习、培训，不断地积累经验、技能和收入。创业者必须学会整合资源、互换资源，通过资源的快速及重复使用实现价值增值。

(3) 就业计算收入，创业计算成本。就业者更多关注自己的薪水有多少，是否给缴纳五险一金。创业者更关注成本及所投入的每一分钱是否能够产生效益。创业者会把每一分钱的支出都算作成本，所以精打细算是成功创业者的共有习惯。

(4) 就业看局部环节，创业看整体系统。就业者在某个工作岗位所要做的就是完成某项任务，因此只要能够按时、保质、保量把工作完成即可，至于其他人如何衔接和完成并不需要过多考虑。创业者需要通盘考虑问题，既要关注某一个环节的具体工作，又要关注环节与环节之间的衔接，保证整个系统正常且顺畅地运转。创业者不仅需要有较为全面的工作能力，还要有较强的系统管理观念。

（二）大学生创业的优势

大学生富有创业激情，对未来充满希望，具有"初生牛犊不怕虎"的精神。大学生创业者不仅包括大专生、本科生，还包括硕士研究生和博士研究生，有较高层次的知识、技术和信息储备，具有"用智力换资本"的优势。大学生作为知识型的创业者，具有很强的特殊性，他们年轻、敢于冒险、思维活跃，因而富有创新精神，而这种创新精神正是创业的动力源泉。

（三）大学生创业的劣势

大学生群体，虽然所学书本知识涉及生产、管理、经营等各领域，而且具有一定的指导实际的应变能力，但缺乏生产经营的实际经验，市场观念和风险意识较为淡薄；容易盲目乐观，对于失败的心理准备不足，缺乏市场意识及商业管理经验；对市场运作比较生疏，对创业的艰巨性、长期性认识不足，容易追求短期效益，忽视自身的实践能力。

二、大学生创业模式

创业模式指的是创业者为保障自身的创业权益，而对各种创业要素进行合理配置和整合的创业行为，包括创业组织形式和创业方式的确定、创业行业的选择等，它们共同组成了创业模式。

大学生的创业模式是大学生在特定环境中形成的，是在创业动机、创业方式、产业进入、资金筹集、组织形式、创新力度和政府支持等方面具有相似性、典型性的创业行为，是对各种创业要素的配置和整合方式的选择和决策行为。目前最常见的几种大学生创业模式如下。

（一）市场挖掘模式

市场挖掘模式指大学生个人或多人通过挖掘市场、分析市场潜力、创办小型企业来从事创业活动的创业组织模式。这种模式需要大学生具备一定的市场敏感性，能深入了解市场，同时要有较强的沟通能力，选择的行业主要是科技含量比较低的服务行业。选择此模式的大学生主要有以下几种情况。

(1) 立足于校园以及周边市场，为广大的学生消费群体服务。也就是说，通过挖掘学生消费市场，创办小型服务企业来进行创业活动。因为大学生自身对学生消费需求比较了解，所以容易在这方面获得灵感。例如，有些大学生在学校里开咖啡厅、打印店、书店等。

(2) 创业的目的是减轻家庭经济负担，勤工俭学。

(3) 选择这种创业模式也是由学生自身条件所决定的，创业者一般会受到资金、时间、学业压力、心理压力等限制。

该模式的特点主要有：启动资金少，一般只要一个小型店面即可；时间和精力投入较多，大多数创业者需要花费大量的时间来经营店面，对学业有着较大的影响；可选择的行业很多，比较自由灵活，创业者可以在各个领域选择创业。

（二）技术依赖模式

技术依赖模式指大学生以技术、专利或其他智力成果作为资产估价，吸引有眼光的公司提供风险投资基金来创建企业或从事创业活动的创业组织模式。这种模式最早出现在美国，因为美国是风险投资的发源地。要想通过这种模式创业，需要有公司愿意提供风险投资基金，否则很难将大学生的技术、专利或其他智力成果应用于实践。此模式需要创业者具有领导管理能力与统筹计划能力，能让投资商相信，同时要有好的产品和创业理念，经得住市场的竞争。这种创业模式主要集中于电子信息、生物技术、高科技农业等技术含量较高、知识密集型的行业；经营形式上采取股份法人公司制；管理上十分强调企业家精神和团队精神。这种模式是技术与风险资金的结合，不确定性程度高、风险大。

该模式的主要特点有：凭借专业技术创业，使理论联系实际，加速知识向生产力的转换；可以得到政府政策的支持和创业园区的各项帮助；信息来源好，流通快。

（三）公司依附模式

公司依附模式指大学生依托一些公司，凭借庞大的公司客户关系网，将公司客户当作自己创办的企业的客户，以壮大自己的业务量，利用企业内部的机会，来实现自己创业理想的一种模式。随着经济的发展，这种模式成为社会、校园中极具潜力的创业模式，也是新经济时代主流的创业模式。这种模式是合作竞争、快者生存的新经济时代的必然产物，它要求创业者具备良好的合作、协调能力和集体意识，要虚心向别人学习。

该模式的主要特点有：创业效率以及创业成功率较高，个人风险较小；创业者具有良好的知识、技术和素质；企业本身制度、文化方面建设完善；企业成长周期短；销售网络好，资金周转较快。

（四）公司组建模式

公司组建模式是指大学生根据自己的新颖构想、创意、点子、想法，以股份形式组建公司从事创业活动的创业组织模式，这多集中于网络、艺术、装饰、教育培训、行政服务等行业。采用该模式，需要创业者的设想能够标新立异，在行业或本领域是个创举，并能迅速抢占市场先机。公司组建模式对创业资金的需求量较大，一般创业者需要向亲朋好友借款，或在政策范围内申请小额贷款，特别有创造性的项目也可以引来大公司股权形式的资金注入。当然，也可以吸引有眼光的公司提供风险投资基金。在组织管理上，个人独资、合伙股份公司均可。采用此模式创业，要求创业者具备扎实的专业知识功底，最好是复合型人才或者拥有一支优秀的创业团队，对公司的生产和管理都很了解。这种模式需要创业者具有独特的个性特征和旺盛的创业欲望，善于洞察商业机会，创业难度较高，不确定性较大，但成功的收益也很大，是一种开创性价值创造型创业。该模式的主要特点如下。

(1) 创业企业组织等模式相对固定。

(2) 风险较高，直接面对市场的机遇和挑战。

(3) 信息流通较慢，大学生对信息的辨别能力较差，对于市场上的情况较难做出迅速反应。

(4) 研发技术人员少，思维能力有局限性，需要复合型人才和具有各方面知识的创业团队。

(5) 企业文化建设不完善。

(6) 资金投入较多，需要家长、亲戚等作为后盾，出资支持。

(7) 资金投入周期长，不利于初创型企业发展。

第四节　创新创业中劳动价值的提升

一、创意为劳动增添价值

创意是一种通过创新思维进一步挖掘和激活资源组合方式进而提升资源价值的方法。创意是创意人从事创造性社会实践的过程，是一个与自然、社会环境不断交换信息的过程。随着社会的飞速发展与科学技术水平的日益提高，为了提高创意效率，创意学作为一门新兴学科应运而生，并得以迅速发展，呈现出勃勃生机。如今，创意在社会生活，尤其是市场经济中的地位显得愈发突出，遍布经济领域里的每一个角落，成为一个人取得成功的重要因素。一切创意皆来自人的思维活动。正是因为人的思维，这个世界才越来越成为一个奇迹不断出现的世界，也创造出越来越多的物质财富和精神财富。

▶▶▶ 拓展阅读

一次偶然造就了汽车雨刷

1902 年某天，美国亚拉巴马州的富家小姐玛丽在出席一个商业活动的路上突遇大雨，司机看不清前面的路，不得不一次次冒雨下车拿着抹布擦拭挡风玻璃上的雨水。在行驶中司机加快速度拐弯时，前方突然窜出来一个骑自行车的人，司机慌忙猛打方向盘，结果车撞在了一棵树上，玛丽受伤，被送往医院。她从邻床女孩收到男友鲜花时感动落泪并不停地用手绢擦泪的动作中得到启发：如果能在车玻璃上安装一个杆子操纵手绢，雨天看不清道路的时候司机操纵杆子擦一下，不就可以了吗？她立即着手这项研究，一年后便发明了一个汽车雨刷器，并装在了自己的车上。她继续思考并改进这种装置，又发明了带发条的转杆，这样一来，只要给雨刷器上一次发条，它就可以自动擦雨许多次。

二、创新创业为劳动提供方向

（一）产生创业项目

产生创业项目要懂得"择世所需"。所谓择世所需，通俗地理解就是顺势而为，是指要看清事物发展的规律，把握事物未来的发展趋势，从而选择所需的创业机会。择世所需的重点在于择需，是基于现状与未来选择现存的和即将到来的需求。当然，这个需求是指已经形成一定规模并将继续扩大的市场需求，那些还未被验证的需求并不是这里提到的需求。如电商与线下实体商铺之争，反映了人们能否看清社会发展和市场需求的现实而作出判断。有的人能够看清现状，并随之抓住创业机会而获得了成功，如拼多多虽然在发展初期存在一些问题，但可以通过改革不断优化服务质量。

1. 趋势型机会

趋势型机会指的是在变化中看到未来的发展方向，预测到将来的潜力和机会。创业的机会大都产生于不断变化的市场环境，环境变化了，市场需求、市场结构必然发生变化。著名的管理大师彼得·德鲁克将创业者定义为那些能"寻找变化并积极反应，把它当作机会充分利用起来的人。"变化是创业机会的重要缘起，没有变化就没有创业机会。这种变化主要来自产业结构的变动、消费结构的升级、城市化加速、人的思想观念的变化、政府政策的变化、人口结构的变化、居民收入水平的提高、全球化环境趋势的变化（见表10-2）等方面。

表 10-2　环境趋势变化带来的创业机会

环境趋势变化		引发的新业务产品和服务机会
社会趋势	智慧城市	智慧停车、智慧垃圾分类、公共安全、城市服务、智慧医疗、智慧文旅等
	新旧动能转换	新能源汽车充电桩、高性能陶瓷等新材料
	社会老龄化加速	大健康产业、老年家政服务、婚介服务、法律服务等
技术趋势	增强现实(AR)与虚拟现实(VR)	沉浸式购物体验、虚拟游戏、虚拟动物园等
	语音识别技术	工业、家电、通信、汽车电子、医疗、家庭服务、消费电子产品等各个领域
政治和制度趋势	数字中国、城市群建设	农业数字化、教育数字化；发展壮大山东半岛、粤闽浙沿海、中原、关中平原、北部湾等地区

2. 问题型机会

问题型机会指的是由现实中存在的未被解决的问题所产生的一类机会。因为问题是消费者苦恼的事情或者抱怨的事情，所以人们总是迫切希望问题得到解决。如果能够发现问题并提供有效的解决办法，这就变成了一个创业机会。在思考怎样创办企业时，有一个很有用的方法，就是去体会人们为满足自己的需要或解决各自的问题时所遇到的难处。可以从以下方面打开思路。

(1) 你自己遇到过的问题——想一想你在当地买东西和需要服务时曾碰到过什么问题。

(2) 工作中的问题——你为一家机构工作时注意到，由于某种服务跟不上或材料不足而影响你完成工作任务。

(3) 其他人遇到过的问题——通过倾听其他人的抱怨了解他们的需求和问题。

(4) 你所在的社区缺少什么——在你生活的社区进行调研，看看人们缺少哪些服务。

优秀的创业者，善于从他人的问题中发现商机。如果人们无法获得所需要的产品或服务，这对创业者来说，显然是一个填补空白的商业机会；如果现有的企业提供的服务很差，这对于新企业来说就是一个提供更佳服务的竞争机会；如果价格上涨很快，以至于人们连日常用品的价格都难以承受，那么就存在机会去寻找更便宜的货源，或较便宜的替代品，或成本更低、效率更高的分销系统。

3. 闲置资源产生的创业机会

资源的闲置就是浪费，但是如果能够找到闲置资源的用途，就有可能产生价值，实现闲置(或者废弃)资源的价值，这也是很好的创业项目。闲置资源大致可以分为三大类：闲置资产(汽车、住房、设备等)、闲置技能(不作为主业的特长、技能)、闲置时间(非正常营业时间)。

(1) 闲置资产。把个人或服务商短期不用的资产有偿提供给有需要的人或组织，就是闲置资产的商业化操作。这个"资产"包括资金(如投资、理财)、不动产(如住宅、厂房)及硬件设备(如车辆、器械、工具)等，将这样的闲置资产引入O2O(线上到线下)模式中，就出现了如众筹、短租及私家车载客服务等业务。

(2) 闲置技能。在不耽误主业或不影响正常工作时间的前提下，个人可以将自己的特长、技能有偿提供给有需求的个人或组织，比如学生家教、私人培训、一对一个性化服务、代驾等。

(3) 闲置时间。通常因为工作或生活原因，一个人的时间会被分割成若干块，有些时间是纯粹的损耗。基于这些纯损耗时间，可以挖掘一些供用户发挥价值或供用户打发无聊时间的业务点。随着移动互联网的普及和工作生活节奏的加快，在个人闲置时间方面又出现了更为细分的碎片时间，这些都是可供考虑和挖掘的创业点。

共享经济

何为共享经济？共享经济，一般是指以获得一定报酬为主要目的，基于陌生人且存在物品使用权暂时转移的一种新的经济模式。其本质是整合线下的闲散物品、劳动力、教育医疗资源。也有人说共享经济是人们公平享有社会资源，各自以不同的方式付出和受益，共同获得经济红利的经济模式。此种共享大多是以互联网为媒介来实现的。

共享经济这个术语最早由美国得克萨斯州立大学社会学教授马科斯·费尔逊 (Marcus Felson) 和伊利诺伊大学社会学教授琼·斯潘思 (Joe L.Spaeth) 在 1978 年发表的论文 "Community Structure and Collaborative Consumption: A Routine Activity Approach" 中提出。共享经济现象却是在最近几年才开始流行的，其主要特点是：包括一个由第三方创建的、以信息技术为基础的市场平台，这个第三方可以是商业机构、组织或者政府；个体借助这些平台交换闲置物品，分享自己的知识、经验，或者向企业、某个创新项目等筹集资金。共享经济牵扯到三大主体，即商品或服务的需求方、供给方和共享经济平台。共享经济平台作为连接供需双方的纽带，通过移动 LBS(Location Based Service,基于位置服务)应用、动态算法与定价、双方互评体系等一系列机制的建立，使得供给方与需求方进行交易。

共享经济的五个要素分别是：闲置资源、使用权、连接、信息、流动性。共享经济的关键在于如何实现最优匹配，实现零边际成本，解决技术和制度问题。

共享经济将成为社会服务行业内最重要的一股力量。在住宿、交通、教育服务、生活服务及旅游领域，优秀的共享经济公司不断涌现：从宠物寄养共享、车位共享到专家共享、社区服务共享及导游共享，甚至移动互联网的 Wi-Fi 共享，新模式层出不穷，在供给端整合线下资源，在需求端不断为用户提供更优质的体验。

从共享汽车、房屋这些大件，到共享雨伞、篮球、玩具、服装这些小件，乃至共享健身房、厨房、洗衣机、……共享经济正在不断推陈出新，以百变之姿渗透到我们的日常生活中。

（二）创新商业模式

商业模式的一般定义：一个组织在何时 (when)、何地 (where)、为何 (why)、如何 (how)和多大程度 (how much) 地为谁 (who) 提供什么样 (what) 的产品和服务 (即 7 "W")，并开发资源以持续这个组织。哈佛商学院则将商业模式定义为"企业赢利所需采用的核心业务决策与平衡"。

任何一个商业模式的实现都取决于一些关键要素的达成，将关键要素找到、分解，再找到最合适的人来达成它，告诉他做到什么就能拿到什么样的回报，这样一个可以看到、可以清晰计算出个人回报的量化指标往往胜过千言万语的激励。

引领创新的企业一定是制定游戏规则的，例如阿里巴巴，如果该企业亲自收集几十万种产品，再去找人卖，估计早就无法存活了。而它成功地创造了一种让每个人开店赚钱的模式，并让每个人相信它，于是网商云集，自己来经营自己的生意，阿里巴巴所要做的仅仅是管理和维护它所制定的规则。

三、创业计划统领创新行动

创业计划是创业者的行动指南，也是创业者与外界沟通的依据。而创业计划书是以书面形式展现创业者挖掘的创业机会、创业资源、产品营销、创业财务及风险，描绘自己创业蓝图的文本。创业计划书要考虑创业初期的方方面面，是团队成员达成共识的结果，也是创业团队在一段时期内的"创业指南"或"行动大纲"。

（一）编写创业计划书的意义

1. 整理和评估创业思路

创业者在创业过程中不断由感性到理性，由概念模糊到思路清晰，由思想到行动。创业计划书就是从"创意""商业机会"的模糊概念，到"商业模式""营销策略""财务规划"的理性评价，是从"战略思考"到"策略谋划"的转折点。计划书的起草、补充、修正的过程就是对创业者思路的重新整理，对自身资源、能力及信心的再检验。

2. 满足创业融资的需求

许多创业计划书本身最主要的目的就是创业融资，这是因为缺乏资金是初创企业通常都会遇到的困难。"寻找资金没有窍门，唯有好的想法、好的技术、好的管理、好的市场。"创业计划书是叩响投资者大门的"敲门砖"，即使再好的创意、再好的项目，也需要一份完美的计划书来打动投资者。

3. 寻找合作伙伴

大多数创业者在创业过程中都需要方方面面的资源聚合，寻找合作伙伴，进行优势互补甚至强强联合，才可能迅速把创业项目做大。俞敏洪在谈创业团队时说："团队的每个成员都是一颗珍珠，而珍珠只有串起来才更有价值。"创业计划书为创业团队指明了今后努力的方向，同时还明确了每个成员的作用和责任，是创业团队沟通的"语言"和凝聚团队的重要手段。

4. 获得机构支持

政府和相关机构每年都会举办"挑战杯"大学生创业比赛、互联网＋创业大赛等各个层次的创业大赛，选择一些有潜力和有影响力的创业项目给予奖励，并在科技、资金、场地、政策等方面给予支持。要想获得支持，就必须借助公共关系和完整的创业计划书。

（二）创业计划书的基本内容

1. 封面

封面主要包括创业公司的名称、地址、联系方式、网址、创业者（法人代表）等内容。

2. 计划摘要

计划摘要列在创业计划书的最前面，它浓缩了创业计划书的精华。计划摘要涵盖了计划的要点，以求一目了然，使读者能在最短的时间内评审计划并作出判断。计划摘要一般包括以下内容：公司介绍、主要产品和业务范围、市场概貌、营销策略、销售计划、生产管理计划、管理者及其组织者、财务计划、资金需求状况等。摘要要尽量简明、生动。

3. 产品（服务）介绍

产品（服务）介绍包括以下内容：产品的概念、性能及特性，主要产品介绍，产品的市场竞争力，产品的研究和开发过程，发展新产品的计划和成本分析，产品的市场前景预测，产品的品牌和专利。

4. 人员及组织结构

企业的管理人员应该是互补型的，而且要具有团队精神。一个企业必须具备负责产品设计与开发、市场营销、生产作业管理、企业理财等方面的专门人才。在创业计划书中，必须对主要管理人员加以阐明，介绍他们所具有的能力、他们在本企业中的职务和责任、他们过去的详细经历及背景等。此外，在创业计划书这部分内容中，还应对公司结构做简要介绍，包括公司的组织机构图、各部门的功能与责任、各部门的负责人及主要成员、公司的报酬体系、公司的股东名单（包括认股权、比例和特权）、公司的董事会成员、各位董事的背景资料等。

5. 市场预测

首先，要对产品（服务）需求进行预测：市场是否存在对这种产品（服务）的需求？需求程度是否可以给企业带来所期望的利益？新的市场规模有多大？需求发展的未来趋势及其状态如何？影响需求的因素都有哪些？其次，市场预测还应包括对市场竞争情况的预测，并对企业所面对的竞争格局进行分析：市场中主要的竞争者有哪些？是否存在有利于本企业产品的市场空当？本企业预计的市场占有率是多少？本企业进入市场会引起竞争者怎样的反应？这些反应对企业会有什么影响？……

6. 营销策略

营销策略包括市场机构和营销渠道的选择、营销队伍的建设和管理、促销计划和广告策略、价格决策等内容。

7. 制造计划

制造计划包括产品制造和技术设备现状、新产品投产计划、技术提升和设备更新要求、质量控制和质量改进计划等内容。

8. 财务规划

财务规划包括创业计划书的条件假设、预计的资产负债表、预计的损益表、现金收支分析、资金的来源和使用等内容。

9. 投资回报与退出

风险投资公司不是为投资而投资，而是为了获得资本利益而投资，所以企业应当向风险投资公司描述投资退出的最终途径。企业应当从自身角度看待投资退出的问题，尤其是不同退出选择对企业的影响。公开上市无疑是投资双方最希望达到的结果，但是难度也最大。公司上市后，股本的社会化能使风险投资公司所持有的部分或全部股份卖出。投资退出的途径还包括：兼并和收购，即大企业集团或上市公司出于某一战略考虑（如对技术的控制），出资购买风险企业；回购协议，即风险投资公司可能要求企业根据预先商定好的条件回购所持有的股份。

10. 风险管理

对于缺乏社会经验和工作经历的大学生来说，风险管理涉及以下问题：你的公司在市场、竞争和技术方面都有哪些基本的风险？你准备怎样应对这些风险？在你看来，你的公司还有一些什么样的附加机会？你的资本如何进行扩展？在最好和最坏的情形下，你的五年计划表现如何？如果你的估计不那么准确，应该估计出的误差范围到底有多大？如果可能的话，对你的关键性参数做最好和最坏的设定。

11. 项目实施进度

详细列明项目实施计划和进度，注明起止时间或步骤。

12. 附件

充实的附件能使人相信创业者的坚定信念、创业计划的真实性和可靠性，从而更容易达到编写创业计划书的目的。

▶▶▶ **拓展阅读**

创业计划书 10 页就足够

还在为写创业计划书烦恼吗？还在为没有风投而忧愁吗？下面的创业计划书会让你茅塞顿开。

(1) 用几句话清楚说明你发现目前市场中存在什么空白点，或者存在什么问题，以及这个问题有多严重。比如，现在网游市场里盗号严重，你有一个产品能解决这个问题，只需要几句话说清楚即可。

(2) 你有什么样的解决方案，或者什么样的产品能够解决这个问题。你的方案或者产品是什么，提供了怎样的功能。

(3) 你的产品将面对的用户群是哪些，一定要对用户群进行划分。

(4) 说明你的竞争力。为什么这件事情你能做，而别人不能做，即为什么要投资给你？你有什么特别的核心竞争力，有什么与众不同的地方？关键不在于所干事情的大小，而在于你能比别人干得好，与别人干得不一样。

(5) 论证一下这个市场有多大，你认为这个市场的未来是什么样的。

(6) 说明你将如何挣钱。如果真地不知道怎么挣钱，你可以老老实实地说你不知道。想不清楚如何挣钱没有关系，投资人比你有经验，告诉他你的产品有什么价值即可。

(7) 用简单的几句话告诉投资人，这个市场里有没有其他人在干，具体情况是怎样的。有其他人在做同样的事不可怕，重要的是你能不能对这个产业和行业有一个基本的了解和客观认识。要说实话、干实事，还可以进行一些简单的优劣势分析。

(8) 突出自己的亮点，只要有一点比对方"亮"就行。刚出来的产品肯定会有很多问题，要说明你的优点在哪里。

(9) 倒数第二页做财务分析，可以简单一些。不要预算未来三年能挣多少钱，没人会信。说说未来一年或者六个月需要多少钱，用这些钱干什么。

(10) 如果别人还愿意听下去，那就介绍一下自己的团队、团队成员的优秀之处以及自己做过什么。

（三）怎样写好创业计划书

完善的创业计划书既要提供充分的信息，又要能让投资者、合作者或评议者兴奋起来。不能打动投资者的创业计划书，其最终结果只能是被扔进垃圾箱里。

1. 突出产品优势

在创业计划书中，应提供所有与企业的产品或服务有关的细节，包括企业所实施的所有调查。这些问题包括：产品正处于什么样的发展阶段？它的独特性是什么？企业分销产品的方法是什么？谁会使用企业的产品，为什么？产品的生产成本是多少，售价是多少？企业发展新的现代化产品的计划是什么？把出资者拉到企业的产品或服务中来，这样出资者就会和风险企业家一样对产品感兴趣。

2. 彰显竞争对策

在创业计划书中，应细致分析竞争对手的情况。竞争对手都是谁？他们的产品是如何工作的？竞争对手的产品与本企业的产品相比，有哪些相同点和不同点？竞争对手所采用的营销策略是什么？首先要明确每个竞争者的销售额、毛利润、收入以及市场份额，然后再讨论本企业相对于每个竞争者所具有的竞争优势，要向投资者展示顾客偏爱本企业的原因：本企业的产品质量好，送货迅速，定位适中，价格合适，等等。创业计划书要使它的读者相信，本企业不仅是行业中的有力竞争者，而且将来还会是确定行业标准的领先者。

3. 细致分析市场

创业计划书要给投资者提供企业对目标市场的深入分析和理解。要细致分析经济、地理、职业以及心理等因素对消费者选择购买本企业产品这一行为的影响，以及各个因素所起的作用。创业计划书中还应包括一个主要的营销计划，计划中应列出本企业打算开展广告、促销以及公共关系活动的地区，明确每一项活动的预算和收益。创业计划书中还应简述一下企业的销售战略：企业是使用外面的销售代表还是使用内部职员，企业是使用转卖商、分销商还是特许商推销产品，企业将提供何种类型的销售培训。此外，创业计划书还应特别关注销售中的细节问题。

4. 表明行动的方针

企业的行动计划应该是无懈可击的。创业计划书中应该明确下列问题：企业如何把产品推向市场；如何设计生产线，如何组装产品；企业生产需要哪些原料；企业拥有哪些生产资源，还需要哪些生产资源；生产和设备的成本是多少；企业是买设备还是租设备；解释与产品组装、储存以及发送等方面有关的固定成本和变动成本的情况。

5. 展示管理队伍

把一个思想转化为一个成功的风险企业，其关键因素就是要有一支强有力的管理队伍。这支队伍的成员必须有深厚的专业技术知识、较高的管理才能和多年工作经验，要给投资者这样一种感觉："看，这支队伍里都有谁！如果这个公司是一支足球队，他们就会一直杀入世界杯决赛！"管理者的职能就是计划、组织、控制和指导公司实现目标。在创业计划书中，应首先描述一下整个管理队伍及其职责，再分别介绍每位管理人员的特殊才能、特点和造诣，细致描述每位管理者将对公司所作的贡献。创业计划书中还应明确列出管理目标以及组织机构图。

6. 出色的计划摘要

创业计划书中的计划摘要十分重要，它必须能让读者有兴趣并渴望得到更多的信息，还要能给读者留下长久且深刻的印象。计划摘要是创业者所写的最后一部分内容，但却是投资者首先要看的内容，它将从计划中摘录出与筹集资金最相干的细节，包括对公司内部的基本情况、公司的能力以及局限性、公司的竞争对手、营销和财务战略、公司的管理队伍等情况的简明而生动的概括。如果公司是一本书，计划摘要就像是这本书的封面，做得好就可以吸引投资者。它会使投资者有这样的印象：这个公司将会成为行业中的巨人，我已等不及要去读计划书中的其他内容了。

💡 **课后思考**

1. 如何寻找创业机会？
2. 你认为劳动者向创业者转变应具备哪些能力？
3. 创业需要具备哪些要素？
4. 完整的创业计划书应包括哪些内容？

参 考 文 献

[1] 曹三杰，汤火箭. 新时代大学生劳动教育理论与实践[M]. 北京：科学出版社，2023.

[2] 陈斌蓉，杨晶，易今科. 新时代大学生劳动教育[M]. 长沙：中南大学出版社，2021.

[3] 陈刚. 新时代大学生劳动教育与实践[M]. 西安：西安电子科技大学出版社，2022.

[4] 刘强. 新时代大学生劳动教育与实践研究[M]. 延吉：延边大学出版社，2023.

[5] 丁晓昌，顾建军. 新时代大学生劳动教育[M]. 上海：上海交通大学出版社，2021.

[6] 付晓东，张新安. 新时代大学生劳动教育：微课版[M]. 北京：人民日报出版社，2020.

[7] 史钟锋，董爱芹，张艳霞. 新时代大学生劳动教育[M]. 北京：清华大学出版社，2022.

[8] 何晓红，熊柏祥，石国凤. 新时代大学生劳动教育与实践[M]. 苏州：苏州大学出版社，2022.

[9] 蒋德勤. 新时代大学生劳动教育[M]. 北京：经济日报出版社，2020.

[10] 邝邦洪. 新时代大学生劳动教育教程[M]. 广州：广东高等教育出版社，2022.

[11] 李卫芳，谭伟. 新时代大学生劳动教育[M]. 西安：西北工业大学出版社，2021.

[12] 邓忠君，李峤. 新时代大学生劳动教育实践[M]. 成都：西南交通大学出版社，2022.

[13] 柳友荣. 新时代大学生劳动教育[M]. 北京：高等教育出版社，2021.

[14] 卢胜利，刘瑜，杨孝峰. 新时代大学生劳动教育[M]. 北京：高等教育出版社，2022.

[15] 鲁明川，刘珊珊. 新时代大学生劳动教育教程[M]. 杭州：浙江大学出版社，2023.

[16] 孟庆瑜. 新时代大学生劳动教育[M]. 保定：河北大学出版社，2021.

[17] 施盛威，张毅驰. 新时代大学生劳动教育实践指导[M]. 苏州：苏州大学出版社，2021.

[18] 管忠民. 新时代大学生劳动教育[M]. 西安：西北大学出版社，2022.

[19] 王玉娥，田野，孟庆男. 新时代大学生劳动教育[M]. 北京：北京理工大学出版社，2023.

[20] 仰和芝，齐亮，钟益兰. 新时代大学生劳动教育概论[M]. 北京：高等教育出版社，2022.

[21] 余金保. 新时代大学生劳动教育教程[M]. 北京：北京理工大学出版社，2022.